# 아일랜드역사
# 다이제스트100

# 17
# 아일랜드역사
# 다이제스트100

**초판 1쇄 펴낸 날** | 2019년 12월 27일

**지은이** | 한일동
**펴낸이** | 홍정우
**펴낸곳** | 도서출판 가람기획

**책임편집** | 이슬기
**편집진행** | 양은지
**디자인** | 이유정
**마케팅** | 이수정

**주소** | (04035) 서울시 마포구 양화로7안길 31(서교동, 1층)
**전화** | (02)3275-2915~7
**팩스** | (02)3275-2918
**이메일** | garam815@chol.com

**등록** | 2007년 3월 17일(제17-241호)

© 한일동, 2019
ISBN 978-89-8435-524-8 (03920)

이 도서의 국립중앙도서관 출판예정도서목록(CIP)은 서지정보유통지원시스템 홈페이지(http://seoji.
nl.go.kr)와 국가자료종합목록 구축시스템(http://kolis-net.nl.go.kr)에서 이용하실 수 있습니다.
(CIP제어번호 : CIP2019050112)

# 17
# 아일랜드역사
# 다이제스트100

## IRELAND

한일동 지음

가람
기획

역사란 과거와 현재의 대화요, 장구한 세월 동안 파란만장한 삶을 살아온 사람들에 관한 대하드라마이다. 거기에는 생존을 향한 처절한 몸부림이 있고, 국가와 민족을 위한 치열한 투쟁이 있으며, 삶의 향기와 궤적이라 할 수 있는 문화와 예술이 있다.

유럽 대륙의 서쪽 끝자락에 붙어 있는 작은 섬나라 아일랜드는 중세 암흑기에 화려한 켈트 문화를 꽃피우며 '성자와 학자의 나라(The Land of Saints and Scholars)'로 널리 알려졌고, 세계 문화사에 빛나는 수많은 예술가를 배출함으로써 '문화 강국'으로 자리매김했으며, 1980년대 이후에는 놀라운 경제성장을 이뤄냄으로써 이른바 '켈트 호랑이(Celtic Tiger)'로 불리면서 전 세계인의 부러움을 샀다. 한때 '유럽의 등불' 역할을 하던 아일랜드가 새 천 년에 들어 다시 포효하고 있다.

그런가 하면 대기근 · 가난 · 이민 · 해외 이산(Diaspora) 등의 쓰라린 슬픔과 한(限)의 응어리가 어려 있기도 하며, 근 750년 동안 영국의 식민통치에 맞서 독립과 자존을 추구하는 과정에서 투쟁과 갈등으로 점철되기도 했다. 따라서 아일랜드의 역사는 영국을 비롯한 수많은 이민족 침략자들 사이에서 정체성을 찾는 과정이었다고 할 수 있다.

아일랜드가 배출한 위대한 시인 예이츠와 더불어 40여 년을 지내다 보니 이제 제법 아일랜드와 친해졌다. 2001년과 2017년에는 아일랜드의 트리니티대학에서 객원교수로 머물면서 아름다운 아일랜드의 곳곳을 둘러볼

기회도 가졌다. 오래전부터, 잠재력이 무궁무진함에도 불구하고 이제껏 제대로 소개된 적이 없는 이 나라에 관해 뭔가를 쓰고 싶었지만, 차일피일 미루다가 이제야 용기를 냈다. 하지만 부족한 점이 많아 부끄러울 뿐이다. 독자들의 따가운 질책을 달게 받을 마음의 준비가 단단히 되어있다.

이 책은 깊이가 있는 전공 서적이 아니다. 그저 아일랜드에 호기심이 있는 독자들을 위한 입문서일 뿐이다. 따라서 필자는 아일랜드의 역사에 관해 가급적 쉽고 간결하게 서술하고자 했다. 우리 사회의 각 부문에서 아일랜드에 대한 관심이 다시 일고 있는 요즈음, 이 책이 아일랜드와 친해질 수 있는 길라잡이 역할을 해주길 바란다.

시원찮은 이 책을 쓰는데 네 번의 방학을 꼬박 연구실에서 보냈다. 그동안 많은 시간을 함께하지 못해도 아무런 불평 없이 내조해준 아내 혜경이, 아들 성환이, 며늘아기 선영이, 그리고 무엇보다도 이 세상에 태어나서 귀여운 재롱과 해맑은 웃음으로 우리 가족에게 행복을 듬뿍 안겨준 손자 재영이에게 사랑과 함께 고마운 마음을 전한다. 또한, 바쁜 와중에도 정성껏 이 책을 만들어주신 가람기획 홍정우 대표님과 편집진 여러분께 깊은 감사를 드린다.

2019년 12월
부아산자락 연구실에서
한일동

## 차례

# 제1장
# 작지만 강한 나라

IRELAND

영국과 아일랜드 지도

오크니 군도

벤호프 산

루이스 섬

세틀랜드 군도

아우터헤브리디스 제도

네스 호

애버딘

대서양

이너헤브리디스 제도

스페이 강

벤네비스 산

그램피언 산맥

던디

북해

글래스고

노스 해협

클라이드 강

에든버러

스코틀랜드

북아일랜드

도니갈 만

네이 호

벨파스트

영국

맨섬

리즈

아일랜드해

리버풀

맨체스터

골웨이

더블린

아란 제도

아일랜드

노리치

섀넌 강

리머릭

블랙워터 강

워터포드

버밍엄

세번 강

잉글랜드

코크

세인트조지 해협

웨일즈

카디프

런던

템스 강

대서양

스완지

브리스톨

도버

사우샘프턴

브리스톨 해협

와이트 섬

플리머스

프랑스

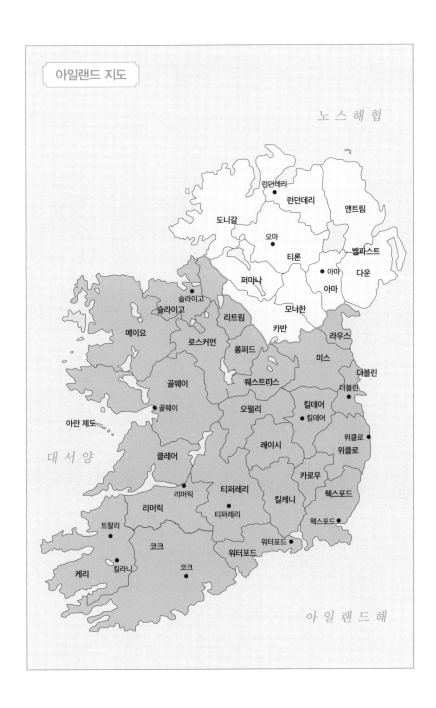

아일랜드 지도

노스 해협

런던데리
런던데리
앤트림
도니갈
오마
티론
벨파스트
퍼마나
아마
다운
아마
모나한
슬라이고
슬라이고
리트림
카반
라우스
메이요
로스커먼
롱퍼드
미스
골웨이
웨스트미스
더블린
골웨이
오펄리
킬데어
더블린
아란 제도
킬데어
레이시
위클로
대서양
클레어
위클로
카로우
리머릭
티퍼레리
킬케니
웨스포드
리머릭
티퍼레리
트랄리
워터포드
웨스포드
코크
워터포드
케리
킬라니
코크

아일랜드 해

| | |
|---|---|
| 공식 명칭 | 아일랜드 공화국(The Republic of Ireland), 아일랜드(Ireland) 에이레(Eire) |
| 수도 | 더블린(Dublin) |
| 주요 도시 | 더블린(Dublin), 코크(Cork), 골웨이(Galway), 리머릭(Limerick) |
| 면적 | 70,282km$^2$ |
| 인구 | 460만 명 |
| 기후 | 온화함 |
| 화폐 | 유로(Euro)화 |
| 인종 | 켈트족(99%)과 유대인, 인도인, 중국인 등의 소수 민족(1%) |
| 가족 규모 | 가구당 평균 2.11명이며, 자녀 수는 평균 1.9명 |
| 공용어 | 아일랜드어(Irish, Gaelic)와 영어(English) |
| 종교 | 가톨릭 90%, 신교 3%, 기타 7% |
| 지역 | 26개 주(County) |
| 주요 항구 | 더블린(Dublin) 항, 코크(Cork) 항 |
| 주요 공항 | 더블린(Dublin) 공항, 섀넌(Shannon) 공항 |
| 시차 | 우리나라보다 9시간 늦음 |
| 국제전화 코드 | 00 353 |
| 전기 | 220볼트/50사이클 |
| 주요 신문 | 『아이리시 타임스(*The Irish Times*)』 『아이리시 인디펜던트(*The Irish Independent*)』 |
| 텔레비전 채널 | RTE1(영어 방송), RTE2(Network2, 영어 방송) TG4(아일랜드어 방송), TV3(상업 방송) |
| 라디오 채널 | Radio1(영어 방송), Radio2(영어 방송) Lyric FM(FM3, 영어 음악 방송) Radio na Gaeltachta(아일랜드어 방송) |
| 국가의 상징 | 샴록(Shamrock, 세잎클로버), 하프(Harp), 초록색(Green) |
| 국기 | 초록색(Green), 흰색(White), 주황색(Orange)으로 된 3색 기 |

# 작지만 강한 나라

## 1. 에메랄드빛 아일랜드

유럽 대륙의 서쪽 끝자락에 붙어 있는 작은 섬나라 아일랜드. 중세에는 화려한 켈트 문화를 꽃피우며 '성자와 학자의 나라(The Land of Saints and Scholars)'로 알려졌고, 세계 문화사에 빛나는 수많은 예술가를 배출해온 '문화 강국' 아일랜드. 목가적인 아름다운 자연 풍광에 대기근·가난·이민·해외 이산(Diaspora) 등의 쓰라린 슬픔과 한(限)이 어려 있는 나라 아일랜드. 근 750년 동안 영국의 식민통치에 맞서 독립과 자존을 추구해왔으며, 1980년대 이후에는 놀라운 경제성장을 이뤄냄으로써 '켈트 호랑이 (Celtic Tiger: 때로는 'Emerald Tiger'라고도 하며, 미국의 투자은행 모건 스탠리가 아일랜드의 경이적인 경제 발전을 아시아의 한국, 대만, 싱가포르, 홍콩을 지칭하는 '네 마리 용'에 비유한 데서 유래한 말)'로 포효하고 있는 '작지만 강한 나라' 아일랜드.

더블린(Dublin)의 오코넬 거리(O'Connell Street)에 우뚝 서 있는 '더블린 첨탑(The Spire of Dublin: 아일랜드의 눈부신 경제성장과 아일랜드인의 기상을 상징하는 120m 높이의 새천년 기념첨탑으로 2003년 1월 21일 완공됨)'은 새롭게 도약하고 있는 아일랜드의 기상을 보여주고 있으며, 2004년 영국의 경제전문지『이코노미스트(The Economist)』는 세계 111개 나라 가운데 아일랜드를 '세계에서 가장 살기 좋은 나라'로 선정했다. 낮은 실업률, 높은 경제성장, 정치적 안정, 가정생활 등이 전통적 가치와 성공적으로 조화를 이룬 나라라는 이유에서다. 반면에 아일랜드를 거의 750년 동안 식민통치했던 영국은 29위를 차지했다. 유럽의 최빈국이 불과 20년 만에 고도성장을 통해 후진국에서 선진국으로 도약하고, 1인당 국민소득 5만 달러를 달성하여 영국을 앞지른 과정은 가히 '리피강(Liffey River: 더블린 시내를 가로지르는 강)의 기적'이라 할 만하다.

21세기에 들어 한국에서도 '아일랜드 따라 배우기'가 한창이다. 신문과 잡지는 물론이고 텔레비전에서도 아일랜드를 다루는 특집 프로가 부쩍 늘었다. 교육계에서는 유연하고 개방적인 사고(思考)를 지닌 엘리트 양성을 통해 부강해진 아일랜드를 본보기로 삼아야 한다고 역설한다. 우리나라가 벤치마킹하여 2016년부터 시행하고 있는 '자유학기제'의 원조가 바로 아일랜드가 1974년부터 도입한 '전환학년제(Transition Year System)'이다. 경제계에서는 개방적인 외자 유치 정책과 노사정(勞使政) 화합에 기초한 유연하고 실용적인 아일랜드 경제성장의 비결을 배워야 한다고 주장한다. 지금 아일랜드는 '켈트 호랑이'의 등에 올라 유례없는 경제 호황과 물질적 풍요를 누리고 있다. 이 때문에 아일랜드식 모델에 대한 동경의 물결이 우리 사회에도 일렁이고 있다. 과거에는 '유럽의 인도'로, 최근에는 '작지만 강한 나라'로 부상하여 전 세계인의 이목을 끌고 있는 아일랜드는 과연 어떤 나라인가?

우리가 보통 '그레이트 브리튼(Great Britain)'이라고 말할 때, 여기에는 '잉글랜드(England)', '스코틀랜드(Scotland)', 그리고 '웨일스(Wales)'가 포함되고, '연합 왕국(The United Kingdom)'이라고 말할 때는 '잉글랜드', '스코틀랜드', '웨일스', 그리고 '북아일랜드(Northern Ireland)'를 합쳐서 지칭하는 것이다. 따라서 영국의 정식 영어 명칭은 'The United Kingdom of Great Britain and Northern Ireland'이다. 그러나 보통 줄여서 편하게 'GB' 또는 'UK'라고 한다.

아일랜드는 영국 바로 옆에 위치한 섬나라로 1949년 영국으로부터 완전히 독립했다. 하지만 북아일랜드는 지금도 여전히 영국령으로 남아있다. 우리가 '아일랜드', '아일랜드 공화국', '에이레', '애란' 등으로 부르는 나라의 정식 영어 명칭은 'The Republic of Ireland'이며, 보통 줄여서 'Ireland' 또는 'The Republic'이라고 한다. 한편, 로마인들이 부른 라틴어 명칭은 '하이버니아(Hibernia: 'The Land of Winter'라는 뜻)'이고, 아일랜드의 옛 영어 명칭은 '투아하 데 다난족(Tuatha de Danaan: Danu 여신의 부족)'의 여왕이었던 'Eriu'에서 유래한 'Eire' 또는 'Erin'이다.

아일랜드의 국기(國旗)는 흰 바탕에 폭이 같은 초록(Green), 하양(White), 주황(Orange)의 세 가지 색이 세로로 그려져 있으며, 초록색은 가톨릭과 남아일랜드를, 주황색은 신교와 북아일랜드를, 흰색은 두 종교 집단의 화합을 상징한다.

아일랜드는 초록의 나라이다. 국토에서부터 국기, 스포츠 의상, 심지어 전화 부스까지도 온통 초록이다. 따라서 아일랜드의 상징색은 '초록색(Green)'이며, 아일랜드를 '에메랄드 섬(Emerald Isle)' 또는 '에메랄드빛 아일랜드'라고도 한다. 또 다른 상징은 '하프(Harp)'와 '세잎클로버'이다. 세잎클로버는 영어로 '샴록(Shamrock)'이라고 하는데, 이는 아일랜드가 가톨릭 국가라서 성부, 성자, 성신의 삼위일체를 뜻한다.


## 2. 아일랜드의 신화적 상징들

아일랜드의 여러 상징은 놀라울 정도로 이 나라를 잘 담아내고 있다. 아일랜드인들은 이를 '오이리시니스(Oirishness)'라고 부르는데, 기네스 맥주를 담은 잔에 감자를 넣은 뒤, 토끼풀을 얹어 장식하면 그게 바로 '오이리시니스'이다.

### ① 샴록(The Shamrock)

샴록은 아일랜드어 '샴로그(seamróg)'에서 유래한 말이며, 영어 명칭은 샴록으로, 세잎클로버, 즉 잎이 3개 달린 토끼풀이다. 이는 아일랜드의 국화(國花)이자 상징으로 아일랜드의 상징물 중 가장 오랜 역사를 지니고 있다. 성 패트릭이 기독교로 개종한 켈트족 부족장들에게 기독교의 '삼위일체론(The Holy Trinity: 성부, 성자, 성령은 개별적 존재인 동시에 하나의 실체라는 이론)'을 은유적으로 설명하기 위해 사용했다. '성 패트릭스 데이(St. Patrick's Day)'에는 아이리시들이 사는 곳이면 어디에서나 샴록을 볼 수 있다.

① 샴록

② 켈틱 하이 크로스

③ 레프러콘

④ 하프

⑤ 클라다 링

아일랜드의 신화적 상징들

## ② 켈틱 하이 크로스(The Celtic High Cross)

켈트인은 기독교의 성공적 보급을 자축하고, 무지한 대중의 전도와 교육을 위해 갖가지 형태의 조각들이 새겨진 석조 켈틱 하이 크로스를 아일랜드의 곳곳에 세웠다. 이는 원형의 돌 장식으로 둘러싸인 십자가로, 십자가는 기독교를 상징하고, 원형의 돌 장식은 켈트족의 이교 신앙을 상징한다. 또한, 동쪽 면에는 구약성경의 내용이, 서쪽 면에는 신약성경의 내용이 다양한 종류의 문양과 형태들로 새겨져 있다. 서쪽 면 중앙에는 십자가에 못

박힌 예수의 형상이 우주(이교 신앙, 태양숭배)를 상징하는 원형의 돌 장식으로 에워싸여 있다.

### ③ 레프러콘(The Leprechaun)

레프러콘은 키가 작은 노인 모습을 한 요정으로, 아일랜드의 요정 중 가장 널리 알려진 요정이다. 켈트 시대 이전부터 존재했던 이 요정은 보통 초록색 옷을 입고, 붉은 모자를 쓰며, 앞이 뾰족한 검은 구두를 신는다. 또한, 황금을 매우 좋아해서 황금을 모아 여기저기에 숨겨두기도 한다. 따라서 가게 같은 곳에서는 장사가 잘 되기를 기원하는 뜻에서 레프러콘의 조각상을 전시하기도 한다.

또한, 레프러콘은 다른 요정들의 구두를 만들고 수선하는 신발가게를 운영한다고 한다. 그래서 레프러콘은 '구두 수선공'이란 의미의 아일랜드어 '레 브러건(leath bhrogan)'에서 유래되었다는 설이 있다. 요정들은 춤을 추거나 노는 것을 좋아해서 신발의 밑창이 빨리 닳는데, 그때마다 레프러콘을 찾아와서 신발 밑창을 고쳐간다고 한다. 하지만 레프러콘은 신발의 두쪽이 아닌 한쪽만을 수선하기 때문에 '외발 구두 수선공(one-shoemaker)'으로 불리기도 한다.

21세기 오늘날에도 레프러콘을 붙잡았는데 손바닥에 올려놓고 걷는 사이에 연기처럼 사라졌다고 주장하는 이가 있는가 하면, 아일랜드의 시골에서는 요정들이 쉴 수 있도록 집 앞에 작은 '요정의 집'을 만들어주거나, 요정들이 건너갈 수 있도록 도로에 '요정의 길'을 마련해주기도 한다.

### ④ 하프(The Harp)

영혼불멸을 상징하는 아이리시 하프는 아일랜드어 '클라삭(clarsach)'에서 유래하며, 영국에 맨 처음 조직적으로 저항했던 헨리 8세(Henry VIII) 시대 이후 영국의 식민통치에 항거하는 아일랜드의 상징이 되었다. 하프는 켈트 시대 궁정에서 가장 인기 있는 악기였으며, 눈이 먼 하프 연주자(시각장애인)는 사회적 지위에 있어서 부족장이나 음유시인(bard) 다음이었다. 전시(戰時)에는 보석으로 장식한 특별한 하프를 사용했는데, 이때 하프 연주는 적진에 뛰어드는 병사들의 사기를 북돋아 주는 역할을 했다. 하프는 식민통치 기간에 영국으로부터 독립을 쟁취하기 위한 봉기(蜂起) 때 자주 사용되었기 때문에 영국 왕실은 이의 사용을 전면적으로 금지했다. 이후로 하프 연주자의 수는 점점 감소했지만, 오히려 하프는 아일랜드의 상징으로 확고히 자리매김하게 되었다.

### ⑤ 클라다 링(The Claddagh Ring)

아일랜드에서 가장 유명한 전통 반지인 클라다 링은 왕관(충성을 상징함)을 얹은 심장(사랑을 상징함)을 두 손(우정을 상징함)으로 받치고 있는 아이리시 전통 문양으로 약혼반지, 우정반지 등의 징표로 사용되고 있다. 로마 시대 결혼식에서 처음 착용한 '신뢰의 반지(fede ring)'로부터 유래하며, 17세기에 아일랜드의 골웨이(Galway) 주(州) 어촌 마을에서 맨 처음 제작된 것으로 알려져 있다. 이 반지가 유행하게 된 것은 비교적 최근의 일로, 세계 각지 특히 미국 거주 아이리시 이민자들 사이에서 아이리시 혈통을 자연스럽게 드러내기 위해 이 반지를 착용하면서부터 클라다 링이 인기를 끌기 시작했다.

## 3. 이니스프리 호수 섬

서유럽의 끝자락에 붙어 있는 멀고 먼 나라 아일랜드 하면, 사람들은 흔히 폭력과 유혈사태가 난무(亂舞)하는 이미지를 떠올리지만, 그것은 예전의 북아일랜드 모습이고, 남아일랜드(공식 명칭은 '아일랜드 공화국'이지만 이 책에서는 북아일랜드와 구별하기 위해 '남아일랜드'로 표기함)는 아마도 이 세상에서 가장 평화롭고 아름다운 에메랄드빛 전원의 나라일 것이다.

일찍이 아일랜드의 시인 윌리엄 버틀러 예이츠(William Butler Yeats, 1865~1939)는 그의 마음의 고향 '이니스프리 호수 섬(The Lake Isle of Innisfree)'을 그리워하며 다음과 같은 아름다운 시를 썼다.

**이니스프리 호수 섬**

나 이제 일어나 가련다 이니스프리로,
그곳에 흙과 욋가지 엮어
작은 오두막집 하나 짓고,
아홉이랑 콩밭 갈고 꿀벌 치면서,
꿀벌 소리 요란한 골짜기에 홀로 살리라.

그러면 다소간의 평화를 누리겠지,
평화가 아침의 장막으로부터
귀뚜라미 울어대는 곳까지
살포시 방울져 내릴 테니까.

그곳의 한낮은 자줏빛 광채,

저녁엔 홍방울새 날갯짓 소리 그득하고,

밤에는 온통 희미한 빛이어라.


나 이제 일어나 가련다,

밤이나 낮이나

호숫가에 찰싹이는

물결 소리 들리는 곳으로.

지금도 한길가나 포도 위에 서 있노라면,

내 마음 깊은 곳에

그 소리 들리나니.


**The Lake Isle of Innisfree**


I will arise and go now, and go to Innisfree,

And a small cabin build there, of clay and wattles made:

Nine bean-rows will I have there, a hive for the honey-bee,

And live alone in the bee-loud glade.


And I shall have some peace there, for peace comes

  dropping slow,

Dropping from the veils of the morning to where the

  cricket sings;

길 호수(Lough Gill)에 있는 이니스프리 호수 섬 전경

There midnight's all a glimmer, and noon a purple glow,
And evening full of the linnet's wings.

I will arise and go now, for always night and day
I hear lake water lapping with low sounds by the shore;
While I stand on the roadway, or on the pavements grey,
I hear it in the deep heart's core.

아일랜드의 북서쪽에 슬라이고(Sligo)라는 작은 항구 도시가 있다. 이 도
시는 강과 산 그리고 바다와 호수가 함께 어우러져 늘 아름다운 자태를 뽐

내고 있다. 이 도시의 인근에 길(Gill) 호수가 있는데, 이 호수에 있는 여러 개의 작은 섬 중 하나가 이니스프리(Innisfree) 섬이다.

예이츠는 어린 시절에 외가가 있는 이곳 슬라이고의 길 호숫가에서 삼촌, 숙모들과 함께 낚시도 하고 뛰어놀기도 하면서 행복한 시간을 보냈다. 이 시는 그가 아버지와 함께 런던(London)에 체류하던 무렵, 답답한 런던 생활에 염증을 느낀 나머지 이니스프리 호수 섬을 그리워하며 향수(鄕愁)에 젖어서 쓴 시이다. 이 시에는 복잡하고 소란스러운 도시 생활을 등지고 한적한 작은 섬으로 가서, 자연과 더불어 소박하고 호젓한 삶을 누리고자 하는 시인의 갈망이 절절히 배어있다.

예이츠 이전에 살았던 미국의 작가 헨리 데이비드 소로우(Henry David Thoreau, 1817~1862)는 번잡한 도시를 떠나 혼자만의 여유로운 삶을 누리기 위해, 매사추세츠(Massachusetts) 주(州) 콩코드(Concord) 근교에 있는 월든(Walden) 호숫가에서 로빈슨 크루소(Robinson Crusoe)처럼 2년 2개월 동안 자급자족의 생활을 했다. 이때의 생활에 대한 기록이 그의 명저 『월든(Walden)』인데, 이 책은 예이츠에게 많은 영향을 주었다. 소로우가 '평범하게 살면서 고상하게 생각하기 위해(Plain Living, and High Thinking)' 월든 호숫가를 찾았듯이, 예이츠도 향수를 달래면서 마음의 평온을 되찾기 위해 불후의 명시 「이니스프리 호수 섬(The Lake Isle of Innisfree)」을 썼다.


## 4. 아일랜드는 어떤 나라인가?

번잡한 현대 문명과 세파에 찌든 불쌍하고 고달픈 현대의 영혼들이여!

문학과 음악 그리고 춤이 있는 문화의 고향 아일랜드로 오라. 그러면 아일랜드가 그대들의 가엾고 지친 영혼을 달래줄 것이니.

에메랄드빛 아일랜드섬은 서유럽의 끝자락 대서양 연안에 위치하고 있으며, 전체 면적은 84,421km²이고, 이 중에서 남아일랜드가 섬의 83%를 차지한다. 남아일랜드의 인구는 460만 명이고 북아일랜드는 180만 명이다. 북아일랜드의 주도(主都)는 벨파스트(Belfast)이고, 남아일랜드의 수도(首都)는 제임스 조이스(James Joyce, 1882~1941)의 작품 배경인 더블린(Dublin)이다. 기후는 전형적인 해양성 기후로 여름 3개월을 제외하고는 비가 오고 바람이 부는 날이 많다. 일상 언어로는 그들의 토속 언어인 아일랜드어(Irish, Gaelic)와 영어를 공용어로 사용하고 있으며, 인종은 켈트족(The Celts)이고, 종교는 주로 가톨릭(Catholic)이다.

우리 남한보다 작은 이 나라가 그토록 긴 세월 동안 처절한 고난과 시련을 겪어 왔고, 그들의 가슴속에는 아직도 풀리지 않는 한(恨)의 응어리가 자리하고 있다는 사실을 아는 이는 아마 별로 없을 것이다. 19세기의 아일랜드 역사가 윌리엄 리키(William E. Lecky)가 "인류 역사상 이들만큼 고난을 겪어온 민족은 일찍이 없었다"라고 말한 것처럼, 그들 자신을 '이 세상에서 가장 슬픈 나라'라고 불렀던 아일랜드인의 슬픔은 아일랜드가 영국 바로 옆에 위치하고 있다는 지정학적인 사실로부터 기인할지도 모른다.

흔히 한국을 '동양의 아일랜드' 또는 '아시아의 아일랜드'라고 한다. 온갖 역경과 시련 속에서도 꿈을 잃지 않고 민족적 자부심과 고유한 민족문화를 지키며 사는 민족성이 유사한 점을 두고 하는 말 같지만, 사실은 외부 세력의 끊임없는 침략과 압박을 숙명처럼 받아들이며 살아온 비극적인 역사 때문인지도 모른다(1983년에 한국과 아일랜드가 정식으로 국교를 수립함).

우리나라가 아시아의 동쪽 끝에 위치한 것처럼 아일랜드도 유럽의 변방에 위치하고, 우리가 일본의 식민지였던 것처럼 아일랜드도 영국의 식민지였다. 따라서 한국과 일본이 가장 가까우면서도 가장 먼 이웃이듯이, 아일랜드와 영국은 정말로 가깝고도 먼 이웃이다. 우리는 일제(日帝)의 식민통치를 36년 동안 받았지만, 12세기 이래로 근 750년이라는 긴 세월을 영국의 식민통치를 받으면서 살아온 아일랜드인의 역사를 생각한다면 그들의 슬픔과 시련이 어떠했겠는지 가히 짐작이 가고도 남는다. 특히 그들의 주식(主食)인 '감자 잎마름병(potato blight)'으로 인해 1845년부터 7년 동안 지속된 대기근(The Great Famine, 1845~1851)의 참혹한 역사는 인류 역사상 전무후무(前無後無)한 것이었다. 해가 지지 않는 대영제국의 방치 아래 100만 명이라는 엄청난 인구가 굶주림에 지쳐 죽어갔고, 끝내는 수많은 아일랜드인이 배고픔을 견딜 수가 없어 미국, 영국, 캐나다, 호주, 뉴질랜드 등지로 떠나가는 배에 아무런 기약도 없이 몸을 내맡겼다. 이때 사랑하는 가족, 친지, 연인들을 부둥켜안고 흐느껴 울면서 불렀던 노래가 바로 「대니 보이(Danny Boy)」(우리나라에서는 '아 목동아!'로 불리고 있음)로, 이는 그들이 기쁠 때나 슬플 때에 뼈아팠던 지난날을 회상하면서 애국가 다음으로 즐겨 부르는 노래이다.


## 5. 대니 보이


「대니 보이(Danny Boy)」는 음악의 장르와 관계없이 전 세계적으로 불리는 민요 중 하나이다. 우리나라의 중등 음악 교과서에 「아 목동아!」라는 제목으로 실려 있는 이 노래는, 서정적 선율의 아름다움뿐 아니라 가사의 내용과 의미도 누구나 공감할 수 있기 때문에 수많은 가수나 연주가가 부르거나 연주했으며, 변주가 가장 많은 노래 중 하나가 되었다. 전설에 의하면 1600년대에 파티에서 술에 취해 강변에 쓰러져 잠을 자던 로리 오카한(Rory Dall O'Cahan)이라는 하피스트(harpist)가 잠결에 요정들의 하프 연주 소리를 듣고 만들었다고 한다.

이 노래는 19세기 중엽부터 아일랜드 북부의 런던데리(Londonderry) 주(州)에서 불리던 북아일랜드의 전통 가락인 「Londonderry Air」가 원곡인데, 1913년 영국의 프레드릭 웨덜리(Frederic Edward Weatherly, 1848~1929)가 「Danny Boy」로 곡명을 바꿔 새로 가사를 쓰고, 아일랜드 출신의 저명한 테너 가수 존 맥코맥(John McComack)이 레코드로 취입함으로써 대중적인 인기곡이 되었다. 이 노래는 구슬픈 멜로디로 인해 미국의 가수 엘비스 프레슬리(Elvis Presley), 존 F. 케네디(John F. Kennedy) 대통령, 영국의 다이애나(Diana Frances Spencer) 황태자비 등의 장례식 곡으로도 사용된 바 있다.


## 6. 아일랜드인과 한국인의 닮은 점

우리 한민족이 반만년의 역사 동안 끊임없는 외세의 침략을 받았으면서도 불요불굴의 저항정신과 '은근과 끈기'로서 살아왔듯이, 아일랜드인들도 '한(lamentation)'과 '패배(defeat)'와 '실패(failure)'로 점철된 역사로 인해 온갖 수난과 고통을 겪어오면서도, 그들의 민족정기를 끝내 잃지 않고 문화민족으로서 지켜야 할 민족적 자부심을 지켜왔다. 왜냐하면, 예이츠가 "세계의 정신사는 피정복 민족의 역사였다"라고 말한 것처럼, 물질적 실패는 정신의 승리를 의미하기 때문이다. 오늘날 그들이 '유럽의 인도'라 자부하면서 문화의 우수성을 전 세계에 과시할 수 있는 것도, 따지고 보면 이러한 한의 역사와 무관치 않을 것이다.

때로 사람들은 한국 사람들이 라틴(Latin)족인 이탈리아 민족과 유사하다고 말한다. 그러나 노래 부르는 것을 좋아하는 것 말고는 사실상 두 민족 사이에 닮은 점이라고는 별로 없다. 오히려 한국 사람은 아일랜드 사람과 가장 비슷하다고 할 수 있다. 그러기에 한국인은 '아시아의 아일랜드인'이라는 별명까지 얻었다. 자기 민족이야말로 이 세상에서 가장 순수하고 순결하며 뛰어나다고 믿는 맹목적 애국심, 자신들이 이 세상에서 가장 고난받은 민족이며 슬픈 민족이라고 생각하는 경향, 그리고 실제로 강대국 곁에서 겪어온 수난의 역사 등 아일랜드와 우리나라는 역사적으로나 정서적으로 닮은 점이 너무나도 많다.

① 지정학적으로 강대국(영국, 일본) 옆에 위치

② 바다로 둘러싸인 작은 국토 면적(아일랜드섬 전체 면적은 남한 면적의 85% 정도)

③ 강대국(영국, 일본)의 식민통치(아일랜드 750년, 한국 36년)를 받고 최근에 독립(아일랜드 1949년, 한국 1945년)

④ 수난의 역사와 한(恨)의 정서

⑤ 강대국들에 의해 남(남아일랜드, 한국)과 북(영국, 북한)으로 분단된 점

⑥ 강대국의 핍박을 딛고 높은 경제성장을 이뤄낸 점(남아일랜드: 켈트 호랑이, 한국: 아시아의 용으로 비유됨)

⑦ 이지적 · 이성적이라기보다 감성적 · 정감적이고 다혈질적인 민족

⑧ 높은 교육열과 근면성

⑨ 음주와 가무(歌舞)를 즐기는 점

⑩ 예절을 중시하고 노인을 공경하는 대가족제도 전통

⑪ 민족적 순수성과 높은 애국심

⑫ 타인이나 이방인에 대한 호의적 태도

그렇다. 아일랜드는 우리나라처럼 어둡고 슬픈 과거를 지닌 나라이자 약함과 강인함, 순종과 저항정신을 동시에 지닌 모순덩어리의 나라이다. 즉, 가톨릭과 신교, 아일랜드어와 영어, 독립과 통합 사이에서 방황해온 양면적인 나라, 바로 아일랜드, 아일랜드인 것이다.


## 7. 수난 속에 피어난 문화의 향기와 열매

아일랜드 인구의 대다수를 차지하는 켈트족은 매튜 아놀드(Matthew Arnold, 1822~1888)가 일찍이 지적했듯이, 본능과 상상력을 중시하는 정감적인 민족이다. 계절의 변화가 주는 아름다운 자연을 벗 삼아 야생의 생활을 즐기면서, 먹고 마시고 이야기를 나누며, 춤추고 노래하기를 좋아하는 호탕한 기질을 지닌 민족이다. AD 431년 로마 교황이 파견한 선교사 팔라디우스(Palladius)에 의해 처음으로 기독교가 전파되고, 432년 아일랜드의 수호성인(守護聖人) 성 패트릭(St. Patrick)에 의해 수도원이 설립되어 본격적으로 기독교가 민중들 사이에 보급되기 이전까지, 그들은 삼라만상(森羅萬像)의 자연에 편재하는 정령과 영혼의 불멸성을 믿는 이교도들이었다.

수도원의 설립과 기독교의 보급은 켈트족의 찬란했던 과거 문화유산을 화려하게 꽃피우는 계기가 되었다. 수도원을 중심으로 수사(修士)들에 의해 민중들 사이에 구전(口傳)으로 전해지던 신화, 민담, 설화, 역사 등이 기록되어 널리 보급되고 보존되면서, 아일랜드는 7~8세기경에 유럽 정신문명의 진원지이자 유럽 문화의 중심 무대가 되었다. 따라서 당시 유럽 대부분 지역이 중세 암흑기로 접어들었지만, 유독 아일랜드만이 화려한 켈트 문화를 꽃피우며 '문명의 등불', '유럽의 등대', '성자와 학자의 나라' 등으로 널리 알려지게 되었다. 뿐만 아니라 유럽의 거의 모든 국가가 로마의 침략을 받아 그들의 과거 문화유산이 대부분 소실되었지만, 다행스럽게도 아일랜드는 로마 제국의 손길이 미치지 않았기 때문에(날씨가 춥고 황량할 뿐 아니라 자원이 별로 없고 땅이 척박하다는 이유로), 찬란했던 고대 켈트 문화가 온전히 보존되고 전수되어 오늘날 그들의 문화유산(특히, 문학, 음악, 춤)을 전 세계에 뽐낼 수 있는 자산이 되고 있다. 이에 더해 아일랜드의 쓰라린 식민지 경험은 단순히 고난과 좌절의 체험담이나 슬픔의 역사로만 남아있지 않고 문화의 밀알로 씨 뿌려져, 수난 속에 피어난 문화의 향기와 열매로 자리매김하게 되었다.


## 8. 문학


아일랜드인의 민족성과 특징, 그리고 문화 중에서 그들이 말하고 쓰는 방식만큼 다른 민족과 차별화된 것은 없다. 아일랜드인의 언어 사랑과 위대한 구전 문학 전통은 세계적으로 유명한 작가들이 탄생하는 밑거름이 되었다. 또한, 외세의 침략으로 인해 강요된 영어는 이 모든 유산을 잇는 수단

조지 버나드 쇼      윌리엄 버틀러 예이츠      사무엘 베케트      셰이머스 히니

노벨 문학상 수상 작가들

이 되었다.

우선, 아일랜드는 문학 분야에서 조지 버나드 쇼(George Bernard Shaw), 윌리엄 버틀러 예이츠(William Butler Yeats), 사무엘 베케트(Samuel Beckett), 셰이머스 히니(Seamus Heaney)와 같은 노벨 문학상 수상자를 위시하여, 조나단 스위프트(Jonathan Swift), 윌리엄 콩그리브(William Congreve), 리처드 셰리든(Richard Sheridan), 토머스 무어(Thomas Moore), 오스카 와일드(Oscar Wilde), 브램 스토커(Bram Stoker), 숀 오케이시(Sean O'Casey), 존 밀링턴 싱(John Millington Synge), 올리버 골드스미스(Oliver Goldsmith), 제임스 조이스(James Joyce), 브렌던 비언(Brendan Behan), C. S. 루이스(Clive Staples Lewis), 버나드 맥래버티(Bernard MacLaverty), 엘리자베스 보웬(Elizabeth Bowen), 프랭크 오코너(Frank O'Connor), 패트릭 카바나(Patrick Kavanagh), 루이스 맥니스(Louis MacNeice), 프랭크 맥코트(Frank McCourt), 브라이언 프리엘(Brian Friel), 로디 도일(Roddy Doyle), 세바스천 배리(Sebastian Barry), 앤 엔라이트(Anne Enright), 존 밴빌(John Banville), 콜름 토이빈(Colm Toibin), 엠마 도노

휴(Emma Donoghue), 존 보인(John Boyne), 콜럼 맥켄(Colum McCann), 숀 오렐리(Sean O'Reilly), 이오인 맥나미(Eoin McNamee), 폴 머레이(Paul Murray), 셰인 헤가티(Shane Hegarty) 등 세계 문학사에 빛나는 수많은 대문호를 배출함으로써 문학에 관한 한 타의 추종을 불허하고 있다.


## 9. 음악

다음으로, 음악 분야에서는 전통악기인 보란(bodhran: 염소 가죽으로 만든 드럼의 일종), 하프(harp), 일리언 파이프(uilleann pipe: 백파이프의 일종), 피들(fiddle, 바이올린), 플루트(flute), 페니 휘슬[penny(tin) whistle], 만돌린(mandolin), 밴조(banjo), 멜로디언(melodeon: 버튼 아코디언이라고도 함) 등으로 연주하는 민속음악이 유명하고, 이러한 전통 때문에 아일랜드 출신의 가수들은 세계 음악계에서도 상당한 팬을 확보함으로써 주목을 받고 있다.

세계적으로 유명한 가수로는 영화 「반지의 제왕(The Lord of the Rings)」의 삽입곡 「되게 하소서(May It Be)」를 부른 엔야(Enya)를 비롯해서 밴 모리슨(Van Morrison), 씬 리지(Thin Lizzy), 메리 블랙(Mary Black), 시네이드 오코너(Sinead O'Connor), 다니엘 오도넬(Daniel O'Donnell), 데미안 라이스(Damien Rice), 조 돌란(Joe Dolan), 크리스티 무어(Christy Moore) 등이 있고, 대표적인 그룹으로는 클랜시 브라더스(Clancy Brothers), 플랭스티(Planxty), 무빙 하츠(Moving Hearts), 퓨리스(The Fureys), 클래나드(Clannad), 치프턴스(The Chieftains: 가장 중요한 전통음악 그룹으로, 1963년 이래 40여 장의 앨범을 발매함), 크랜베리스(The Cranberries), 더블리너즈(The Dubliners: 1960년대 가장 큰 성공을 거두었

으며 서민적 성향이 강한 그룹), 코어스(The Corrs), 더 울프 톤스(The Wolfe Tones: 1963년 조직된 아일랜드의 4인조 포크 음악 그룹), 보이존(Boyzone), 보시 밴드(Bothy Band: 부주키 연주자 Donal Lunny, 일리언 파이프 연주자 Paddy Keenan, 플루트와 휘슬 연주자 Matt Molloy, 피들 연주자 Paddy Glackin, 아코디언 연주자 Tony MacMahon 등으로 구성됨), 유투(U2) 등이 있다.

영화 「주홍글씨」에서 여배우 고(故) 이은주가 불러서 국내에서 유명해진 「내가 잠잘 때뿐이지(Only When I Sleep)」가 바로 코어스의 노래이다. 유투 (U2) 그룹의 리드 싱어 보노(Bono)는 세계적 인권운동가이자 에이즈(AIDS) 퇴치 활동가로서, "우리는 모두가 평등할 때까지 아무도 평등하지 않다(No one is equal until everyone is equal.)"라는 유명한 말을 남겼으며, 1999년 데 뷔한 감미로운 목소리의 4인조 밴드 웨스트라이프(Westlife)도 모두 아일랜 드 출신의 멤버들로 구성되어 있다.

오늘날 아일랜드 음악(전통음악, traditional music, trad)은 팝 음악(pop music)에 밀리는 여타의 유럽 음악과는 달리 여전히 활력과 인기를 누리 고 있다. 뿐만 아니라 전통적 특징을 그대로 유지하면서 미국의 컨트리 (country) 음악과 웨스턴(western) 음악에 많은 영향을 주고 있다.


## 10. 춤

마지막으로, 전통춤 분야에서는 네 쌍의 남녀가 함께 추는 '세트 댄스 (Set Dance: 아일랜드 음악과 춤을 합쳐 각색한 춤으로, 남녀 네 쌍이 정해진 형식에 따라 파 트너를 바꾸어가면서 우아한 세부 동작을 반복하는 춤)'와 이 춤을 변형한 '케일리 댄

「리버댄스」장면

스(Ceili Dance: 아이리시 사교댄스)'가 해외 이산(海外 離散, Diaspora) 시기에 아일랜드 전역에서 크게 유행했으며, 100년 이상 동안 인기를 누려오고 있다. 특히, 상체를 바로 세우고 두 손을 편안하게 내린 다음, 두 발만을 이용하여 큰 소리를 내면서 추는 '스텝 댄스(Step Dance)'는 전 세계적으로 유명한데, 근래에는 브로드웨이(Broadway)와 접목을 시도함으로써 대형 쇼로 거듭남과 동시에 상업화에도 성공했다. 그중에 우리나라에서도 공연된 바 있는「스피릿 오브 댄스(Spirit of the Dance)」,「로드 오브 댄스(Lord of the Dance)」,「리버댄스(Riverdance)」를 비롯하여,「블랙 47(Black 47)」,「겔포스 댄스(Gaelforce Dance)」등은 지구촌 곳곳에서 엄청난 호응을 불러일으키며 보는 이들에게 신선한 충격과 함께 깊은 감동을 선사하고 있다.

강과 산 그리고 바다와 호수로 어우러져 늘 에메랄드빛을 발하는 아름다운 나라 아일랜드. 현대 문명의 숨 가쁜 소용돌이 속에서도 시간의 흐름을 저리하고 사색과 명상을 즐기며 유유자적(悠悠自適)의 삶을 즐기는 마음이 풍요로운 사람들. 펍(Pub, Public House, Public Living Room, 선술집)에 둘러앉아 기네스(Guinness) 맥주를 마시면서 이야기 나누기를 좋아하고, 문학과 음악, 춤과 스포츠에 취해서 살아가는 순진무구(純眞無垢)하고 정겨운 사람들. 물질 만능의 어지러운 세상이 중심을 잃고, 파멸의 막다른 골목과 늪을 향하여 줄달음칠 때에도, 에메랄드빛 아일랜드는 영원하리라.

## 11. 펍

아일랜드에서 펍은 사회생활의 중심이자 다채로운 아일랜드 문화의 정수를 음미하고 체험할 수 있는 곳이다. 아이리시 문화는 펍에서 시작해서 펍에서 끝이 난다. 수도 더블린에는 대략 1,000여 개의 펍들이 있으며, 인구 200명 정도의 작은 마을에도 잡화 상점의 2배가 넘는 세 개나 혹은 네 개의 펍들이 있다. 남아일랜드에는 9,000여 개, 북아일랜드에는 1,200여 개의 펍들이 있다.

펍은 교회와 함께 아일랜드인의 삶에서 중요한 역할을 한다. 이곳은 누구나 사회적 신분, 지위, 세대, 국적, 인종, 종교, 성별, 나이 등에 상관없이 한 잔의 술로 고된 하루를 마감하고, 함께 어울려 노래하고 춤추며, 느긋한 분위기에서 이야기보따리를 풀고, 열띤 토론을 벌이며, 아이디어를 생각해내고, 아마추어들의 공연을 즐기거나, 깊은 사색이나 명상에 잠기는 곳이다. 아일랜드에서 펍은 극장이자 아늑한 방이고, 일상생활의 중심 무대이자

아이리시 펍의 모습

안식처이며, 토론실이자 조용한 사색의 공간이다. 무엇이든 원하는 장소가 되어준다는 것이 바로 펍의 비결이다. 해외에 거주하는 아이리시들도 현지의 펍에서 동포로서의 동질성을 확인하고 떠나온 고국에 대한 향수(鄕愁)를 달랜다.

펍의 이름은 보통 주인의 이름을 본떠서 지어지며, 역사가 100여 년을 훨씬 넘는 펍들도 수두룩하다. 두 사람 이상이 펍에 갈 경우에는, 돌아가면서 술잔이 빈 사람의 술을 선급으로 사는 것이 에티켓(etiquette)인데, 이를 '라운즈 시스템(Rounds System)'이라고 한다. '건배'는 아일랜드어로 'Slainte![발음: 슬런차(slawn-cha)]'라고 하며, 이는 영어의 'Cheers!'와 마찬가지로 '건강을 위하여'라는 뜻이다.

## 12. 아일랜드의 7가지 상징

### ① 기네스(Guinness) 맥주

전 세계에서 생산되는 맥주들과 비교해 볼 때 기네스만큼 브랜드 자체를 초월하여 인기를 누리고 있는 맥주도 없다. 크림 같은 거품과 검은 색의 불투명함이 특징인 아일랜드의 전통 흑맥주 기네스는 1799년 아일랜드에서 처음 출시된 이래, 현재 150여 개 국가에서 매일 1,000만 잔 이상이 소비되고 있다. 본사인 더블린의 세인트 제임스 게이트 양조장(St. James's Gate Brewery)에서는 매년 9만 톤 이상의 아일랜드산 보리와 외국에서 수입한 600톤 이상의 호

기네스 맥주

프를 기네스 제조에 사용하고 있다. 오늘날은 세계적으로 유명한 흑맥주로 정평이 나 있으며, 전 세계의 유명한 일반 맥주들과 치열한 판매 경쟁을 벌이고 있다.

### ② 아일랜드 전통음악

아일랜드는 악기(harp, 하프)를 국가의 상징으로 삼고 있는 세계에서 유일한 나라이다. 음악을 지극히 사랑하는 아일랜드에서도 다른 나라와 마찬가

지로 여러 가지 종류의 음악이 성행하고 있지만, 아일랜드 음악의 진수는 역시 전통음악이다. 아일랜드 전통음악 [보통 줄여서 '트래드(trad)'라고 부르는 음악]은 팝 음악에 밀린 여타의 유럽 전통음악과는 달리 여전히 활발하게 명맥을 유지하고 있다.

　'아일랜드 전통음악'은 민속학자들이 '민속 음악'이라고 부르는 것으로, '민중을 위해 민중이 만든, 비전문적이고, 비상업적이며, 입에서 입으로 전수되는, 시골에 근원을 둔 레퍼토리'를 의미한다. 아일랜드 전통음악은 흔히 노래와 기악으로 나뉜다. 노래는 셴노스(sean-nos: 아일랜드어로 'old style'이라는 뜻으로, 반주 없이 아일랜드어나 영어로 부르는 옛날 스타일의 노래를 의미함), 민요, 발라드, 그리고 옛 선율이 들어 있는 현대의 대중가요로 구성된다. 기악은 하프(harp), 일리언 파이프(uilleann pipe: 백파이프의 일종), 피들(fiddle: 바이올린), 플루트(flute), 페니 휘슬 [penny(tin) whistle], 만돌린(mandolin), 밴조(banjo), 보란(bodhran: 염소 가죽으로 만든 드럼의 일종), 멜로디언(melodeon: 버튼 아코디언이라고도 함) 등과 같은 아일랜드의 전통악기들로 연주되는 곡을 의미한다. 그러나 우리가 '아일랜드 전통음악'이라고 말할 때는, 단지 노래나 기악만을 지칭하는 것이 아니라, 춤과 이야기까지도 함께 아우르는 종합예술을 의미한다. 아일랜드 전통음악의 제 형식들은 유럽의 음악전통과 공통점이 있지만, 선율, 공연 스타일, 악기 등에서 차이가 난다. 또한, 이들은 현대의 예술 형식들을 수용하고 포용함으로써 늘 새로운 모습으로 변모하고 있다. 간단히 말해서, 아일랜드 전통음악은 영국의 식민통치로부터 독립을 쟁취하려는 과정에서 민족적 정체성과 문화적 정체성을 되찾고자 했던 노력의 산물이며, 최근 들어서는 민족적 자긍심을 드높이고자 하는 노력의 산물이다.

### ③ 아일랜드 작가

아일랜드는 찬란한 켈트 문화의 전통을 토대로 조지 버나드 쇼(George Bernard Shaw, 1856~1950), 윌리엄 버틀러 예이츠(William Butler Yeats, 1865~1939), 사무엘 베케트(Samuel Beckett, 1906~1989), 셰이머스 히니(Seamus Heaney, 1939~2013) 같은 노벨 문학상 수상자를 위시하여, 조나단 스위프트(Jonathan Swift, 1667~1745), 오스카 와일드(Oscar Wilde, 1854~1900), 제임스 조이스(James Joyce, 1882~1941) 등과 같은 대문호들을 배출했다.

제임스 조이스는 내면의 리얼리즘(Realism)을 추구함으로써 20세기 전반 서구에 풍미했던 모더니즘 문학과 현대적 정신의 틀을 만드는데 주도적 역할을 한 작가이다. 뿐만 아니라 그는 '현현 [顯現, epiphany: 숨겨진 진리의 현시(顯示)를 뜻함]', '의식의 흐름(Stream of Consciousness)' 등의 용어를 만들어냈고, 소설에서 새로운 실험을 함으로써 현대문학에 커다란 변혁을 초래했다는 점에서, 20세기의 호메로스(Homer)이자 셰익스피어(William Shakespeare)로 불리기도 한다.

오늘날 아일랜드에서는 6월 16일[조이스의 소설 『율리시즈(Ulysses)』에서 이야기가 전개된 날이자, 조이스가 그의 부인이 된 노라 바나클(Nora Barnacle)과 첫 데이트를 한 날]을 '블룸스 데이(Bloom's Day: 『율리시즈』의 주인공 'Bloom'을 본떠서 만든 축제 명칭)'로 지정해서 각종 문화 행사를 펼치고 있다.


### ④ 라이언에어(Ryanair)

라이언에어는 아일랜드의 저가 항공사로 1985년 설립되었다. 저렴한 운임을 무기로 순식간에 규모를 확대해서 현재 아일랜드와 유럽의 저가 항공사 중에서 가장 규모가 크다. 아일랜드의 더블린 공항에 본사가 있으며, 더

라이언에어

블린 공항을 비롯해서 총 50여 개의 허브 공항이 있다. 78대의 비행기로 유럽을 중심으로 91개 공항, 189개 노선을 운행한다. 요금이 놀라울 정도로 싸기 때문에(승객 1인당 부담한 비행기 요금은 평균 40유로) 매년 승객 수가 늘어나고 있으며, 요일과 시간에 따라서는 단돈 1만 원으로도 유럽 여행을 즐길 수 있다. 기존 항공사들은 저가 항공사 간의 경쟁으로 시장 질서가 교란된다며 불만을 터뜨리지만, 소비자들은 즐겁기만 하다.

⑤ 성(聖) 패트릭스 데이(Saint Patrick's Day, 3월 17일)

아일랜드에서 최고로 성대한 축일로, 432년 아일랜드에 처음으로 기독교를 전파한 성 패트릭(St. Patrick)의 사망일(461년 3월 17일)을 기리는 날이다. 이날이 되면 세계 곳곳에서 사는 아이리시들은 성 패트릭 모자와 초록색 옷으로 온몸을 치장하고, 퍼레이드(parade, 가두 행진)를 벌이며, 세잎클로버 (Shamrock)를 붙인 책을 선물하는 풍습이 있다.

### ⑥ 샴록(Shamrock)

아일랜드의 국화(國花)이다. 이는 잎이 셋 달린 토끼풀(세잎클로버)로, 성 패 트릭이 기독교의 삼위일체론(성부, 성자, 성령) 교리를 설명하기 위해 사용했 다고 한다. 오늘날 아일랜드에서는 각종 기관이나 상징물에 샴록이 들어간 다. 성 패트릭은 샴록을 이용해서 뱀이나 해충을 몰아냈다는 일화가 있다.

### ⑦ 감자 대기근

감자를 주식으로 살아가던 아일랜드에 1845년 '감자 잎마름병(potato blight)'이 발생하여 1846년부터 기근이 서서히 표면화되기 시작했다. 1847년부터는 기근과의 싸움이 본격적으로 시작되어 1851년까지 100만 여 명의 인구가 굶주림 혹은 발진티푸스, 장티푸스, 이질, 티푸스, 콜레라, 괴혈병 등의 전염병으로 죽었고, 100만여 명의 인구는 영국, 호주, 뉴질랜 드, 캐나다, 미국 등지로 이민을 떠났다. 따라서 1845년 800만 명이던 아 일랜드의 인구는 1851년 600만 명으로 줄었다. 당시 영국 정부가 구조활 동을 소극적으로 했기 때문에 아일랜드인들은 오늘날까지도 영국인들에 대해 가슴속에서 영원히 지워지지 않는 적대감, 증오심, 한(恨)을 품게 되 었다.

DIGEST100SERIES

# 제2장
## 아일랜드의
## 자연환경

IRELAND

# 아일랜드의 자연환경

## 13. 국토

아일랜드의 풍광은 문학, 음악, 그리고 회화에서 언제나 아일랜드인의 영혼에 깊은 영향을 미쳐왔다. 오래전에 아일랜드를 떠난 이들은 늘 이 '초록의 땅'에 대한 그리움과 향수를 간직한 채 살아가고 있으며, 아일랜드를 방문하는 이들은 시시각각으로 변하는 이 나라의 산과 바다, 강과 호수, 그리고 날씨를 체험하고픈 기대와 열망에 차서 온다. 뭉게구름 두둥실 춤을 추는 하늘 아래 젖소와 양 떼들이 유유히 풀을 뜯는 에메랄드빛 평원, 기암절벽의 웅장한 해안선, 강과 호수에서 한가하게 낚시를 드리우는 강태공의 모습과 구름 낀 날의 엄숙한 색조 등은 이 나라만이 줄 수 있는 천혜(天惠)의 선물이다.

아일랜드는 유라시아(Eurasia) 대륙의 북서쪽에 위치한 섬나라로, 서쪽과 북쪽 해안은 대서양에 노출되어 있고, 동쪽은 아일랜드해(Irish Sea), 남쪽은 켈트해(Celtic Sea)와 접해 있다. 그리고 스코틀랜드와 북아일랜드 사이의 좁은 바다는 노스 해협(North Channel), 아일랜드의 남동쪽과 웨일스(Wales) 사이의 좁은 바다는 성 조지 해협(St. George's Channel)이라 불린다. 섬의 전체 면적은 84,421km²로 남한 면적의 약 85%이다. 이 중에서 북아일랜드가 14,139km²이고, 남아일랜드는 70,282km²이며, 남북의 길이는 500km이고, 동서의 길이는 300km이며, 해안선의 총 길이는 5,630km이다.

아일랜드섬은 전통적으로 렌스터(Leinster), 얼스터(Ulster), 코노트(Connaught), 먼스터(Munster)의 4개 지역으로 구분된다. 얼스터 지방의 대부분은 북아일랜드에 속하므로 종종 북아일랜드와 같은 뜻으로 사용되기도 한다.

아일랜드의 각 지역은 '주(洲, county)'라는 행정 구역으로 나뉜다. 아일랜드는 총 32개 주로 구성되어 있으며, 이 중에서 남아일랜드가 26개 주, 그리고 북아일랜드가 6개 주로 되어있다. 그러나 북아일랜드는 1973년 행정 구역을 개편하면서 6개 주를 다시 주요 도시나 타운(town)을 중심으로 26개 지구(District)로 재편하였다.

각 주(洲)에는 주를 총괄하는 행정 관청이 있는 주도(主都)가 있지만, 우리나라와 같이 도시 기능이 집중된 곳은 아니며, 각 주에 있는 여러 개의 타운이 개별적으로 작은 생활권을 유지하고 있다.

아일랜드의 서남쪽 해안은 바위로 구성된 작고 황량한 섬들이 여기저기 흩어져 있어서 독특한 생태계를 이루고 있다. 이들 중 케리(Kerry) 해안으로부터 조금 떨어진 곳에 있는 스켈리그 마이클(Skellig Michael: '대천사 미카엘의 바위'라는 뜻) 바위섬은 톱니 모양의 돌섬으로, 6세기부터 12~13세기까지 수사들이 은둔생활을 했던 곳이다.

국토 중 고지대는 대부분 해안에 인접해 있으며, 중앙 내륙지역은 평평하다. 코크(Cork)에서 도니갈(Donegal)에 이르는 서쪽 해안은 대부분이 절벽, 언덕, 산과 같은 지형으로, 주로 암벽으로 이루어져 있어 안전한 정박지가 거의 없다. 높은 산들은 거의 대부분 남서쪽에 있으며, 아일랜드에서 가장 높은 산은 케리 주에 있는 해발 1,039m의 카론투힐(Carrantuohil)산이다.

아일랜드는 '강과 호수의 나라'이다. 아일랜드는 어디에서나 물을 볼 수 있으며, 물이 넘쳐나는 나라이다. 남아일랜드에만도 1,390km²의 물이 있다. 사면이 바다로 둘러싸인 것이 하나의 이유이지만, 그보다는 호수가 많고 주변 어디에서나 강물이 흐르고 있기 때문이다.

섀넌강(The Shannon River)은 아일랜드에서 가장 긴 강으로, 카반(Cavan) 주에 있는 퀼카프(Cuilcagh)산으로부터 발원하여, 중서부 평원을 거쳐 리머릭(Limerick)시(市) 서쪽 370km 지점까지 굽이쳐 흐르다가 대서양으로 흘러든다. 아일랜드해(海)로 흘러드는 강은 대체로 길지 않으나, 보인강(The Boyne River)은 비교적 긴 편이다.

또한, 아일랜드에는 곳곳에 크고 작은 호수들이 널려 있다. 아일랜드가 '요정의 나라'로 불리는 것은 호수가 많기 때문이다. 아일랜드는 전국에 800여 개의 호수가 있는데, 서쪽과 북쪽으로 갈수록 더 많은 편이다. 북아일랜드에 있는 네이호(Lough Neagh)는 브리티시 제도(The British Isles)에서 가장 큰 호수로, 전체 면적은 396km²에 달한다.

아일랜드의 물은 콜라색과 비슷한 갈색을 띠는 경우가 많은데, 이는 상류에 보그(bog)층이 있는 곳이 특히 그러하며, 빗물이 지표면에 닿은 뒤 보그층을 통과하기 때문이다. 종종 가정의 수도에서도 갈색의 물이 나올 때가 있으나 사용하는 데는 지장이 없다.


## 14. 지형

아일랜드의 중앙 내륙지역은 3~4억 년 전에 퇴적된 석탄기 석회암층 위에 형성된 지형으로, 대부분이 기름진 농경지와 늪지(습지)로 되어있다. 그러나 중앙 내륙지역에서 서쪽으로 나아가면, 땅이 척박해지고, 농경지도 별로 없으며, 수많은 암벽만을 볼 수 있다. 특히, 섀넌강 서쪽에 있는 황량한 코노트 지역은 미스(Meath)나 티퍼레리(Tipperary) 등의 비옥한 초원 지역과 뚜렷하게 대조된다. 한때 올리버 크롬웰(Oliver Cromwell, 1599~1658)이 "지옥으로 갈래 아니면 코노트로 갈래?(To Hell or to Connaught?)"라고 소리친 말이 나름대로 근거가 없었던 것은 아니다.

골웨이(Galway) 주(州)로부터 남서쪽으로 45km 떨어진 아란 제도(Aran Islands)는 문명의 때가 묻지 않은 채 4,000년 이상 동안 원주민들이 살아오고 있는 지역이다. 대서양의 강한 바닷바람, 깎아지른 절벽, 바윗덩어리의 황량한 아름다움을 음미할 수 있는 이 작은 섬들은 아일랜드 고유의 풍속(風俗)과 전통, 원초적 삶의 모습, 생활방식, 토속어 등 아일랜드의 참모습을 몸소 체험할 수 있는 문화의 보고(寶庫)이다. 한때 아일랜드의 극작가 존 밀링턴 싱은 이곳에서 생활하면서 주옥같은 문학 작품들을 썼다.

골웨이 주(州) 북서쪽에 있는 코네마라[Connemara: '바다의 작은 만(灣)들'이란 뜻]는 삼면이 바다로 둘러싸인 갈색 암반 지형으로, 자연경관이 수려할 뿐

아란 제도

아니라 과거의 문화유적과 생활방식이 잘 보존된 지역이다. 환상적인 분위기를 풍기는 적막한 계곡, 희미하게 빛나는 검은 호수, 흐릿한 색을 띤 산, 초록빛 구릉 지대, 노란색 야생화, 파란 하늘이 반사된 개울, 잦은 무지개 등은 그야말로 원초적인 아름다움을 선사한다.

코네마라 남쪽 해안의 낮은 산지와 클레어(Clare) 주(州)에 있는 카르스트(karst) 지형(석회암이 화학적으로 용해되고 침식하여 나타나는 지형)의 버렌[Burren: 게일어로 암석이 많은 지역(rocky land)을 뜻함] 지역은 석회암층 고원지대이다. 1640년대에 크롬웰의 측량기사는 이곳을 일컬어 "사람을 빠뜨릴 물도 없고, 교수형에 처할 나무도 없으며, 매장할 흙도 없는 곳"이라 했다. 어디를 둘러보아도 농사지을 땅이라고는 거의 없고, 척박하고 황량하기 그지없는

코네마라

회색빛 돌 더미들뿐이다. 그러나 이곳에는 다양한 야생화와 희귀식물들이
바위틈을 비집고 나와 아름다운 자태를 뽐낼 뿐 아니라 기이한 석회암층이
갖가지 모습을 연출하고 있어 이국정취와 함께 생물학적 · 지질학적 보고
(寶庫) 역할을 하고 있다.

클레어(Clare) 주(州)의 '모허 절벽(나폴레옹 전쟁 때 파괴된 'Mothar' 돌출 요새로부
터 유래한 명칭)', 골웨이 주의 아란 제도 남쪽 해안, 도니갈 주의 '슬리브리그
(Slieve League)'는 대표적인 해안 절벽으로 그 규모를 표현하는 것이 불가능
할 정도이다. 그중에서도 규모가 어마어마하고 깎아지른듯하여 보는 이들
을 아찔하게 만드는 '모허 절벽'은 대서양에서 솟아오른 웅장한 해안 절벽
으로 자연이 만든 최고의 절경을 자랑한다. 거친 파도가 휘몰아치며 물안
개를 일으키기도 하고, 바람의 힘으로 절벽을 따라 흐르던 물이 거꾸로 솟
아오르기도 하는 이 장엄한 절벽은 최대 높이가 214m(702ft)에 달하며, 총
길이는 8km(5mile)를 넘는다. 굽이굽이 펼쳐지는 절벽 난간 옆으로 대략

8km의 산책로가 있는데, 수십 번을 방문해도 갈 때마다 조금씩 다른 기후로 인해 색다른 느낌을 준다. 해 질 녘이면 하늘이 호박색, 장밋빛, 짙붉은 색으로 다채롭게 물드는 장관을 연출한다. 뿐만 아니라 경치가 너무나 아름답고 주변에 유적지도 널려 있어 아일랜드에서 가장 많은 인파가 모여드는 곳이다.

앤트림(Antrim) 주에 있는 암석지대 '자이언츠 코즈웨이(The Giant's Causeway)'는 6각 기둥 모양의 현무암 주상절리(柱狀節理)가 성냥갑을 쌓아 놓은 듯이 형성된 지형으로, 돌기둥의 수가 무려 4만 개에 이른다고 하니 조물주의 신비에 놀라지 않을 수가 없다. 바다 밑에서 솟아오른 육각형 돌기둥들이 빽빽하게 모여있는 모습은 아일랜드에서 가장 인상적인 자연풍광으로 꼽힌다. 이곳은 국립 자연보호구역이자 북아일랜드 유일의 유네스코 세계유산이다.

아일랜드의 북단 도니갈 주(州)의 매린(Malin) 곶과 서단인 케리(Kerry) 주의 슬리(Slea) 곶은 경치가 너무 아름다워 관광객의 발길이 끊이지 않는 곳이다.

그러나 뭐니 뭐니 해도 아일랜드 하면 에메랄드빛 초록의 땅이 떠오른다. 오늘날 아일랜드 사람들은 한때 울창했던 오크나무(oak) 숲들이 사라진 것을 몹시 아쉬워한다. 이 숲들은 과거에 영국 해군의 배를 건조하기 위해 무모하게 벌목되었기 때문에, 오늘날 볼 수 있는 숲들은 비교적 최근에 조성된 것들이다. 아일랜드의 시골 지역은 지금도 대부분이 초록의 평원으로 남아있는데, 이는 산울타리나 돌담으로 경계를 이루어 경작용 토지나 목초지로 활용되고 있다.

이탈리아 작가 귀도 미나 디 쏘스피로(Guido Mina di Sospiro)는 2001년에

모허 절벽

아일랜드의 아름다운 자연환경을 소재로 그의 에코 픽션(Eco-fiction) 『나무
회상록(*The Story of Yew*)』을 출간해서 많은 이들에게 감동을 주었다.

## 15. 보그

빙하가 녹아 흐를 때 배수가 잘 안 되어 퇴적물과 유기물이 쌓여 있는 늪
지를 '보그(bog)'라고 하는데, 이는 토탄(turf, peat)의 원료가 된다. 토탄은
옛날부터 아일랜드에서 주로 땔감으로 이용되어왔다. 보통 위스키 색을 띠
는 보그 지역(주로 아일랜드의 서쪽 해안 지역)은 한때 국토의 20%를 차지했으나,
지금은 겨우 2%(2,000km²) 정도만 남아있다. 하지만 아일랜드의 늪지는 지

금도 유럽에서 가장 큰 규모를 자랑한다. 예전에 아일랜드 사람들을 조롱하는 말로 '늪지 사람(bog men, bog Irish, bogtrotters)'이란 말이 사용된 것도 이런 연유에서이다. 킬데어(Kildare), 레이시(Laois), 오펄리(Offaly) 주(州) 등 9개의 주에 걸쳐 갈색의 습한 모래사막처럼 펼쳐져 있는 '보그 오브 알렌(Bog of Allen: 한때 1,000km²에 달했음)'은 오늘날까지 남아있는 늪지 중 가장 잘 알려진 고층 늪지(raised bog)이다.

보그의 형성 과정에 관해서는 다양한 학설이 있다. 그중 하나는 석기시대 농부들이 농경지 확보를 위해 숲을 대규모로 벌목한 결과로 생겨났다는 것이고, 또 다른 하나는 지금으로부터 9,000년 전 마지막 빙하기에 빙하가 녹아 연못이나 호수가 생겨났는데, 이곳에서 자라던 습지 식물이 죽으면서 쌓이고, 또 다른 식물이 생태계를 형성하는 과정을 거치면서 보그가 생겨났다는 것이다.

보그는 산도(酸度, acidity)가 낮고 산소량이 부족하여 선사시대 유물들이 원형 그대로 발견되기 때문에 선사시대 역사 연구의 중요한 보고(寶庫)가 되고 있다. 오늘날 더블린 국립박물관을 비롯하여 아일랜드 곳곳의 박물관에서는 사라져가는 보그의 모습을 재현하여 자연 상태의 보그에서 출토된 유물들을 전시하고 있다.

아일랜드의 전통적 연료인 토탄은 보그에서 채취된 것이다. 오늘날의 연료(전기, 가스)로 대체되기 이전까지 아일랜드인들은 보그에서 채취한 토탄을 건조하여 땔감으로 사용했다. 지금도 몇몇 시골 지역에서는 토탄을 연료로 사용하고 있으며, 겨울철이나 궂은 날씨에는 하얗게 피어오르는 토탄 연기를 보거나 구수한 토탄 냄새를 맡을 수 있다.

아일랜드 정부는 1990년대 이후에서야 비로소 사라져가는 보그가 생태

늪지에서 채취한 토탄을 말리는 광경

계 일부로서 중요하다는 것을 깨닫고 현존하는 보그를 보존 및 유지하는 노력을 시작했다.

## 16. 위치

아일랜드는 경도상으로 서경 5.5도에서 10.5도 사이에 있어 우리나라보다 서쪽으로 대략 135도 떨어져 있다. 경도 15도마다 한 시간의 시차가 나므로 아일랜드의 표준시는 우리나라보다 9시간이 늦은 셈이다. 그러나 3월의 마지막과 10월의 마지막 일요일 사이에는 서머타임(Summer Time)이 적용되므로 이 기간에는 우리나라보다 8시간이 늦다. 즉, 겨울철에는 우리나라가 정오일 때 새벽 3시이며, 여름철에는 새벽 4시가 된다.

위도상으로는 북위 51.5도와 55.5도 사이에 있어 우리나라보다 20도 가까이 더 북쪽에 위치한다. 그러므로 여름에는 우리나라보다 해가 길고, 겨울에는 해가 훨씬 짧다. 7월과 8월의 낮의 길이는 대략 18시간 정도이며, 오후 11시 이후에야 비로소 어두워진다. 따라서 해가 긴 여름철에는 여가 활동과 관광을 즐기기에 적합하다. 하지만 동지 무렵에는 오후 3시를 넘기면 해를 보기가 쉽지 않다.

## 17. 기후

아일랜드의 날씨는 변화무쌍하여 하루 중에 날씨와 4계절을 모두 체험할 수 있다. 이는 섬나라로 인한 바다의 영향과 아일랜드의 날씨에 영향을 주는 공기의 종류가 다양하기 때문이다(해양성 한대 기단, 해양성 열대 기단, 해양성 극기단, 대륙성 한대 기단, 대륙성 열대 기단).

아일랜드의 기후는 대서양 멕시코 만류와 남서풍의 영향으로 위도보다 비교적 온화한 편으로, 연간 평균 기온은 대략 섭씨 10℃ 정도이다. 단지 겨울철에만 이따금 영하로 떨어지는 경우가 있고, 눈과 서리는 아주 귀해서 1년 중 한두 차례만 진눈깨비가 온다. 가장 추운 달은 1월과 2월로 이때 기온은 섭씨 4℃에서 8℃ 사이이며, 평균 7℃를 유지한다. 여름철의 낮 기온은 가장 쾌적한 온도인 15℃에서 20℃ 사이이며, 가장 더운 달인 7월과

8월의 평균 기온은 16℃이다. 아일랜드에서 가장 더운 여름날 기온은 22℃에서 24℃ 정도이지만 가끔은 30℃까지 오르기도 한다. 아일랜드의 날씨는 아주 변덕이 심해서 예측하는 것이 거의 불가능하다. 가령, 2월에도 셔츠 차림에 선글라스를 쓰는가 하면, 심지어 3월이나 여름철에도 양털로 만든 겨울 외투를 입기도 한다.

아일랜드의 연평균 일조 시간은 3시간을 조금 넘을 정도로 짧다. 12월에 북부 지방의 일조 시간은 1시간에 불과하다. 5월과 6월은 가장 길어서 5~7시간 정도이다. 해가 전혀 없는 날도 60~80일 정도이며, 겨울철에는 보통 한 달에 10일 정도가 그러한 날이다. 그러므로 맑은 날에는 많은 사람이 야외로 나가서 일광욕을 즐긴다.

아일랜드는 대서양으로부터 비를 몰고 오는 구름 때문에 연중 270일이나 비가 오는 지역이 있는데, 케리 지역이 가장 심한 편이다. 매우 건조하여 대륙 날씨와 유사한 더블린조차도 연중 150일 동안이나 비가 온다. 연평균 강수량은 저지대가 800mm에서 1,200mm 사이이며, 산악지역은 2,000mm를 초과하기도 한다. 더블린을 비롯한 남동쪽은 750mm 이하로, 비가 가장 적게 오는 지역이다.


## 18. 인구


아일랜드의 전체 인구는 대략 640만 명이다. 이 수치는 지금으로부터 170여 년 전보다도 작은 수치이다. 1845년부터 1851년까지 지속된 대기근 이전에 아일랜드의 인구는 대략 800만 명이었다. 하지만 대기근과 해외 이산으로 인해 인구는 600만 명으로 줄었다. 이후에도 100년 동안 해외 이주는 높은 비율로 지속되었고, 1960년대 들어서야 해외로의 인구 유출이 둔화되었다. 하지만 경제적 어려움 때문에 1980년대 들어서도 20만 명 이상이 해외로 이주를 했다.

남아일랜드의 현재 인구는 460만 명이며, 이는 1861년 이후 최고의 인구 수치이다. 인구 대다수는 더블린, 코크, 골웨이, 리머릭 등 대도시에 거주한다. 남아일랜드의 수도 더블린에는 110만 명의 인구가 살고 있는데, 이 중에 대략 40%가 도심으로의 통근이 가능한 거리에 살고 있다. 또한, 남아일랜드는 젊은 인구가 압도적으로 많다. 전체 인구의 35%가 25세 미만이며, 15세에서 24세에 이르는 인구가 유럽에서 가장 많고, 15세 미만의 인구도 유럽에서 두 번째로 많다. 아일랜드에 거주하는 한국인은 대략 1천 명 정도이며, 이들 중 80%가 어학연수와 학업을 위해 체류하고 있다.

북아일랜드의 인구는 180만 명(벨파스트 30만, 런던데리 8만 5천)으로, 영국에서 16세 미만의 인구가 가장 많은 곳(25%)이다.

얼마 전까지만 해도 아일랜드는 인종적으로 꽤 동질화된 사회였다. 하지만 1990년대 이래로 해외로 이주하는 이민자의 수보다 해외로부터 이주해오는 이민자(역이민자)의 수가 더 많아졌으며, '켈트 호랑이'로 지칭되는 경제 호황기(1995~2007)에 다수의 해외 인구가 유입됨으로써 아일랜드는 다민족·다문화 사회로 변모했다. 이들 역이민자는 아일랜드인들이 대부분이지만, 영국, 유럽연합, 북미, 제3세계(The Third World), 특히 동유럽(주로 폴란드 사람), 남미(주로 브라질 사람), 아프리카(주로 나이지리아 사람)로부터 오는 이민자들도 상당수 있었다. 2011년 인구 통계에 의하면 아일랜드 전체 인구 중 10% 이상이 외국 국적 소지자였다.

아일랜드의 인구는 국내보다 해외에 더 많다. 미국에는 5,000만 명의 아이리시들이 살고 있는데, 케네디(John F. Kennedy), 닉슨(Richard Nixon), 레이건(Ronald Reagan), 클린턴(Bill Clinton), 오바마(Barack Obama)를 비롯한 17명의 역대 미국 대통령이 아이리시 혈통이다[도널드 트럼프(Donald John Trump)까지 역대 대통령 45명 중에서]. 이밖에 뉴질랜드는 인구의 15%, 캐나다는 20%, 호주는 30%가 아이리시이며, 영국에는 600만 명, 아르헨티나에는 30만 명의 아이리시들이 살고 있다.

## 19. 국민성

아일랜드인은 낯선 손님을 환대한다. 켈트 시대의 '브레혼 법(Brehon Law: 입법자 또는 재판관을 게일어로 brehon이라고 함)'은 집 앞이나 마을을 지나가는 이방인을 위해 숙소를 제공하고 극진하게 대접할 것 등을 규정하고 있다. 브레혼 법으로부터 유래한 아일랜드인의 이러한 호의적 태도(hospitality)는 전 세계적으로 정평이 나 있다. 사업상 혹은 관광으로 아일랜드에 가는 사람들은 아일랜드인의 호의, 기꺼이 남을 도와주려는 마음가짐, 그리고 낯선 사람과 대화를 나누는 것을 주저하지 않는 성격 때문에 편안한 마음을 갖게 된다. 아일랜드인은 이러한 성품으로 인해 열린 마음으로 유럽연합에 동참하게 되었고[아일랜드는 1973년에 유럽연합(European Union, EU)의 전신인 유럽경제공동체(European Economic Community, EEC)의 회원국이 됨], 또 이에 대해 자부심을 느낀다.

아일랜드인은 1949년 영국으로부터 독립한 이후 수십 년 동안 국내 문제에만 관심을 기울이는 내향성을 견지했다. 하지만 1960년대부터 보호주의를 철폐하고 바깥세상으로 관심을 돌리기 시작했다. 1840년대 후반에 있었던 감자 대기근으로부터 1980년대 경기 침체기까지 근 2세기에 걸친 이주의 역사, 전 세계적으로 정평이 나 있는 문학과 예술의 우수성, 1990년대부터 시작된 경제 호황, 최근에 부상하는 글로벌 스타일의 요리 등으로 인해 이제 아일랜드인은 세계무대에서 자긍심을 가질 뿐 아니라 국제문제에서도 영향력을 행사할 수 있는 진정한 세계인이라는 의식을 견지하고 있다.

남의 집을 방문하는 것은 1960년대 TV가 도입되기 이전까지 통상적 사회관습이었다. 각 가정의 달력에는 다른 집들의 대소사(大小事)를 빼곡히 기록할 정도로 친척이나 이웃과의 친목을 중요시했다. 하지만 오늘날에는 사람들을 초대하거나 다른 가정을 방문하는 대신 식당이나 술집에서 만나는 것을 더 선호한다.

아일랜드인은 종교적 성향이 강하기 때문에 종교는 그들의 삶에서 아주 중요한 역할을 한다. 영국인은 '형법(The Penal Laws)'을 통해 가톨릭을 금지하려 했지만, 아직도 남아일랜드 사람들의 90% 정도는 가톨릭을 신봉하고 있다. 가톨릭의 영향이 골수까지 스며있어서 아일랜드인은 이웃과 형편이 어려운 사람들에 대한 책임감이 강하다. 이러한 사회적 책임의식 때문에 아일랜드인은 세계의 그 어떤 민족보다 남에게 자선을 베푸는 데 관대하다.

아일랜드인은 매우 강인하고 호전적 기질을 지녔기 때문에 육체노동과 스포츠에 강하고, 두 차례의 세계대전에서 훌륭한 전쟁 지도자를 많이 배출했다. 또한, 비운의 역사에서 대의명분을 지키기 위해 단식(斷食), 극심한 고통과 인내, 심지어 죽음까지도 마다하지 않았던 수많은 순교자적 희생의 예들을 볼 수 있다.

아일랜드인은 말재주가 능할 뿐 아니라 다혈질이어서 화를 잘 내고 정열적이다. 이 때문에 그들은 남과 대화를 나누거나 정치적 논쟁을 벌이는 것을 좋아한다. 아일랜드 전역에 산재한 '펍'이 그들이 대화와 논쟁을 정말로 즐긴다는 것을 여실히 증명해준다.

아일랜드인은 자의식이 강하며 역사의식이 투철하다. 아일랜드인은 자신들의 의식을 형성한 역사에 대해 특별한 애정을 갖고 있다. 때문에 그들은 유럽의 그 어떤 민족보다 자신들의 역사에 대해 잘 알고 있다. 다른 나라들 역시 침략과 해방의 역사가 있지만, 아일랜드인은 독특한 방식으로 자신들의 삶과 역사를 연관 지으려는 경향이 있다. 이에 대해 저명한 작가이자 정치가인 브렌던 비언(Brendan Behan, 1923~1964)은 "다른 민족들도 민족의식이 있다. 하지만 아일랜드인과 유대인은 그 의식이 정신병적인 것이다"라고 말한 바 있다.

아일랜드인은 세상의 그 어떤 민족들보다 문학과 예술을 사랑하고 즐긴다. 실로 아일랜드는 문학과 음악, 그리고 춤의 나라이다. 아일랜드인은 그들의 19세기 민요에 나오는, "선남선녀가 함께 춤추고, 마시며, 창문을 깨뜨리고, 서로 욕을 하고, 방탕이 생활일 뿐 결코 생각 따윈 하지 않으며, 인생의 단맛을 좇는 탕아로 살아갈 뿐"이라는 구절처럼, 자신들의 풍부한 문화를 예술로 즐기며, 또한 이를 통해 자신들의 정체성을 표현한다.

일과 시간에 대한 아일랜드인의 느긋한 태도(easygoingness)는 이따금 외국에서 오는 사람들을 놀라게 한다. 아일랜드인은 일하기 위해 사는 것이 아니라, 살기 위해 일을 한다. 따라서 아일랜드인은 일을 제시간에 끝내거나 약속을 지키지 않는 경우가 허다하다. 이는 농경사회의 유물로, 과거 영국의 식민통치를 받던 소작농 시절, 열심히 일을 해봤자 모두 소작료로 빼앗겼던 그들의 뼈아픈 한(恨)의 역사와 관련이 있다.

# 제3장
# 더블린

IRELAND

# 더블린

## 20. 더블린 개관

한동안 '유럽의 지진아', '거지의 나라', '하얀 깜둥이의 나라' 등으로 불
렸던 아일랜드가 최근 '작지만 강한 나라'로 부상했다. 더블린(Dublin) 거리
를 오가는 사람들의 또렷한 눈빛과 활기찬 모습, 젊은이들이 내뿜는 에너
지와 개성이 넘치는 길거리 공연, 사라진 슬럼가와 깨끗해진 주택가, 곳곳
에 들어선 세련되고 다양한 최첨단 건물들, 오코넬 거리(O'Connell Street)에
우뚝 서 있는 120m 높이의 '더블린 첨탑(Spire of Dublin, Monument of Light:
아일랜드의 눈부신 경제성장과 아일랜드인의 기상을 상징하는 탑)' 등은 새롭게 도약하
고 있는 아일랜드인의 기상을 보여준다. 제임스 조이스의 『더블린 사람들
(Dubliners)』에서 볼 수 있었던 무기력(無氣力)의 분위기는 사라진 지 오래다.

더블린 오코넬 거리 전경

    오코넬 거리 위로 높이 솟은 '더블린 첨탑'은 더블린에서 가장 눈에 띄는 랜드마크(land mark) 건축물로, 12년간의 고도성장과 영국의 국내 총생산(Gross Domestic Product, GDP)을 추월한 기념으로 새천년에 세워졌다(2003년 1월 21일 완공됨). 기단부의 너비는 3m이지만, 120m의 높이로 뻗어 오르면서 폭이 점점 좁아져서, 맨 꼭대기는 너비 15cm의 광선 빔(beam of light) 형태가 된다. 런던에서 활동하고 있는 건축가 이언 리치(Ian Ritchie)의 아이디어로 탄생한 이 첨탑은 세계에서 가장 높은 조형물이자 건축공학적으로도 인상적인 구조물이다.

    역동적으로 부활하고 있는 더블린의 모습에서 750년이라는 기나긴 세월의 식민지 역사, 1845년부터 7년 동안 지속된 감자 대기근의 참상(慘狀), 굶주림과 가난을 피해 해외로 이민을 떠나야만 했던 디아스포라[Diaspora, 해외 이산(海外 離散)]의 슬픈 장면이 교차하여 나타난다. 이처럼 좌절과 영광, 가난과 풍요, 슬픔과 낭만, 옛스러움과 변화가 공존하는 도시가 바로 더블린이다. 오늘날 더블린 사람들은 더블린의 양면성을 담담하게 받아들이면서, 동시에 과거의 슬픔과 아픔을 딛고 어제보다 더 나은 삶을 착실히 일궈가고 있다. 그리고 그 과정에는 더블린 사람들이 자랑스럽게 여기는 문학, 음악, 예술 등이 중요한 역할을 하고 있다.

문학, 음악, 예술이 사랑을 받는 더블린에서는 골목길 어디에서나 펍을 발견할 수 있고, 아일랜드인의 정서가 한껏 배어있는 구슬픈 선율의 음악을 들을 수 있다. 그리고 고풍스러운 성당, 교회, 대학, 성(城, Castle) 등의 오래된 건물 등에서는 아일랜드의 구구절절한 역사와 문화, 아일랜드인의 재치와 유머, 그리고 그들의 소탈한 웃음소리를 접할 수 있다. 그런가 하면 수목이 울창한 공원에서는 한가로이 지저귀는 새 소리를 들으면서 평화와 낭만에 흠뻑 빠져들 수도 있다.

더블린은 아일랜드의 정치 · 경제 · 문화의 중심지로 인구 110만 명이 넘는 아일랜드 제1의 도시이자 수도이다. 이곳은 시내버스, 다트(DART, Dublin Area Rapid Transit, 전철), 트램[Tram: 경전철 루아스(Luas)] 등 아일랜드의 그 어느 도시보다 빠르고 편리한 교통망을 갖추고 있다. 또한, 유럽의 주요 도시들과 연결되는 더블린 국제공항이 있고, 아이리시해(海)를 끼고 영국과 마주하고 있는 홀리헤드(Holyhead)와 리버풀(Liverpool) 등으로 페리(Ferry)가 운항하고 있어 아일랜드의 관문(關門) 역할을 하고 있다.

더블린은 841년에 바이킹족이 세운 대표적인 도시로, '더블린'이란 발음은 아일랜드어(게일어) '더브 린(Dubh Linn)'에서 유래했으며, 어원상으로는 '검은 연못(Black Pool)'이란 뜻이다. 공식적인 아일랜드어 명칭은 '허들 여울에 있는 도시(The Town on the Ford of the Hurdles)'를 의미하는 'Baile Atha Cliath(발음은 BOLL-yah AW-hah CLEE-ah)'인데, 이 명칭은 부풀어 오른 리피강 위에 '허들 다리'를 세운 얼스터의 왕 코노 맥네사(Conor McNessa)를 기념하기 위해 사용되었다.

## 21. 더블린 시내

수도 더블린은 동서로 가로지르는 리피강을 기준으로 해서 남북으로 나뉜다. 북쪽에는 남북으로 뻗어있는 오코넬 거리가 있는데, 이곳은 서울의 한복판을 연상시킬 정도로 넓은 도로, 수많은 인파와 차량, 기념품 가게, 패스트푸드점, 새천년을 기념하기 위해 세워진 '더블린 첨탑', 1916년 부활절 봉기(Easter Rising)의 본부로서 독립 선언문이 전시되고 있는 '중앙 우체국(General Post Office, GPO)' 등이 있으며, 시내의 버스 투어도 대부분 이곳에서 시작된다. 또한, 이 거리의 남쪽 끝에는 1882년에 세워진 '오코넬(Daniel O'Connell, 1775~1847) 기념탑'이, 북쪽 끝에는 1911년에 세워진 '파넬(Charles Stewart Parnell, 1846~1891) 기념탑'이 있는데, 이 두 기념탑은 아일랜드의 대표적인 독립운동가였던 오코넬과 파넬을 기념하기 위한 것이다. 거리의 중간 부분에는 더블린에 최초로 수도(水道)를 공급한 존 그레이경(Sir John Gray), 청년아일랜드당의 수장이었던 오브라이언(William Smith O'Brien), 1913년 더블린 총파업의 수장이었던 라킨(James Larkin), 절대 금주(禁酒) 운동의 창시자였던 매슈 신부(Father Theobald Mathew)의 동상이 있다. 한편, 오코넬 거리의 남쪽 지점에서 동서로 뻗어있는 거리가 애비 거리(Abbey Street)인데, 이 거리(Lower Abbey Street)의 동편(오코넬 거리 인근)에는 아일랜드 국립극장인 '애비 극장(Abbey Theatre)'이 있다.

'애비 극장'은 1898년 설립되어 1904년에 처음으로 문을 연 국립극장으로 아일랜드 민족 연극 운동의 중심지였다. 19세기 후반 아일랜드에서는 '아일랜드 문예부흥운동(The Gaelic Revival Movement)'이라고 불리던 문예운동이 시작되었다. 이 운동의 취지는 민족혼을 일깨우고 민족의식을 고취하여 영국으로부터 독립을 추구하는 것이었으며, 이 운동을 주도한 예이츠는 당시 영국의 극장 운영자였던 애니 호니만(Annie Horniman, 1860~1937) 부인의 도움을 받아 극장을 세웠다. 이후 애비 극장은 예이츠를 평생 후원했던 그레고리 부인(Lady Augusta Gregory, 1852~1932)을 비롯하여 아일랜드 민족주의 작가들을 대거 발굴함으로써 아일랜드 근대 연극의 전성기를 이끌었다.

오코넬 거리 북쪽 끝에는 파넬 거리(Parnell Street)가 동서로 뻗어있는데, 파넬 스퀘어(Parnell Square) 동쪽에는 '게이트 극장(Gate Theatre)'이, 서쪽에는 1745년에 설립된 후 매년 9,000명의 아기가 태어난다는 '로툰다 산모병원(Rotunda Hospital)'이, 북쪽에는 부활절 봉기 50주년을 기념하기 위해 1966년에 세워진 '아일랜드 독립추모공원(Garden of Remembrance)'이 있으며, 파넬 스퀘어 북단 인근에는 '더블린 작가 박물관(Dublin Writers' Museum)'과 미술품 수집가였던 휴 레인(Hugh Lane)이 1908년에 설립한 '휴레인 시립현대미술관(Hugh Lane Municipal Gallery of Modern Art)'이 있다. 한편, 아일랜드인들이 가장 소중히 여기는 작가 제임스 조이스를 마주할 수 있는 '제임스 조이스 문화센터(James Joyce Cultural Center)'는 파넬 거리의 거의 동쪽 끝 지점에서 북으로 뻗어있는 조지 거리(George's Street)의 초입에 있다.

오코넬 거리 남쪽 끝단에서 리피강을 가로지르는 오코넬 다리(O'Connell Bridge)는 길이보다 폭이 넓은 것으로 유명하다. 다리 위에서는 기념품 등을 파는 노점상을 가끔 만날 수 있으며, 항상 보행자들로 북적이는 곳이다. 이 다리 북단에서 동쪽으로 이어지는 리피 강변에 우아한 18세기 건물인 '세관(Custom House)'이 있다.

오코넬 다리에서 리피강을 따라 서쪽으로 향하면, 숀 휴스톤 다리(Sean Heuston Bridge)까지 10여 개의 아름답고 다양한 모습의 다리들을 볼 수 있다. 첫 번째로 만나는 다리는 1816년 영국의 철골업자 존 윈저(John Windsor)에 의해 철재로 만들어진 보행자 전용 다리인 '리피 다리(Liffey Bridge)'이다. 이 다리의 원래 명칭은 '웰링턴 다리(Wellington Bridge)'였지만, 다리가 세워진 이후부터 1919년까지 약 100년 동안 통행료로 하프 페니(half penny, 1/2 페니)를 내야만 했기 때문에 일명 '하페니 다리(Ha'penny Bridge)로 불리기도 했으며, 오늘날에는 더블린의 상징으로 자리매김했다.

이 구간의 대표적인 건축물은 '오도노반 로사 다리(O'Donovan Rossa Bridge)'와 '매슈 신부 다리(Father Mathew Bridge)' 사이에 있는 '포 코트(The Four Courts)'이다. 이 건물은 18세기 최고의 건축가였던 제임스 갠돈(James Gandon, 1743~1823)에 의해 1786년부터 1802년까지 건축되었으며, 내전 기간(Civil War, 1922~1923)에 화재로 크게 손상된 후 1932년에 복원되어 현재는 아일랜드의 고등법원으로 사용되고 있다.

오코넬 다리를 건너 웨스트모어랜드(Westmoreland) 거리로 접어들면 남동쪽에 유서 깊은 '트리니티대학(Trinity College Dublin, TCD)'이 있다. 이 대학은 1592년 엘리자베스 1세(Elizabeth I) 때 설립되었으며(1793년까지는 신교도들만 다녔음), 아일랜드에서 최고의 권위를 자랑하는 대학이다. 이후 유럽에서 손꼽히는 대학 중 하나로 자리매김했으며, 졸업생 중에는 조나단 스위프트, 오스카 와일드, 사무엘 베케트 등 유명 인사들이 부지기수다. 이 대학은 40에이커(acre)의 부지에 세워진 고풍스러운 대학으로, 건축학적인 측면에서 걸작일 뿐 아니라 더블린 시내의 시끌벅적함으로부터 잠시 벗어나 사색과 명상을 즐길 수 있는 공간이기도 하다. 아담한 목조 정문을 통과하면 잔돌이 깔린 길을 따라 지식인들이 철학을 논하고, 대영제국을 옹호하며, 열정적으로 토론을 즐겼던 시절로 거슬러 올라가는 시간 여행을 시작할 수 있다.

광장 정면에 들어서면 바로 앞에 30m 높이의 종탑(Campanile)이 있고, 광장 끝에는 이 대학의 명소이자 세계적인 고서 도서관인 '올드 라이브러리(Old Library, 구 도서관)'가 있다. 이 도서관 2층에는 목조 아치형 천정과 복도식 서가(書架)로 되어있는 롱룸(Long Room)이 있다. 길이가 64m, 너비가 12m, 높이가 12m에 달하는 롱룸에는 20만 권에 달하는 진귀한 고서들을 비롯하여 800년경에 제작된 채색필사본 복음서인 '북 오브 켈스(The Book of Kells)', 1916년 부활절 봉기 때 패트릭 피어스(Patrick Pearse)가 낭독한 '공화국 선언문(The Proclamation of the Republic)', 1400년경에 제작된 아이리시 하프[아일랜드에서 가장 오래된 하프로, 일명 브라이언 보루(Brian Boru) 왕의 하프로 불리기도 함] 등 트리니티대학에서 가장 귀중한 보물들이 보관되어 있다.

올드 라이브러리를 지나면 곧바로 버클리 도서관(Berkeley Library)이 나온다. 매우 현대적인 건물이지만 트리니티대학의 전통적인 아름다움과 완

트리니티대학

벽한 조화를 이룬다. 이 도서관 바로 앞에는 캠퍼스 내 조각물 중 가장 독특하고 우아한 '구 안의 구(Sphere within Sphere)'가 있다.

　트리니티대학 대학 정문과 마주하고 있는 아일랜드 은행(Bank of Ireland) 뒤편의 템플바(Temple Bar) 지역[리피강과 데임 거리(Dame Street) 사이의 자갈 깔린 지역]에는 펍, 식당, 카페, 갤러리(gallery), 극장, 작은 규모의 박물관, 각종 기념품 · 골동품 · 중고품 가게, 상점 등이 즐비하게 들어차 있어 더블린에서 뜨거운 밤을 보내고자 하는 수많은 사람으로 늘 북적이는 곳이다. 이 일대는 명소라기보다는 분위기가 중요한 지역으로 밤이나 주말이면 완전히 다른 세상으로 변신한다.

이곳의 명칭은 17세기 초 트리니티대학의 학장이었던 윌리엄 템플경 (Sir William Temple)의 집과 정원으로부터 비롯되었다. 18세기에는 서민주택과 안전이 취약한 펍들이 들어서 있던 곳이었으나, 1960년대 무렵부터는 소매상인들과 예술가들이 정착하면서 문화와 유흥을 겸한 지역으로 탈바꿈하여 더블린에서 문화적으로 가장 활기가 넘치고 '핫'한 지역이 되었다. 인근의 템플바 광장(Temple Bar Square)은 주말 시장, 무료 영화 상영과 같은 각종 이벤트 등을 즐길 수 있는 곳이다. 트리니티대학 남쪽에서 동서로 이어지는 낫소 거리(Nassau Street)는 크리스탈(crystal), 니트 스웨터(knit sweater), 린넨(linen) 제품, 도자기, 셀틱 쥬얼리(Celtic Jewelry) 등 아일랜드의 각종 토산품을 판매하는 쇼핑가로 윈도우 쇼핑을 즐기기에 적당한 곳이다. 소설가 제임스 조이스가 그의 아내 노라 바나클(Nora Barnacle)을 유혹했던 곳이 바로 이곳이다.

트리니티대학 정문으로부터 남쪽으로 이어지는 그라프톤 거리(Grafton Street)는 더블린의 대표적인 쇼핑가로 유명 백화점, 레스토랑, 카페, 옷가게 등 아일랜드에서 소위 '잘나가는' 상점들이 즐비해서 매일 수많은 젊은이와 관광객이 모여드는 '핫' 한 장소이다. 또한, 500m가 채 안 되는 짧은 거리에서는 끼를 과감하게 발산하는 버스킹 밴드(busking band)들과 다재다능한 예술가들이 아마추어 공연에서부터 프로 공연에 이르기까지 다양한 형태의 공연들을 선보여 지나가는 사람들의 눈과 귀를 즐겁게 해준다. 우리나라 사람들에게 '쌀 아저씨'로 잘 알려진 데미안 라이스(Damien Rice)도 한때 이 거리 어디에선가 하루 벌이 생활을 했던 가난한 음악가였고, 영화 「원스(Once)」의 남자 주인공 글렌 핸사드(Glen Hansard)가 버스킹을 했던 곳도 바로 이 거리이다.

그라프톤 거리와 서폴크(Suffolk Street) 거리 사이에 있는 '몰리 말론 동상 (Molly Malone Statue)'은 수레를 밀고 있는 소녀 생선 장수의 동상(1998년 세워짐)으로, 일명 '매춘부와 수레(The tart with cart)상'으로 불리기도 한다. 몰리 말론은 아일랜드의 전래동화에서 비극적인 삶을 살다가 세상을 떠난 인물임과 동시에 궁핍했던 시절에 가난을 극복하고자 했던 아일랜드인을 상징하는 인물이다. 몰리 말론은 가난을 이기기 위해 낮에는 새조개와 홍합을 파는 생선 장수로, 밤에는 트리니티대학 인근에서 몸을 파는 매춘부로 불행한 생활을 영위하다가 병에 걸려 어린 나이에 숨을 거두었다는 설과, 영국 국왕 찰스 2세(Charles II) 연인의 아명(雅名)이었다는 설 등이 있다.

아일랜드의 전통 포크 음악 「몰리 말론(Molly Malone)」은 우리나라의 「아리랑」과 유사한 민요로, 영국의 식민지 시절에 겪었던 가난과 한(恨)이 배어 있다. 이 노래는 무장독립투쟁을 벌이던 시절 아일랜드 공화군의 광복 군가(軍歌)로 불리기도 했으며, 오늘날에는 「Cockles and Mussels」 또는 「In Dublin's Fair City」로 불리기도 한다. 술 한잔을 걸치고 옆자리의 주객과 함께 흥얼거리면서 지난날을 회상하던 이 노래는 더블린 시(市)에 헌정(獻呈)됨으로써 비공식적인 더블린 시가(市歌)가 되었으며, 1988년 더블린 밀레니엄 축제 중에 당시 더블린의 시의원(부시장)이었던 밴 브리스코는 6월 13일을 '몰리 말론의 날'로 지정했다.

그리프톤 거리의 남쪽 끝에는 더블린에서 가장 오래된 세인트 스티븐스 그린(St. Stephen's Green: 10만 9,265m²) 공원이 있다. 1663년에 처음 조성된 이 공원은 다양한 식물과 꽃들이 자라고, 넓은 잔디밭, 연못, 호수, 폭포, 분수, 동상, 벤치 등이 설치되어 있으며, 비둘기와 오리 등이 살고 있어 더블린 시민들의 여가와 휴식을 위한 공간으로 사랑을 받고 있다. 특히 점심시간에는 더블린 시내에서 근무하는 직장인들이 잠시 휴식을 취하며 여가를 즐기는 장소이기도 하다.

이 공원의 북동쪽에는 맨션 하우스(Mansion House: 더블린 시장 관저)와 아일랜드 의회(The Irish Parliament) 건물인 렌스터 하우스(Leinster House)가 있다. 이 두 건물은 모두 18세기 초에 지어졌으며, 렌스터 하우스 주변에는 국립 박물관(National Museum), 국립 도서관(National Library), 자연사 박물관(Natural History Museum), 국립 미술관(National Gallery) 등이 있다.

자연사 박물관 동편에 있는 메리온 스퀘어(Merrion Square)는 조지 왕조풍(Georgian Style)의 도심 공원으로, 조지 왕조시대 공원 중에서도 가장 우아하고 품격이 있는 것으로 정평이 나 있다. 공원 안에는 러틀랜드 기념비(Rutland Memorial), 오스카 와일드(Oscar Wilde) 동상, 잔디밭, 나무숲, 조각상, 더블린의 오래된 가로등 수집품, 꽃 정원, 놀이터 등이 있다.

한편, 잘 가꾼 잔디와 아름답게 손질된 화단을 중심으로 메리온 스퀘어의 3개 면은 매력적인 조지 왕조풍의 타운하우스들로 둘러싸여 있는데, 이 건물들은 1762년에 건립되기 시작해서 19세기 초에 완성되었다. 1950년대까지는 대부분이 주택으로 사용되었지만, 오늘날은 사무실로 사용되고 있다. 건물의 모양은 모두 비슷하지만, 예쁘게 색칠한 현관문, 공작새 모양의 채광창, 장식성이 강한 현관문 노커(knocker), 건물 안으로 들어가기 전에 진흙을 터는 신발 흙 긁개 등은 저마다 다른 것이 특색이다.

## 22. 더블린의 명소들

### ① 더블린 성(Dublin Castle)

930년대에 덴마크계 바이킹들이 도시를 보호하기 위해 축조한 요새와 옹벽이 있던 곳에 1204년 잉글랜드의 존 왕(King John)이 축조한 더블린 성 (Caisleán Bhaile Átha Cliath)은 중세의 성(castle)이라기보다는 여러 가지 요소가 뒤섞인 궁전에 가까운 건축물이다. 1922년까지 영국이 아일랜드에서 식민통치를 하는 동안(750년 이상) 총독부 역할을 했던 곳으로, 더블린 역사의 중심지 역할을 했다. 1922년 영국은 아일랜드 자유국가(The Irish Free State)의 수장이었던 마이클 콜린스(Michael Collins)에게 더블린 성을 공식적으로 양도했다. 더블린 성은 현재 아일랜드 정부의 회의나 행사 장소로 사용되고 있다.

### ② 체스터 비티 도서관(Chester Beatty Library)

더블린 성의 정원 옆에 위치한 체스터 비티 도서관은 아일랜드에서 가장 훌륭한 소규모 박물관이자, 유럽 최고의 도서관으로 2002년에는 '유럽 박물관(European Museum)'으로 명명되었다.

열혈 여행가이자 수집가였던 미국 출신의 광산 왕 체스터 비티 경(Sir Alfred Chester Beatty)은 다른 문화권에 매력을 느낀 나머지 20만 점이 넘는 필사본, 희귀서, 미니어처 세밀화, 점토판 문서, 의상 등을 비롯하여 그의 흥미를 끌거나 세상에 관한 이야기를 담고 있는 예술품들을 수집했다. 그러한 그가 더블린에 완전히 매료되어 이곳을 제2의 고향으로 삼은 덕택에 이곳에서 그의 문화유산을 감상할 수 있다. 비티 경은 이에 대한 보답으로

1957년 아일랜드 최초의 명예시민이 되었고, 1968년 세상을 떠났다.

그의 수집품은 2개의 층에 상설 전시 중이다. 1층은 '책의 예술(Art of the Book)'을 주제로 서양, 이슬람, 동아시아 각국의 특별한 작품들을 섬세하게 전시해 놓고 있으며, 2층은 '신성한 전통(Sacred Traditions)'을 주제로 장식적이고 종교적인 예술품과 계몽적인 내용이 담긴 문서, 그리고 입구에 있는 여러 가지 종교를 패러디한 멋진 패스티시(pastiche) 영상 등을 통해 전 세계 주요 종교를 아우르고 있다.

### ③ 크라이스트 처치 대성당(Christ Church Cathedral in Dublin)

크라이스트 처치 대성당은 중세 분위기가 물씬 풍기는 교회로 더블린에서 역사가 가장 오래된 곳이다. 1030년 바이킹족의 왕 시트릭 실켄베어드(Sitric Silkenbeard)의 지원으로 더블린의 초대 주교 듀난(Dunan)에 의해 목조로 지어졌으며, 잉글랜드의 캔터베리 대주교 관할에 있었다. 세월이 지나면서 교회의 모습이 아일랜드 교회 형태로 변했고, 1152년에 캔터베리 교황청으로부터 독립했다. 이 최초의 목조 교회는 1172년 스트롱보우(Strongbow)로 알려진 펨브로크 백작(Earl of Pembroke)의 후원으로 석조 건물로 재건축되었으며, 백작이 세상을 떠나자 그의 시신은 성당의 납골당에 안치되었다. 지금도 성당 내에 있는 그의 지하 무덤은 보존이 잘 되어있어 관광객들의 관심을 끌고 있다. 이후 여러 가지 건축 양식으로 재건축 과정을 거치면서 오늘날의 모습을 갖추게 되었다.

### ④ 성 패트릭 대성당(St. Patrick's Cathedral)

크라이스트 처치 대성당이 지배계층과 관계가 있는 교회라면, 성 패트릭 대성당은 민중의 교회라고 할 수 있다. 5세기부터 존재했던 작은 규모의 목조 교회가 1192년 석조 건물로 재건축되었으며, 1219년 증축되었다. 현재의 건물은 1254년부터 1270년 사이에 완축되었으며, 이후에도 여러 차례의 증·개축 과정을 거치다가 1864년 기네스 가문(Guinness Family)의 노력으로 완성되었다. 뿐만 아니라 이곳은 성 패트릭(St. Patrick)이 켈트족 족장들에게 세례를 주었던 성스러운 장소로도 널리 알려져 있으며,『걸리버 여행기(Gulliver's Travels, 1726)』의 저자 조나단 스위프트(Jonathan Swift, 1667~1745)가 사제장(司祭長)을 지냈던 곳이기도 하다.

### ⑤ 피닉스 파크(Phoenix Park)

더블린 도심의 북서쪽 가장자리에 있는 피닉스 파크는 면적이 709헥타르(hectare), 공원 입구에서 맞은편 출구까지의 길이 4km, 파크를 에워싸는 담장의 길이 11km(7mile)로, 더블리너들이 가장 자랑스럽게 여기는 공원이자 전 세계의 도심 공원 중 가장 넓은 공원이다. 이곳은 1662년에 오르몬드 공작(Duke of Ormonde)이 자신의 땅을 사슴 공원으로 바꾸면서 공원화되었고, 1745년 조경공사를 마친 뒤 일반에게 공개되었다. 공원의 명칭 'Phoenix Park'는 '깨끗한 물(clear water)'을 뜻하는 아일랜드어(게일어) 'Fionn Uisce'의 발음이 와전되어 붙여진 명칭이다.

공원 내에는 아일랜드 대통령 관저, 미국 대사관저, 경찰청 본부, 동물원, 호수, 정원, 폴로(polo) 경기장, 크리켓(cricket) 구장, 축구장, 야외 음악당, 오벨리스크(obelisk) 웰링턴 기념비(Wellington Monument: 높이 63m로 1861년에 완공됨), 피플스 가든(People's Garden: 1864년에 조성됨), 교황의 십자가 [Papal Cross: 1979년에 방문한 교황 요한 바오로 2세(Pope John Paul II)가 125만 군중 앞에서 행한 설교를 기념하기 위해 세워짐], 피닉스 기념비 [1747년에 체스터필드 경(Lord Chesterfield)이 세움] 등이 있다.

## ⑥ 킬마이넘 감옥(Kilmainham Gaol)

킬마이넘 감옥은 아일랜드의 수도 더블린에 있는 음산한 회색빛 건물로, 우리나라의 서대문 형무소에서 느껴지는 것과 같이 아리고 쓰린 감정을 공유할 수 있는 곳이다. 1792년부터 1795년에 걸쳐 건축되었으며, 1796년에 문을 연 뒤, 1924년까지 감옥으로 쓰였다(1924년에 폐쇄됨). 이후 1960년대에 개조하여 정부 기관의 건물로 사용하다가 1980년대 이후부터 박물관으로 다시 단장하여 일반인들에게 공개하고 있다. 현재 사용되지 않는 감옥 중 유럽에서 가장 규모가 크고 분위기가 음산한 것이 특징이다.

킬마이넘 감옥은 영국의 식민통치에 저항했던 아일랜드 독립운동사에서 역사적 의의가 큰 건축물이다. 1922년 아일랜드가 영국으로부터 독립을 쟁취하기 직전까지 근 130년 동안 독립투쟁을 주도하거나 봉기에 가담한 인사들(Robert Emmet, Patrick Pearse, St. Olivier Plunket, Charles Stewart Parnell, Eamon de Valera 등)이 이곳에 투옥되거나 처형되었다. 특히 1916년 부활절 봉기 때의 반란군 지도자 14명이 감옥 안에 있는 '스톤 브레이커스 야드(stone breakers' yard)'에서 처참하게 처형당한 사건은 아일랜드인들에게 깊은 상처를 남겼다. 그중 한 명인 제임스 코놀리(James Connolly)는 심한 발목 부상으로 인해 의자에 묶인 채로 처형당했다.

뿐만 아니라 영국 정부가 여성들을 무차별적으로 이곳에 감금함으로써 여성 수감자들이 심한 고통을 겪었던 것으로도 널리 알려져 있다. 최근에는 아일랜드의 독립과 관련된 영화나 TV 방송 촬영지로 자주 이용되고 있으며, 영화 「이탈리안 잡(The Italian Job, 2003)」과 「아버지의 이름으로(In the Name of the Father, 1993)」, 그리고 TV 드라마 「튜더스(The Tudors, 2007)」 등이 이곳에서 탄생했다.

### ⑦ 기네스 스토어하우스(The Guinness Storehouse)

'기네스 스토어하우스'는 맥주 애호가들의 메카(Mecca)이자 '세인트 제임스 게이트 양조장(St. James's Gate Brewery)'의 심장이다. 옛 발효소(Fermentation House: 1904년에 지어짐)에 들어선 '기네스 스토어하우스 박물관(2000년 11월 개관)'은 26헥타르(hectare: 65acres)에 달하는 세인트 제임스 게이트 양조장 중에 유일하게 일반인들에게 공개되는 장소로, 기네스를 찬양하기에 안성맞춤인 성전이다. 이곳은 한마디로 세련된 전시물과 화려한 디자인, 진한 크림 같은 맥주 거품이 등장하는 대대적인 광고가 어우러진 다목적 오락 시설이다. 중앙 아트리움(atrium)은 기네스 파인트 잔(pint glass) 모양으로 7층 높이까지 솟아있으며, 벽면이 유리로 된 7층의 전망대(Gravity Bar)는 탁 트인 더블린 시내를 내려다보며 거품이 가득한 하프 파인트 기네스 맥주를 무료로 즐길 수 있는 공간이다.

1759년 12월, 당시 34세였던 아서 기네스(Arthur Guinness, 1725~1803)는 더블린 시내의 가동을 중단한 작은 양조장(St. James's Gate Brewery)을 인수하여, 임대료로 매년 45파운드를 9,000년 동안 지급하고, 물은 무료로 사용한다는 조건으로 에일(Ale) 맥주 제조를 시작했다. 얼마 뒤 런던으로부터 '포터(Porter: 런던 시장의 짐꾼들이 마시는 값이 싼 맥주이자 잔 속에 떠다니는 불순물을 감추기 위해 시커멓게 볶은 보리로 만든 흑맥주의 명칭으로 'to carry'를 의미하는 라틴어 'portare'에서 유래한 말)'라고 불리는 흑맥주가 더블린에 들어와서 인기를 누리기 시작했다. 1770년대 더블린의 모든 맥주 제조업자들이 혀만 차고 있을 때, 아서 기네스는 1799년 흑맥주 제조를 본격적으로 시작했다(원료는 보리, 호프, 이스트, 물). 4년 뒤 그가 83세의 일기로 세상을 떠나자, 그의 두 아들이 양조장(양조장의 명칭: Guinness & Sons Co)을 인수했으며, 1833년에는 아일랜드에서 가장 큰 양조장으로 자리매김했다. 오늘날에는 세계적으로 유명한 흑맥주로 정평이 나 있으며 아프리카나 서인도제도로까지 수출되고 있다.

'Porter' 혹은 'Stout'라고 불리는 흑맥주는 진짜 기네스 맥주와 구별하기 위해 나중에 'Plain'이라 불렀다. 아일랜드에는 기네스 맥주와 경쟁을 벌이는 'Beamish'와 'Murphy's'라는 두 종류의 흑맥주가 더 있는데, 이들은 주로 아일랜드의 남부에서 인기가 있다. 한편, 아일랜드의 맥주 맛이 좋은 이유는 두꺼운 토탄(peat, turf)층을 통과함으로써 자연적으로 정제된 깨끗한 물로 만들어지기 때문이다.

1961년부터 만들기 시작한 기네스 생맥주는 거품 때문에 한 파인트(pint, 570ml)를 따르는데 약 5분 정도 걸린다. 바텐더가 맥주잔에 술을 따를 때, 처음 따른 후 거품이 없어질 때까지 잠시 기다린 다음 다시 잔을 채우기 때문이다. 잔에 담긴 맥주가 짙은 검은 색을 띠고, 잔 위에 떠 있는 적당량의 흰 거품이 맥주를 다 마실 때까지 남아있어야 제맛이다.

펍에서 맥주를 주문할 경우에는 보통 파인트(pint) 단위로 하며, 절반의 양을 원할 때는 '글라스(a glass)', '하프(a half)', '하프 파인트(a half-pint)' 등으로 말하면 된다. 또한, 두 사람 이상이 펍에 갈 때에는, 돌아가면서 술잔이 빈 사람의 술을 선급으로 사는 것이 에티켓(etiquette)인데, 이를 '라운즈 시스템(Rounds System)'이라고 한다. '건배'는 아일랜드어로 'Slainte!(발음은 슬런차(slawn-cha))'라고 하며, 이는 영어의 'Cheers!'와 마찬가지로 '건강을 위하여'라는 뜻이다.

### ⑧ 조니 폭스 펍(Johnnie Fox's Pub)

더블린에서 가장 고도가 높은 글렌쿨렌(Glencullen) 마을(더블린 시내에서 남쪽으로 자동차로 30분 걸리는 곳에 있는 산속 마을)에 있는 이 펍은 아일랜드에서 가장 오래된 펍(1798년에 문을 엶)이자 세상에서 가장 규모가 큰 펍이다. 이곳에서는 연중 어느 때나 아이리시 전통음악을 라이브로 즐길 수 있을 뿐만 아니라 아이리시 댄스와 함께 각종 아이리시 전통 요리나 정찬 등을 맛볼 수 있어 늘 단체 관광객들로 붐비는 곳이다. 또한, 펍의 안과 밖을 아일랜드의 다양한 전통 생활용품과 골동품 등으로 장식하여 매우 운치가 있고 인상적이다. 빌 클린턴(Bill Clinton) 미국 대통령, 노르웨이 국왕, 중국 부주석, 각국의 대통령이나 총리 등 국빈급 손님들을 비롯하여 우리나라의 유명 연예인 원빈과 정우성 등이 방문했던 곳이기도 하다.

### ⑨ 호쓰(Howth)

호쓰는 더블린에서 어업이 가장 활성화된 항구 마을이자 신선한 해산물을 접할 수 있는 곳으로, 원래는 작은 어촌 마을이었으나 '다트(DART, Dublin Area Rapid Transit, 전철)'로 불리는 더블린 주변의 근교를 연결하는 철도시스템의 북쪽 종점이 되면서, 더블린 근교 도시가 되었다. 이곳은 항구 마을답게 어선들과 요트들이 즐비하며, 언덕을 따라 산책할 수 있도록 도로가 잘 정비되어 있어 자연과 함께 고급 주택들을 감상할 수 있는 곳이다. 특히 4월과 5월에는 노란색 헤더(heather)가 만발하기 때문에 꽃향기로 가득하다.

한편, 이 지역은 서턴(Sutton) 가까이에 있는 좁은 지역을 지나 핑걸(Fingal)과 연결된 호쓰 헤드(Howth Head)의 북쪽과 가까이 있어 과거에는 날씨가 나쁘거나 조류가 빠르면 고립되었던 곳이기도 하다.

호쓰 항(港)에서 약 1km 거리에는 아일랜즈 아이(Ireland's Eye) 섬과 램베이 섬(Lambay Island)이 있으며, 항구가 내려다보이는 곳에는 해안을 방어하기 위해 세운 마텔로타워(Martello Tower)가 있다. 호쓰 항은 바닷가에서 새를 관찰하거나 보트와 요트를 즐길 수 있는 장소이며, 대구·가오리 등의 생선이 많이 잡혀 낚시꾼들이 즐겨 찾는 곳이다.

호쓰 헤드는 더블린 만(Dublin Bay)과 위클로 산(Wicklow Mountain)이 내려다보이는 호쓰의 북쪽에 있으며, 과거로부터 수 세기 동안 전략적 요충지였다. 이곳은 군사적으로 유리한 자연조건과 아름다운 경관을 지니고 있으며, 1년 내내 호쓰 항과 리조트 주변에 떠다니는 아름다운 요트와 보트, 아일랜드에서 처음으로 바이킹의 공격을 받았던 램베이 섬과 아이랜즈 아이 섬 등을 조망할 수 있는 곳이다. 호쓰는 이제 항구의 기능뿐 아니라 요트나 낚시를 즐길 수 있는 휴양 마을로 자리매김했다.

## ⑩ 브래이(Bray)

브래이는 더블린에서 남쪽으로 20km 정도 떨어진 곳(다트로는 35분, 버스로는 50분 거리)에 위치한 해안 도시이자 '아일랜드의 정원'으로 불리는 해변 휴양지로, 더블린 근교 중에서 사람들이 가장 많이 찾는 곳이다. 브래이는 18세기까지만 해도 위클로(Wicklow)의 작은 어촌 마을에 불과했지만, 18세기 후반에 더블린의 중산층이 복잡한 도심을 떠나 브래이에 정착하기 시작하고, 1854년 다트가 개통되면서 아일랜드 최대 해안 휴양도시로 발돋움

했다.

이곳은 더블린 시민들로부터 사랑을 가장 많이 받는 일일 여행지로 골프장, 테니스장, 세일링(sailing)장, 승마장, 수족관 등의 시설뿐만 아니라, 영화 스튜디오와 프로덕션이 밀집해있는 아드모레 스튜디오(Ardmore Studios)가 있어 각종 영화도 많이 촬영된 명소이다. 또한 더블린과는 비교할 수가 없지만, 각종 축제(Summer Festival, St. Patrick's Day 등)가 열리고, 대로변에는 서점, 카페, 던 스토어(Dunne Store), 테스코(Tesco) 등이 들어차 있어 작은 도시의 따스함과 여유로움을 체험할 수 있는 곳이다.

# 제4장
# 아일랜드인의 언어, 종교, 생활방식

IRELAND

## 23. 언어

아일랜드의 헌법 제8조는 아일랜드어를 제1 공식 국가 언어로, 그리고 영어는 제2 공식 국가 언어로 명시하고 있다. 따라서 아일랜드에서는 아일랜드어와 영어가 공용어로 사용되고 있다. 때문에 거의 모든 도로 표지판이 아일랜드어와 영어로 되어있으며, 통과된 법령(法令)도 모두 아일랜드어로 작성한 다음 다시 영어로 번역해야 한다. 그러나 '겔탁트[Gaeltacht: 주로 아일랜드 서남부해안의 케리, 골웨이, 메이요, 도니갈, 코크, 워터퍼드 등에 있는 아일랜드어 사용 지역으로, 약 6만 명 정도가 아일랜드어를 쓰고 있으며, 켈트 문화의 보고(寶庫)임]' 지역을 벗어난 곳에서는 대다수 사람이 영어를 주로 사용한다. 아일랜드에서 사용되는 영어(Irish English)는 지역마다 다른 악센트, 구어적 표현, 속어, 파행적

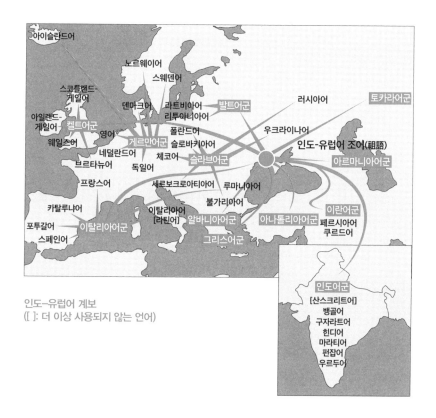

인도-유럽어 계보
([ ]: 더 이상 사용되지 않는 언어)

문법 등을 담고 있어서 의사소통할 때 신선한 즐거움과 풍요로움을 더해 준다.

'아일랜드어(Irish: 자부심이 강한 아일랜드인은 스코틀랜드-게일어와 혼동을 피하려고 아일랜드어로 부르기를 좋아함)'로 불리는 게일어(Gaelic)는 스코틀랜드-게일어 (Scottish Gaelic), 웨일스어(Welsh), 브르타뉴어(Breton: 프랑스의 브르타뉴 지역에서 쓰고 있음), 콘월어(Cornish: 과거에 콘월 지역에서 쓰였음), 맨섬어(Manx, 맹크스어: 과거에 맨섬에서 쓰였음), 스페인-게일어(Gallaic: 과거에 스페인 북부지역에서 쓰였음) 등과 함께 '인도-유럽어 조어(Proto-Indo-European Language) 계열의 켈트어군(Celtic Language Family)에 속한다. 2세기 전까지만 해도 켈트어군에 속한 모든 언어가 쓰였으나, 오늘날에는 맨섬어와 스페인-게일어는 소멸되었고, 콘월어는 겨우 명맥만을 유지하고 있다. 로마가 갈리아(Gallia)와 그레이트브리튼섬을 정복하기 이전에는 중유럽과 서유럽의 대부분 지역에서 켈트어가 사용되었다. 하지만 5세기 중엽 앵글로-색슨족이 영국을 침입하면서 영국에서는 영어가 사용되었다.

아일랜드어는 알프스산맥 북쪽에서 가장 오래된 유럽어이며, 알파벳은 6세기경 라틴어에서 유래했다. 영국은 아일랜드를 식민통치하는 기간 내내 아일랜드인의 고유 언어인 아일랜드어 사용을 금지했다. 이 때문에 아일랜드어 교육은 아일랜드의 시골 지역에 산재한 '산울타리 학당(Hedge School, 노천 학교, 빈민학교)'에서 불법적으로 암암리에 행해졌다. 이 사실은 극작가 브라이언 프리엘(Brian Friel, 1929~)의 『번역(Translations, 1980)』에서 언급되고 있다.

지금부터 165년 전까지만 해도 아일랜드 인구의 대다수는 아일랜드어를 사용했다. 이들은 주로 가난한 농민이거나 노동자 계층으로, 대기근 동안에 대부분 사망하거나 해외로 이민을 떠났다. 이로 인해 아일랜드어를 사용하는 인구는 계속 감소하여, 19세기 말 무렵에는 아일랜드 전체 인구의 85% 이상이 영어를 사용했다. 오늘날에는 '겔탁트'에 사는 6만 명 정도의 사람들만이 아일랜드어를 모국어로 사용하고 있다.

1893년에는 전통문화의 부활과 사라져가는 아일랜드어를 되살리기 위한 노력의 일환으로 '게일 연맹(The Gaelic League)'이 결성되었다. 이 연맹은 게일어를 아일랜드의 공용어로 지정하여 그 사용을 확대하고, 기존의 게일어 사용 지역을 보존하는 동시에 영어가 국민의 언어로 확산하여 토착화되는 것을 막아 보고자 했다. 이 연맹의 구성원 가운데 하나인 더글러스 하이드(Douglas Hyde)는 "고유한 언어가 없이는 아일랜드가 결코 독립된 민족이 될 수 없으며, 새로운 문학, 역사, 민속놀이, 운동 경기는 이와 같은 민족성을 드러내는 매체가 되어야 한다"고 역설했다.

이후 2003년에는 아일랜드 정부가 '공용어 법(The Official Languages Act)'을 제정해서 모든 공공 문서, 도로 표지판, 공식적인 타이틀에 아일랜드어 하나만을 쓰거나 아일랜드어와 영어를 병용토록 했으며, 6세~15세 사이의 아이들이 다니는 모든 학교에서는 아일랜드어를 필수과목으로 가르치도록 했다. 또한, 아일랜드어 시험이 강제는 아니지만, 대학에 들어가거나 공직에 취업하기 위해서는 이 시험에 합격하는 것이 필수 요건이 되었다. 한편, 아일랜드 정부는 아일랜드어 사용을 장려하기 위해 아일랜드어 전용 라디오 방송국(Radio na Gaeltachta)과 텔레비전 방송국(TG4)을 설치하여 운영하고 있다.

오늘날 아일랜드어 사용 인구는 극소수이지만, 아일랜드어는 영어와 다른 발음과 문법 구조, 지역마다 색다른 방언 및 악센트가 있어서 이를 사용하는 사람들에게 그윽한 향과 멋을 더해주고 있다.


## 24. 종교

아일랜드는 전통적으로 가톨릭 국가이다. 아일랜드의 곳곳에는 성지(聖地)가 널려 있고, 주일이면 미사를 보러 가는 행렬로 장사진을 이룬다. 모든 가정에는 집을 나서기 전에 축복을 기원하는 성수반이 있으며, 병원이나 사무실에도 갖가지 종교 장식들이 있다. 뿐만 아니라 시골 외곽 지역에서는 작은 석굴에 성모상을 모셔 두고 정성을 다해 돌보는가 하면, 일 년 중 특정 기간을 정해 성지로 순례 여행을 떠나기도 하고, 심지어 아이의 첫 영성체(First Holy Communion) 의식(儀式)에 500유로의 거액을 쓰기도 한다. 실로 가톨릭은 아일랜드인의 정치 · 문화적 영역에서뿐만 아니라 그들의 가정생활과 개인의 삶에서도 특별한 위치를 차지한다.

아일랜드인에게 교회는 개인의 영성(靈性)을 추구하는 공간일 뿐 아니라, 친구들을 만나 잡담을 즐기는 현실적인 공간이기도 하다. 많은 아일랜드인은 저마다 특정 성인을 택해 그들의 삶과 말씀을 연구하며, 그들에게 신과 중재해줄 것을 기원하기도 한다.

아일랜드에는 크게 두 부류의 종교 집단이 있는데, 남아일랜드에서는 가톨릭이, 북아일랜드에서는 신교가 주류를 이룬다. 남아일랜드의 거주자 중 대략 90%는 가톨릭을, 3%는 신교를, 그리고 0.1%는 유대교를 신봉하고 있으며, 나머지는 특정 종교가 없다. 북아일랜드에서는 신교 45%, 가톨릭 40%, 무종교 10%, 기타 종교가 5%를 차지한다. 아일랜드의 신교는 영국 국교회(The Church of England, The Anglican Church, 성공회)의 한 지파(支派)인 아일랜드 국교회(The Church of Ireland), 장로교, 감리교 등이 대부분을 차지한다.

아일랜드인의 일상생활에서 교회는 거의 모든 부문에 영향을 미친다. 국영 라디오 방송과 텔레비전 방송에서는 정오나 오후 6시 정각에 기도 시간을 알리기 위해 30초 동안 안젤루스(Angelus) 종이 울리고, 이어 성화(聖畵)와 그날의 말씀이 소개된다. 아침 뉴스에도 그날의 기도가 함께 나오고, 교회 근처를 지나가는 사람들은 대다수가 성호(聖號)를 긋는다. 텔레비전 프로그램에서도 때때로 성직자가 출연하여 정치나 대중 스타와 함께 생활의 모든 분야에 관해 자신의 의견을 개진한다. 또한, 대부분 학교에서는 사제나 수녀가 교사로 활약하고 있다.

하지만 최근의 통계를 보면 아일랜드인의 신앙심에도 큰 변화가 일어나고 있으며, 독립투쟁 기간 내내 영국 신교의 영향으로부터 지켜내려 했던 가톨릭의 위세는 일상생활의 영역에서 점차 약화되고 있다. 사회 변화, 경제적 풍요, 해외여행, 그리고 폭넓은 교육 등으로 젊은 층과 도시 사람들의 교회 참석률은 지난 40년 동안 꾸준히 감소하고 있으며(교회 참석률이 1990년에는 85%였으나 2005년에는 50% 이하로 줄어듦), 사제의 수도 턱없이 부족하여 해외(폴란드 등)로부터 계속 수혈을 받아야만 했다. 그 한 예로, 1997년에는 아일랜드 전역에서 53명, 2004년에는 단지 6명만이 사제 서품을 받았다. 또한, 돈 및 성(性)과 관련된 가톨릭교회의 부패와 잇따른 추문, 교회가 운영하는 학교에서 벌어지고 있는 아동학대로 인해 교회의 권위가 계속 실추되어 왔다. 결혼식도 이제는 교회가 아닌 민간 영역에서 30% 정도가 행해질 정도이다. 하지만 시골에서는 아직도 종교가 큰 영향력을 행사하고 있다.

그럼에도 불구하고 아일랜드인의 법의식과 태도는 여전히 보수적인 경향을 띠고 있으며, 가톨릭교회는 아직도 상당한 영향력을 행사하고 있다. 낙태, 피임, 이혼, 검열제도 등에 관해 강력한 반대 입장을 견지하는 것은 물론, 국가로부터 재정지원을 받는 학교나 병원의 운영에 관해서도 상당한 실권이 있다. 뿐만 아니라 아일랜드에서는 교회가 지정하는 여러 기념일이 서구의 다른 나라들보다 엄격히 준수되고 있고 종교행사 또한 다채롭게 열리고 있다.

## 25. 생활방식

10년 전만 해도 아일랜드에서는 무려 13명의 자식을 둔 대가족이 일반 적이었다. 하지만 지금은 2~3명을 둔 핵가족이 보편화 되어있고, 부모 두 사람 모두 가계에 보탬이 되기 위해 일을 한다. 그 이유는, 지금은 피임약이 나 피임 도구를 누구나 쉽게 이용할 수 있지만, 1980년대에는 결혼하지 않 은 부부가 더블린 밖에서, 그리고 의사의 처방 없이 피임 도구를 사용하는 것 자체가 사실상 불가능했다. 이는 결국 10대들의 폭발적인 임신율 증가 를 가져왔다.

성(性)은 단지 출산을 위한 도구로써만 의미가 있다는 전통적 가톨릭 교리 의 가르침으로부터 비롯된 성을 금기(禁忌, taboo)하는 경향은 오래전에 사라 졌지만, 아직도 시골 지역에서는 공개적인 장소에서 성에 대해 언급하거나 논의하는 것을 자제하고 있다. 피임은 1993년부터 허용되었으나, 이혼은 아 일랜드 헌법이 제정된 1937년 이래로 금지되었다. 하지만 1995년 시행된 국 민투표에서 법안이 간신히 통과되고 나서야 비로소 까다로운 조건하에 법적 으로 용인되었다(유럽에서 가장 늦게 허용되었지만, 요즈음은 증가 추세에 있음).

이에 반해 낙태는 수정 헌법 제8조(1983년 국민투표에서 67%의 찬성으로 개정됨) 가 발효된 1983년 이후에도 임산부의 생명이 위급한 경우가 아니라면 예전 과 같이 불법으로 간주되고 있다. 이 때문에 1983년 이후 약 17만 명의 아일 랜드 임산부가 원정 낙태를 위해 '낙태선(abortion ship)'을 타고 영국으로 건 너 갔고, 그 여파로 낙태율은 1980년의 4.5%에서 2002년에는 10%로 증가했 다. 하지만 2018년 5월 25일 시행된 낙태 허용을 위한 헌법 개정 국민투표에 서 66.4%가 찬성표를 던짐으로써 35년 만에 낙태 허용의 길이 열렸다.

1980년대 초 이래로 동성애자들에 대한 태도도 변하고 있다. 당시 전국에서 동성애자들을 위한 나이트클럽이 단 한 군데뿐이었다. 하지만 1993년 이후 법으로 허용되었고, 2015년부터는 국민투표(찬성 62%)에 의해 동성 간의 결혼도 허용되고 있다.

최근 조사에 의하면, 남아일랜드에서 태어나는 아이의 18%(북아일랜드에서는 20%) 정도가 혼외관계로 태어나며, 젊은이들의 대다수는 결혼 전에 순결을 지키는 것에 별로 신경을 쓰지 않는 것으로 밝혀졌다. 이는 필연적으로 에이즈와 같은 성병의 발병 빈도를 높이고 있지만, 그럼에도 불구하고 남녀 간에 문란한 관계는 드물며, 결혼 생활도 비교적 충실히 유지되고 있다.

여성의 권리 신장에도 획기적인 변화가 있어 1990년에는 메리 로빈슨(Mary Robinson)이 최초의 아일랜드 여성 대통령으로 당선되었고, 메리 매컬리스(Mary McAleese) 대통령이 그 뒤를 이었다. 뿐만 아니라 아일랜드 의회에서는 영국의 여성 의회 의원들 수보다 많은 여성 의회 의원들이 활약하고 있다.

과거에는 풍기문란에 관한 검열이 심해 도서관 서가에 있는 책조차 금지의 대상이 되기 일쑤였다. 하지만 지금은 이에 대한 강도가 약화 되고 있다. 정치 분야에서 돈 문제와 관련된 물의가 가끔 발생하기는 하지만, 다른 나라에 비해서는 그리 심하지 않은 편이다. 하지만 성과 관련된 종교계의 추문은 계속 증가 추세에 있다.

텔레비전이 아일랜드인의 삶과 생활에 지대한 영향을 미치고 있다. 영국에 BBC(British Broadcasting Corporation)가 있듯이, 아일랜드에는 '아일랜드의 소리(The Voice of Ireland)'라고 할 수 있는 '아일랜드 방송 협회(Raidio Teilifis Eireann, RTE)'가 텔레비전, 라디오, 온라인 방송을 주도하고 있다. 아일랜드의 텔레비전 방송 프로그램 「심야 쇼(Late Late Show)」는 오랫동안 아일랜드인의 주요 사회 문제를 다루는 토론장 역할을 해오고 있다. 하지만 지금은 위성과 케이블을 통해 영국의 방송이 수신 가능해짐에 따라 텔레비전의 영향력이 점차 증대되고 있다.

한편, 아일랜드에서는 급속한 경제성장으로 인해 술 소비가 급증하여 사회적으로 문제가 되고 있다. 급기야 아일랜드 정부는 2003년에 법을 제정하여 규제를 시작했지만, 술을 마시는 것이 큰 오락이자 '펍'이 주요 수출품목 중 하나인 이 나라에서 술 소비량을 줄인다는 것은 요원한 일인지도 모른다(1970년 이래로 1인당 술 소비량이 3배로 늘었음). 오늘날에는 비교적 잠잠했던 시골 지역에서 청소년들이 도시의 유행에 편승하여 술과 마약에 빠지거나 자살을 저지르는 등 새로운 사회 문제를 일으키고 있다.

아일랜드는 과거에 여타 유럽 국가들보다 흡연율이 상당히 높은 나라였다. 하지만 2004년부터 모든 직장과 펍에서 흡연이 법으로 금지되고 있다. 따라서 펍, 식당, 사무실, 호텔은 물론이고 사람들이 일하는 곳 어디에서든 흡연이 허용되지 않는다. 다만 펍 밖에서는 분위기 조성을 위해 예외적으로 흡연이 허용되기도 한다. 여하튼 이러한 이유로 흡연율과 담배 판매량이 급격히 줄고 있다는 것은 매우 고무적인 일이다.

제3세계, 유럽연합, 동유럽, 중유럽, 폴란드, 슬로바키아 공화국, 크로아티아 등 해외로부터 많은 수의 이민자들이 아일랜드로 유입됨에 따라 범죄와 폭력이 증가일로에 있다. 특히 더블린과 벨파스트에서는 오늘날 인종차별적 언어폭력이 심심찮게 자행되고 있다. 반면에 시골 지역에서는 다양한 국적의 난민(難民)이나 집시들을 따뜻하게 포용하는 편이다. 로스코먼(Roscommon) 주(州)에 있는 인구 1,200명이 살고 있는 활기 없는 마을 밸럭도린(Ballaghadereen)은 지금 14개 국적 소지자들의 고향으로 변모하고 있다.

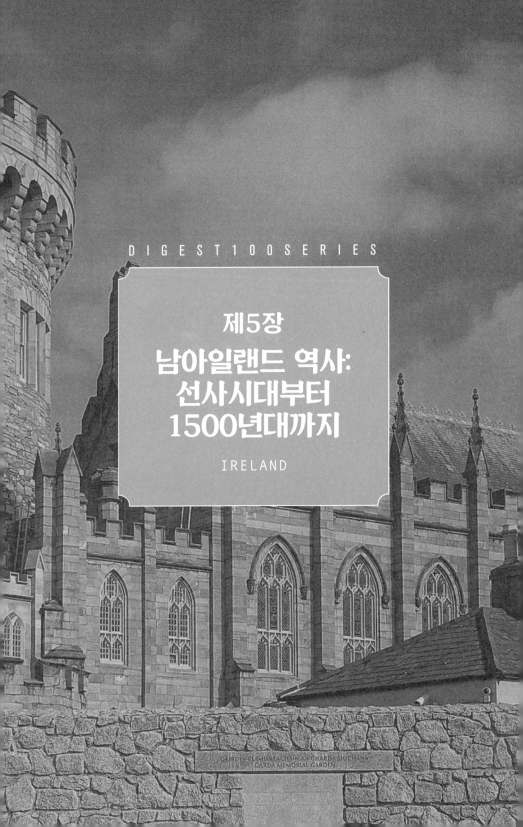

DIGEST100SERIES

제5장

# 남아일랜드 역사: 선사시대부터 1500년대까지

IRELAND

# 남아일랜드 역사:
## 선사시대부터 1500년대까지

## 26. 초기 정착민들

아일랜드의 역사는 지금으로부터 대략 1만 년 전(BC 7500~6500: 마지막 빙하기가 끝날 무렵)에 만년설이 녹아 해수면이 높아짐에 따라 아일랜드와 영국을 잇는 마지막 육교(land bridge)가 바닷물에 잠기면서부터 시작되었다. 농경 방법을 알지 못해 원시적 도구를 이용하여 수렵과 채집에 의존하거나 물고기를 잡아먹고 생활하면서 이곳저곳을 떠돌아다니던 이들 초기 중석기 시대 원시인들은, 스코틀랜드로부터 연결된 좁은 육로를 가로질러 오늘날 북아일랜드의 앤트림(Antrim) 주(州) 해안에 들어왔거나, 작은 가죽 보트(가죽으로 덮은 소형 배)를 타고 아일랜드해(Irish Sea)를 건너서 들어왔다. 내륙은 숲이 울창했기 때문에 감히 진입을 시도하지 못하고, 주로 해안가나 호숫가 또는 강 언저리에 정착해서 살던 이들 소규모 정착민들에 대해 알려진 바는 별로 없다.

BC 4000~3500년 무렵에는 농경기술을 가진 신석기시대 사람들이 스코틀랜드의 서부 아가일(Argyll)로부터 바다를 건너와서 소, 양, 염소, 돼지 등과 같은 가축을 기르거나, 울창한 숲을 개간해서 밀과 보리 등의 곡식을 경작하면서 생활했다. 이들은 아일랜드에서 맨 처음 농경을 시작하고 문명 생활을 영위한 최초의 영구 정착민들이다. 이들이 농경을 시작했다는 증거는 메이요(Mayo) 주(州) 벨더그(Belderg)에 있는 수많은 유적지에서 찾아볼 수 있다. 이들이 영위했던 문명과 삶의 흔적들은 대부분 사라졌지만, 윗가지와 진흙으로 만든 거처, 각종 도구나 도기 등은 오늘날 리머릭(Limerick) 주(州) '거르 호(Lough Gur)' 인근에 있는 민속공원에서 볼 수 있다.

한편, 최초의 농경민이라 할 수 있는 이들은 자연과 사자(死者)에 대한 경애심을 지녔기 때문에 자신들의 거처보다 견고한 거석(巨石)물이나 무덤 등을 축조했다. 따라서 그들의 영성(靈性)이 담겨있는 원추형 돌무덤, 고인돌(Portal Dolmen, Portal Grave), 연도분(Passage Grave: 커다란 돌로 만든 통로 위에 흙이나 돌로 덮은 통로 형태의 돌무덤) 등과 같은 거석(巨石) 유물들의 상당수가 오늘날까지도 남아있다.

원추형 돌무덤 중 가장 큰 것은 슬라이고(Sligo)의 녹나레(Knocknarea) 산 정상에 있다. 수천 톤의 돌과 바위로 이루어진 이 거대한 돌무덤은 코노트(Connacht) 지역을 통치했던 전설상의 영웅, 메이브(Medbh, Maeve) 여왕의 무덤으로 알려져 있다.

고인돌은 두세 개의 받침돌 위에 하나나 혹은 두 개의 덮개돌(cap-stone)이 놓인 형태의 무덤으로, 아일랜드의 북부, 위클로(Wicklow) 산지의 서쪽 지방, 그리고 가장 대표적인 것은 클래어(Clare) 주(州) 버렌(Burren) 지역의 폴나브론(Poulnabrone)에 있는데, 거대한 덮개돌의 경사각 때문에 석기시대의 돌 미사일 발사대처럼 보인다. 특히 버렌 지역의 고인돌은 주변의 석회암 지대와 어우러져 중요한 관광 명소로 자리매김했다.

'보인 궁전(Boyne Palace)'이란 뜻의 '브루 나 보너(Bru na Boinne)'는 BC 3500~3200년경에 조성된 신석기시대 상류층의 석실 무덤군이다. 더블린에서 북쪽으로 50km 떨어진 보인강(The Boyne River)의 북쪽 '보인 굴곡부(屈曲部)'에 40여 개의 헨지(Henge: 거대한 석조물을 원형으로 세워 놓은 선사시대 유적)와 무덤들이 산재해 있는데, 일반인들에게 공개되고 있는 것은 '뉴그랜지(Newgrange: 1962년과 1975년에 복구됨)', '노스(Knowth: 1962~1968년에 발굴됨)', 다우스(Dowth: 1998년부터 발굴 중) 뿐이고 나머지는 모두 사유지에 편입되어 있다.

연도분 중 가장 잘 알려진 것은 미스(Meath) 주(州)에 있는 뉴그랜지, 노스, 다우스 등이다. 이러한 선사시대 고분들은 갈지(之) 자, 평행의 궁형(활 모양으로 굽은 꼴), 동심형 소용돌이 형태의 다양한 문양들이 새겨진 연석과 석판들로 이루어져 있다. 이들은 삶의 순환, 생명력의 지속, 자연에 대한 경이, 어머니의 자궁이라 할 수 있는 대지(大地)로의 회귀 등을 상징하고 있어, 당대에 사회적, 경제적, 종교적 기능을 했던 것으로 평가되며, 유럽에서 가장 큰 규모를 자랑한다.


## 27. 연도분

'연도분(Passage Grave, 통로 형태의 돌무덤)'은 명칭이 시사하는 바와 같이, 하나 혹은 그 이상의 매장실(burial chamber)로 이어지는 돌로 된 긴 통로로 구성되어 있으며, 방향은 정확히 동서쪽을 향해 있다. 이 통로는 특정 매장실 입구 위에 슬릿(slit, 좁은 틈새) 형태로 뚫린 루프 박스(roof box)를 통해 아침 햇살이 침투하여 17분 동안 매장실 중앙을 비출 수 있도록, 일 년 중 해가 가장 짧은 동짓날(冬至日, 12월 21일) 태양의 위치에 맞춰져 있다. 이때는 생명을 주고 생명을 빼앗는 빛을 통해 죽은 자의 영혼이 내세(afterlife)로 옮겨가는 시간이다. 이후에는 빛이 사그라지면서 무덤은 다시 364일 동안 어둠에 잠긴다.

## 28. 뉴그랜지

이집트 기자(Giza)의 피라미드보다 6세기 정도 앞선 BC 3200년경에 과학적으로 만들어진 '뉴그랜지(Newgrange, 거석 고분)'는 유럽 전역에서 가장 오래된 구조물로 유네스코 세계문화유산에 등재되어 있다. 이 고분(古墳)은 1에이커(0.4헥타르) 정도의 면적에, 지름 85m, 높이 11m에 달하는 봉분(封墳)으로, 풀로 뒤덮여 있다. 봉분의 주변은 길이 9피트, 무게 5톤에 달하는 연석(kerbstone)들로 둘러싸여 있다. 봉분의 입구에는 여러 겹의 소용돌이 문양이 새겨진 연석이 있고, 입구 위에는 1년 중 낮의 길이가 가장 짧은 동짓날 아침에 햇빛이 들어올 수 있도록 슬릿 형태로 뚫린 루프 박스가 있다.

봉분의 내부에는 유럽에서 가장 유명한 연도분 중 하나가 있는데, 봉분의 통로(passage)를 따라가다 보면 3개의 후미진 구석에 매장실이 있다. 봉분의 하단 둘레, 통로, 매장실, 3개의 후미진 구석은 갈지(之) 자, 평행의 궁

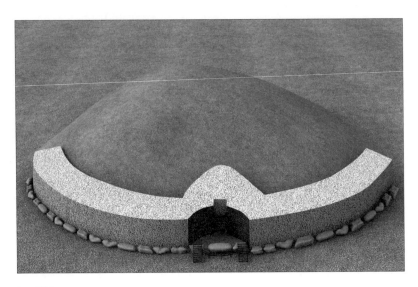

뉴그랜지

형, 동심형 소용돌이 형태의 다양한 문양이 새겨진 연석과 석판들로 이루어져 있으며, 매장실의 천장은 장식이 없는 작은 평석들이 떠받치고 있다. 봉분의 내부는 완벽한 방수 시스템 덕택에 5,000년 이상 방수 상태를 유지하고 있다. 뉴그랜지가 왕들의 매장 터, 종교의식을 거행했던 성스러운 장소, 달력의 역할을 했던 태양 관측소 등 그 어떤 목적으로 쓰였는지는 아직도 베일에 싸여있다.

## 29. 청동기 시대

이후 BC 2000년 무렵에는 구리와 청동이 도입되어 다양한 종류의 생활

도구, 무기, 종교적 비품, 보석 등이 만들어졌다. 비커족(Beaker People: 도기로 만든 독특한 모양의 비커(컵)에서 유래함)은 금속 세공과 도기 만드는 기술을 유럽으로부터 도입함으로써 아일랜드에서 초기 청동기 시대(Bronze Age)를 연 장본인이다. 이 시기의 황금 목걸이, 커프스단추, 팔찌, 머리핀 등의 금 세공품들은 품질이 매우 우수했기 때문에 유럽의 여타 지역들과 교역을 트는 발판이 되었다. 또한, 이 시기에는 소가 끄는 쟁기 형태의 농기구의 사용과 함께 보다 새로운 농경 방법도 도입되었다.

청동기 시대 사람들은 가축을 안전하게 지킬 방책으로 윗가지를 엮어 울타리를 두른 오두막집, 숲속 개간지에 지은 통나무집 그리고 호수 안에 공들여 만든 인공 섬에 지은 '크라녹(crannog)'이라 불리는 특별 거주지역에서 살았다.

아일랜드에서 청동기 시대가 끝나가던 BC 9세기에서 6세기 무렵 유럽에서는 켈트족(Celts)이 청동보다 가격이 저렴하고 용도가 다양한 철을 이용함으로써 신문명의 기초를 닦기 시작했다. 칼을 차고 말을 탔던 이들 켈트족 전사(戰士, warrior)들은 유럽 대륙을 휩쓸고 다니면서 새로 얻게 된 힘을 과시했다. 이들이 바로 이후에 아일랜드의 역사와 문화의 근간을 형성한 사람들이다.


## 30. 켈트족

아일랜드는 기독교가 들어오기 전에 켈트족이 정착해서 살던 나라였다. 아일랜드의 역사와 문화에 지대한 영향을 끼친 켈트족 전사 부족들은 BC

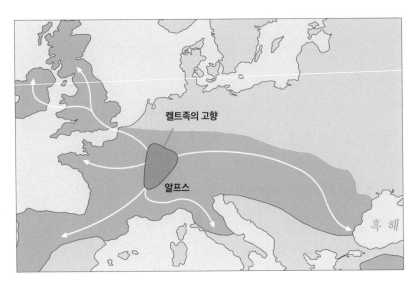

**켈트족의 이동 경로**

6~5세기경에 중유럽과 서유럽에서 건너왔다. 그들은 용맹하고 호전적인 부족으로 영토를 넓히려는 야망이 가득 차 있었으며, 이미 남부 유럽의 많은 지역을 정복하고 있었다. 로마인들은 이들을 '갈리아 사람(Gaul, Galli)'이라고 불렀으며, 그리스인들은 '켈토이(야만인을 뜻하는 그리스어 'Keltoi'에서 유래함)'라고 불렀다. 로마인과 그리스인은 야성(野性)을 지닌 호전적인 켈트족(AD 4세기에 로마를 약탈함)에 대해 큰 두려움을 느끼곤 했다.

켈트족은 호전적인 족속으로, 정의감, 명예욕, 자존심이 투철했으며, 음주와 가무(歌舞), 시, 웅변, 말장난 등을 즐기는 예술적 성향과 호탕한 기질의 소유자였다. 비록 그들이 정치적 조직을 갖추거나 합리적 사고를 하는 데는 다소 미숙했지만, 초자연적 존재와 영성(靈性)을 믿는 감성과 상상력이 풍부한 종족이었다.

아일랜드에 들어온 켈트족은 부족 간에 각축을 벌이고 뒤섞이면서 상이한 시기와 장소에 정착을 시도했다. 이들 중 가장 힘이 센 부족은 스코틀랜드에서 건너온 게일족(Gaels)이었다. 오늘날 스코틀랜드와 아일랜드에서 모국어로 사용되고 있는 아일랜드어와 스코틀랜드-게일어(Scottish-Gaelic)는 이때부터 유래한다. 이들 언어는 웨일스어(Welsh), 브르타뉴어(Breton: 프랑스의 브르타뉴 지역에서 쓰이고 있음), 콘월어(Cornish: 과거에 콘월 지역에서 쓰였음), 맨섬어(Manx, 맹크스어: 과거에 맨섬에서 쓰였음), 스페인-게일어(Gallaic: 과거에 스페인 북부지역에서 쓰였음) 등과 함께 인구어 조어(印歐語 祖語, Proto-Indo-European) 계열의 켈트어군(Celtic Language Family)에 속한다.


## 31. 켈트 사회

켈트 사회는 가족 단위로 이루어진 구성원들이 모여 부족을 형성했다. 당시 아일랜드에는 대략 300여 부족들이 씨족사회를 이루면서 살았다. 이들 씨족 간에는 유대와 결속이 느슨했기 때문에 좀처럼 하나의 단일 국가를 형성하지 못했으며, 이러한 연유로 이민족의 침략을 받더라도 모든 부족이 한꺼번에 항복하거나 전멸하는 경우는 드물었다. 켈트 부족사회는 완전히 정복할 수 없는 일종의 머리가 여럿 달린 괴물과도 같았다.

켈트 사회는 인도의 카스트 제도(caste system)처럼 철저한 계급사회로, 지식인[Aos Dana, the Intelligentsia: 시인, 드루이드(사제), 법률가, 의사, 음악가, 역사가] 계층, 전사(戰士, the Warriors) 계층, 평민(숙련기술자, 자유민) 계층, 그리고 최하위 계층인 노예들로 구성되었으며, 군소 왕들과 부족의 우두머리인 여

타라 언덕

러 족장이 150여 군소 왕국[각각의 왕국은 '투어하(tuath)'라 불렸음]의 50만 농업 인구를 다스렸다. 한편, 부족장들이나 군소 왕들을 관리하는 '상급 왕(High King)'들이 있었는데, 300년경에는 그 숫자가 5명(각각의 상급 왕이 1개 지역씩 5개 지역을 통치함)에 달했다. 이들의 거처 겸 본부는 당시 미스 주(州)에 있던 '타라 언덕(The Hill of Tara)'이었다.

타라 언덕은 아일랜드에서 가장 신성한 곳으로, 아일랜드의 역사, 신화, 전설, 민담 등에 빠지지 않고 등장하는 곳이다. 켈트족의 사제 드루이드 (Druid)는 전능한 메이브(Medbh, Maeve) 여왕(여신)이 지켜보는 가운데 이곳 에서 종교의식을 치렀으며, 이곳은 기독교가 들어오기 전까지 상급 왕들(총 142명)이 머무는 행정 수도 역할을 했다. 이곳에 있는 선사시대 고분과 석기

시대 연도분은 5,000년 이상 전의 것으로 추정되며, 유럽에서 가장 오래된 중요 유적으로 꼽힌다. 오늘날 타라 언덕에는 불룩 솟은 땅과 무덤 외에 남아있는 것이 별로 없지만, 이곳이 지니고 있는 역사적, 문화적, 민속학적 가치는 무궁무진하다.

켈트족이 정착하던 시대에 아일랜드는 크게는 에고가나흐트(Eoghanacht, 남부지역)와 코나흐타(Connachta, 북부지역) 지역으로, 작게는 렌스터(Leinster), 얼스터(Ulster), 코노트(Connaught), 먼스터(Munster), 미스(Meath) 다섯 지역으로 나뉘었는데, 미스 지역은 후에 렌스터에 통합되었다. 당대에 코나흐타 지역에서 가장 힘이 세고 영향력이 컸던 부족은 오늘날 오닐(O'Neill) 가문의 선조(先祖)로 알려진 위이 닐(Ui Neill) 부족이었다.

켈트 사회는 대가족이나 부족 중심의 목가적(牧歌的) 농경사회였기 때문에 아직 도시 형태를 갖추지 않은 시기였다. 또한, 농경과 소를 키우는 것이 경제활동의 중요한 일부였으며, 소는 교환의 단위로 사용되기도 하였다. 켈트족은 방어를 목적으로 호수 안에 인위적으로 만든 섬이나, 도랑 · 돌 · 흙벽 등으로 에워싸인 고지대에 축조한 작은 초가 형태의 오두막, 또는 원형으로 된 요새에서 생활했는데, 이러한 구조물들은 '크라녹'이라 불렸다.


## 32. 켈트 문화

켈트족의 달력(calendar)은 빛과 어둠의 이중성에 토대를 두었다. 켈트인은 낮이 아니라 밤으로 날짜를 헤아렸으며(음력을 사용함), 낮과 밤, 빛과 어둠이 교차하는 여명(黎明, dawn)과 황혼(黃昏, twilight) 시간대(자연 세계와 영적 세계를 연결해주는 이음선)에 큰 의미를 부여했다. 즉, 이때는 눈에 보이는 세계와 보이지 않는 세계, 물질세계와 정신세계, 유한 세계와 무한 세계가 상호 교차하는 신비의 순간이며, 인간의 정신이 의지의 속박으로부터 벗어나 자유로워지는 시간이다. 따라서 켈트인은 이러한 시간대에 초자연성(supernaturalism)과 매직(magic)을 체험하곤 했다. 또한, 그들은 태양이 적도로부터 가장 멀리 벗어난 하지(夏至, summer solstice)와 동지(冬至, winter solstice)를 위험하지만 동시에 힘이 넘치는 시간대로 여겼다.

켈트족은 계절의 변화를 기념하기 위해 4차례의 축제를 열었는데, '임볼그(Imbolg)'는 봄의 시작을, '벨테인(Bealtaine)'은 여름의 시작을, '루나사(Lughnasa)'는 수확철의 시작을, '삼하인(Samhain)'은 수확철의 끝을 경축하는 축제였다. 이들 중 특히 잘 알려진 축제는 루그[Lug: 고대 켈트족의 신계(神界)에서 최고신(最高神)의 지위에 있는 신] 신을 기리기 위해 8월 초에 열리는 '루나사 축제'이다.

한편, 오늘날 세계 곳곳에서 마녀·해적 등으로 분장한 어린이들이 즐기는 '할로윈 축제(Halloween Festival)'는 '삼하인 축제'에서 유래한다. 켈트족의 새해 첫날은 겨울이 시작되는 11월 1일인데, 켈트인은 사람이 죽으면 그의 영혼이 1년 동안 다른 사람의 몸속에 머물다가 내세로 간다고 믿었다. 즉, 사자(死者)는 한 해의 마지막 날인 10월 31일에 자기의 영혼이 1년 동안 기거할 상대를 선택한다고 여겼다. 따라서 사람들은 한 해의 마지막 날인 10월 31일에 귀신 복장을 하고 집안을 춥게 만들어 죽은 자의 영혼이 집안에 들어오는 것을 막았는데, 이 풍습으로부터 '할로윈 데이(Halloween Day)'가 유래되었다.

켈트 사회에서 학문은 대단히 중요시 여겨졌으며, 시인(poet)은 존경과 두려움의 대상이었다. 또한, 시인은 왕의 대변인 혹은 왕의 행적을 시에 담아 널리 알리는 홍보관 역할도 했다. 따라서 왕들은 시인의 심기를 거스르지 않으려고 무던히 애를 썼으며, 만약 시인을 제대로 대우하지 않으면 시인으로부터 가혹한 풍자를 당했는데, 이는 명예를 중시하는 왕들에게는 죽음보다 더한 치욕이었다.

켈트족은 아일랜드에 들어올 때 금속 세공, 무기 제조 등 우수한 철기 문화를 가지고 와서 기존의 정착민들을 압도했으며, 들어온 지 채 200년도 되지 않아 확실한 기틀을 잡았다. 또한, 그들은 개인의 권리를 보호하고 분쟁을 정의롭게 해결하기 위해 이른바 '브레혼 법(Brehon Law: 입법자 또는 재판관을 게일어로 'brehon'이라고 함)'이라는 세련된 법 제도를 확립했다.

로마는 유럽과 그레이트브리튼 섬의 대부분을 정복하였지만, 아일랜드 섬은 날씨가 춥고 황량할 뿐 아니라 자원이 별로 없고 땅이 척박해서 [로마인은 아일랜드를 '겨울의 나라(Land of Winter)'란 뜻의 'Hibernia'로 불렀음] 애초부터 정복을 시도하지 않았다. 따라서 아일랜드의 켈트 문화는 서유럽과 그레이트브리튼 섬의 켈트 문화와는 다르게 그들 고유의 계속성과 순수성을 유지해오고 있다. 2,000년 이상의 역사를 지닌 것으로 추정되는 헐링(hurling: 전쟁의 대체물) 경기가 하나의 대표적인 예이다.

켈트족은 아일랜드를 1,000년 이상 동안 통치하면서 오늘날 아일랜드, 스코틀랜드, 웨일스, 그리고 유럽 변방에 남아있는 언어와 문화유산을 남겼다. 그들이 가지고 온 언어는 인도 유럽어군에 속하는 '게일어'(Gaelic: 당시에는 'Goidelic'이라 불림)였다. 또한, 그들이 사용한 문자(4세기~7세기)는 라틴어 알파벳 및 로마 알파벳과 유사한 '오검(Ogham) 문자(20~25개의 문자로 되어 있음)'였다. 돌기둥이나 나무에 새겨진 이 문자의 흔적(다양한 길이의 직선이나 각이

브로이터 칼러

오검 문자                                    투로 스톤

진 형태)은 현재 아일랜드의 전역에서 300개 이상 발견되고 있다. 또한, 그들은 도기 제조와 금속 세공에도 조예가 깊었는데, 거의 2,000년 이상 된 유물에 남아있는 소용돌이와 미로(迷路) 형태의 디자인은 독보적인 그들만의 문화로 평가되고 있다. 고대 켈트족의 이러한 디자인들은 더블린 국립박물관에 있는 '브로이터 칼러(The Broighter Collar)'나 골웨이(Galway) 주(州)에

있는 '투로 스톤(The Turoe Stone)' 등에서 볼 수 있다.


## 33. 브레혼 법

브레혼 법은 BC 6~5세기경에 켈트인이 개인의 권리를 보호하고 분쟁을 정의롭게 해결하기 위해 확립한 법 제도로, 17세기 초엽 영국의 행정법으로 대체될 때까지 사용되었다. 브레혼 법에서는 정의의 개념이 오늘날과는 다르게 사용되었기 때문에, 감금(imprisonment)이나 태형(corporal punishment)보다는 벌금형 제도에 의존했다. 각각의 사람에게는 가치가 부여되어 있었으며, 이 가치는 주로 소(cattle)의 숫자에 의해 측정되었다. 켈트 시대에는 소를 소유하는 것이 부의 상징이었기 때문에 다른 사람의 소를 훔치는 경우도 다반사였다. 또한, 아일랜드인의 대표적 국민성 가운데 하나인 '호의적 태도(hospitality)'에 관해서도 브레혼 법에 명시되어 있다(부족의 구성원은 미성년자, 광인, 노인을 제외한 모든 이방인에게 환대를 베풀어야 한다 / 타인에 대한 배려 없이 자신의 소와 농경지만을 중히 여기는 이기적인 사람은 모욕을 받아 마땅하다).


## 34. 켈트족의 종교

켈트족의 종교는 이교주의(異敎主義, Paganism)라는 특징이 있는데, 이교주의란 기독교 이전의 종교적 윤리 체계를 의미한다. 켈트족의 이교주의는 크게 세 범주로 나눌 수 있다. 첫째는 범신론적(pantheistic) 신비주의 사상

켈트족의 사제 드루이드

이고, 둘째는 이교적 낙토(樂土) 사상이며, 셋째는 동양의 불멸-윤회 사상이다. 켈트족은 이교 신앙을 담고 있는 '드루이드교(Druidism)'를 신봉했는데, 여기에서 중요한 사람은 '드루이드(Druid: 그리스어로 'drus'는 'an oak', 'wid'는 'to know' 또는 'to see'를 의미하므로 드루이드는 'oak-knower' 또는 'oak-seer'라는 뜻임)' 사제였다. 드루이드는 인도 카스트 제도의 제1 계급인 '브라만(Brahman)'처럼 켈트인의 삶에서 아주 중요한 역할을 했다. 그는 예언의 권능뿐 아니라 신과 인간을 중재할 수 있는 능력도 지닌 것으로 여겨졌기 때문에, 켈트 사회에서 막강한 영향력을 행사했다.

드루이드는 성직자, 예언자, 재판관, 시인, 철학자, 역사가, 교육자, 의사, 천문학자, 점성가, 마술사 등의 역할뿐 아니라 제신(諸神)의 숭배 의식도 집행하였으며, 부족과 개인 간의 분쟁을 판결하고 해결하는 심판관 역할도 했다. 하지만 켈트족은 그들의 이교 신앙으로는 마음의 공허를 채울 수 없었으며, 진정한 행복과 평안도 찾을 수 없었다. 따라서 그들이 기독교에 귀의하게 되었고 이후 아일랜드 역사에서 아주 중요한 사건이 일어나게 된다.


## 35. 기독교의 보급

오늘날 아일랜드인의 삶에서 중요한 역할을 하는 기독교는 3세기와 5세기 사이에 들어왔다. 기독교가 어떤 경로를 통해 아일랜드에 들어왔는지는 정확히 알 수 없지만, 선교사와 무역 상인들, 그리고 이미 기독교인이 된 아일랜드 사람들에 의해 전파되었을 것으로 추정된다.

당시 아일랜드에서는 대부분 사람이 드루이드교(켈트족 다신교)를 믿고 있었으며, 드루이드 사제들이 정치적·종교적 지도자로서 영향력을 행사하고 있었다. 431년 교황 첼레스티노 1세(Celestinus I)는 아일랜드인을 기독교로 개종시키기 위해 팔라디우스(Palladius)를 아일랜드 주교로 임명해서 파견했다. 팔라디우스는 아일랜드 동부의 렌스터(Leinster) 지방을 중심으로 선교활동에 나섰으나, 그 지역의 드루이드들에게 추방되어 영국 북부의 스코틀랜드 지방으로 건너갔다. 그러자 로마 교황은 성(聖) 패트릭[St. Patrick, 389~461: 라틴어로는 '파트리키우스(Patricius)', 영어로는 '패트릭(Patrick)', 이탈리아어로는 '파트리치오(Patrizio)', 아일랜드어로는 '파드라그(Pádraig)'로 불림]을 팔라디우스의 후임으로 임명해서 아일랜드로 보냈다. 물론 성 패트릭 이전에도 선교사들이 아일랜드에 들어온 적이 있었지만 드루이드들의 완강한 저항에도 불구하고 토착 아일랜드인을 개종시킨 것은 성 패트릭의 공(功)이었다. 그는 켈트족의 이교(異敎) 의식(儀式)을 기독교 교리에 접목시켜 새로운 켈트 기독교(Celtic Christianity)를 만들었다.


## 36. 성 패트릭

성 패트릭은 4세기 말 로마 제국의 속주(屬州)였던 영국 웨일스(Wales) 지방의 서부 해안에서 태어났다. 할아버지 포티투스(Potitus)는 가톨릭 사제였으며, 아버지 칼푸르니우스(Calpurnius)도 사제를 보좌하는 부제(副祭)였다. 그는 16세 때 해적들에게 잡혀 아일랜드로 끌려갔고, 북아일랜드 앤트림(Antrim) 주(州)에 있는 슬레미쉬산(Slemish Mountain) 언덕에서 돼지 떼를 몰면서 6년 동안 노예 생활을 했다. 그러다 금식 기도 중 신의 계시를 받고 갈리아(Gallia, Gaul) 지방으로 도망쳤고, 그곳에서 공부를 마친 뒤 수도원 수사가 되었다. 이후 여러 해 동안 수도원에 머물면서 신앙생활을 하던 성 패트릭은 마침내 고향으로 돌아갔으며, 꿈속에서 아일랜드로 가서 선교하라는 계시를 받았다. 그는 아일랜드 선교를 준비하기 위해 다시 고향을 떠나 프랑스 중북부의 오세르(Auxerre)에서 신학을 공부했으며, 그곳의 주교였던 게르마누스(Germanus of Auxerre)에게서 사제 서품을 받고 주교가 되었다.

그는 주교가 된 후, 47세가 되던 432년 다시 아일랜드로 건너가서, 북아일랜드의 다운(Down) 주(州)를 중심으로 선교활동을 펼쳤다. 그는 타고난 외교관이면서 동시에 타협에 능수능란했기 때문에 가급적 드루이드들과의 마찰을 피해 가면서 조용하고 차분하게 기독교를 전파했다.

그가 전도할 때 좋은 도구가 된 것은 아일랜드의 들판에 지천으로 널려 있는 토끼풀이었다. 기독교의 '삼위일체론(The Holy Trinity: 성부, 성자, 성령은 개별적 존재인 동시에 하나의 실체라는 이론)'을 설명하기 위해 그는 '샴록(Shamrock: 세잎클로버)'을 들어 보이곤 했다. 그는 445년 북아일랜드의 아마(Armagh)에 아마 성 패트릭 대성당(St. Patrick's Cathedral, Armagh: 아일랜드 가톨릭과 신교 대주교의 본거지)을 건립하여 주교좌 성당으로 삼았는데, 이 교회는 지금까지 아일랜드에서 가톨릭교회의 중심지 역할을 하고 있다. 그는 이곳을 기점으로 모든 아일랜드인을 기독교로 개종시키고자 했다. 그의 전도는 성공적이어서, 전도한 지 채 30년도 되지 않아 아일랜드섬에 살고 있던 거의 모든 사람이 기독교를 받아들였다. 그가 세운 교회는 365개에 달했으며, 기독교로 개종시킨 사람은 12만 명에 달했다. 그는 또한 이교 신앙의 상징인 뱀을 바다로 내쫓았다는 일화도 있다.

기록에 따르면, 그는 461년 3월 17일에 영면(永眠)했고, 다운(Down) 주(州)에 있는 '다운패트릭(Downpatrick) 대성당'에 안치되었다. 이후 그는 '아일랜드의 수호성인', '아일랜드의 사도(Apostle of Ireland)' 등으로 숭배되었으며, 그와 관련된 무수한 전설과 기적 이야기가 생겨났다. 또한, 그는 태어난 웨일스에서 많은 사랑을 받고 있다. 그리고 아일랜드가 오랫동안 영국의 식민통치를 받는 과정에서 종교적 갈등마저 겪게 되면서, 성 패트릭은 대다수가 가톨릭 신자인 아일랜드인의 정체성을 상징하는 인물로까지 여겨지게 되었다.

또한 오늘날 아일랜드를 포함하여 아일랜드계 이주민이 많이 살고 있는 미국, 호주 등에서는 그가 세상을 떠난 3월 17일을 '성 패트릭스 데이(Saint Patrick's Day)'로 지정해서 그를 기리는 행사를 성대하게 치른다. 이날은 아이리시들이 성 패트릭 모자와 초록색 옷으로 온몸을 치장하고, 토끼풀 모양의 장식을 가슴이나 모자 등에 붙이고 퍼레이드(parade, 가두 행진)를 벌이면서, 기네스 맥주를 마신다.

성 패트릭의 행적에 관해서는 그가 쓴 『참회록(Confessio)』과 『코로티쿠스의 병사에게 보내는 편지(Epistola Ad Miltes Corotici)』라는 두 개의 문헌이 존재하며, 민간에 전승된 전설이나 일화 등을 기록한 성인전(聖人傳)도 여러 종류가 전해진다. 성 패트릭은 이러한 저서 등을 통해 후세에 많은 가르침을 남겼다.

## 37. 수도원

성 패트릭을 비롯한 여타의 선교사들은 아일랜드에 기독교를 전파했을 뿐 아니라 라틴어와 알파벳도 들여왔다. 이로 인해 기독교가 보급되고 수도원이 설립되면서 7~8세기에는 문화와 예술이 화려하게 꽃피기 시작했다. 또한, 유럽 대륙으로 순례를 떠나는 수사들을 통해 기독교를 보급하는 동시에 새로운 학문과 사상을 받아들임으로써 아일랜드는 신앙과 학문의 중심지가 되었고, 그로인해 수많은 유학생이 모여들었다. 이때는 학문, 문학, 예술, 시, 노래, 돌 조각, 장식 기술, 보석 세공 등 모든 분야가 번창하는 이른바 문화의 황금기였다. 또한, 아일랜드 기독교의 예술적, 지적 재능은 유럽 대륙에서 선망의 대상이었고, 아일랜드는 '성자와 학자의 나라(The Land of Saints and Scholars)'로 알려지게 되었다.

이 시기에는 수도원[교회 건물 주변에 나무나 돌로 된 '이글루 형태의 벌집 오두막(igloo beehive hut)'들이 옹기종기 모여있는 곳]이 종교와 문화의 중심지 역할을 했다. 당대의 대표적인 수도원으로는 케리(Kerry) 주(州) 남부 해안 스켈리그 마이클(Skellig Michael) 바위섬에 있는 수도원, 슬라이고 해안에서 떨어진 이니쉬머레이(Inishmurray) 섬에 있는 수도원, 코네마라(Connemara) 카르나(Carna)에서 떨어진 이니스 맥 다라 섬(Inis Mhac Dara, St. Mac Dara's Island)에 있는 수도원, 케리 주 딩글 반도(Dingle Peninsula) 서쪽에 있는 갤라루스 예배소(Gallarus Oratory: 1,200년 동안 외딴 언덕에서 비바람을 맞으며 자리를 지켜온 아일랜드에서 가장 아름다운 고대 예배소 건축물) 등이 있다.


## 38. 수도원 문화

수사(修士)들은 수도원에 칩거하면서 종교 활동은 물론 구전 문학을 기록하고, 각종 문헌을 필사·장식·번역하는 일을 했다. 성서를 베끼는 장소인 필사실과 도서관이 지적 활동의 중심 무대가 되었다. 수사들은 다양한 자료들을 토대로 역사적 사실에 입각하여 성서의 과학적 해석을 시도했으며, 그리스·로마 신화와 아일랜드의 구전 문학에서 다루고 있는 신화와 영웅담들도 소개했다. 또한, 아일랜드의 고대 문학, 성자들의 삶과 순례 여행, 이교도들의 신화 등을 기록했으며, 서정시를 통해 자연을 예찬함으로써 신앙심을 표현했는데, 이와 같은 표현 양식은 당시 유럽 그 어느 곳에서도 찾아볼 수 없는 것들이었다. 뿐만 아니라 그들은 기독교적 세계관에 근거하여 구전되어 온 아일랜드 역사를 로마 문자로 기록했다. 자국의 문화와 문학에 대한 수사들의 관심과 노력은 당시 유럽 사회에서는 아주 특이한 현상이었다.

이 때문에 당시 유럽의 대부분 지역이 로마의 멸망과 함께 '중세 암흑기'로 접어들었지만, 유독 아일랜드만이 화려한 켈트 문화를 꽃피우며 '문명의 등불', '유럽의 등대', '성자와 학자의 나라' 등으로 널리 알려지게 되었다. 수많은 학자가 학문을 배우기 위해 유럽 전역에서 몰려들었고, 성 골롬바[St. Columba, Colmcille of Derry: 563년 이오나(Iona) 섬에 수도원을 세움], 성 골롬바노(St. Columbanus of Bobbio), 성 킬리언(St. Kilian), 성 피아크라(St. Fiachra), 성 퍼사(St. Fursa), 성 리비너스(St. Livinus) 등의 아일랜드 선교사들은 유럽을 두루 여행하면서 스위스, 스페인, 프랑스, 이탈리아, 네덜란드, 아이슬란드뿐만 아니라 심지어 잉글랜드의 이교도들까지 개종시켰다. 케리(Kerry) 주(州) 아르드퍼트(Ardfert) 수도원의 성 브렌던(St. Brendan, 484~578)과 그의 일행은 선교를 위해 대서양을 건너 아메리카(America) 대륙까지 항해했으며, 프랑스의 샤를마뉴(Charlemagne) 대제(742-814)는 왕국의 경영을 위해 아일랜드의 수사들을 수입하기도 했다. 실로 이 시기는 아일랜드의 선교사들에 의한 선교활동의 황금기였으며, 이는 이후에도 몇 세기 동안 지속되었다. 아일랜드인들에게 자긍심과 희망을 심어주었던 이와 같은 문화의 황금 시대는 19세기 말에 아일랜드 문예부흥운동의 시원(始原)이 되었다.

수도원의 수사들은 금속 및 각종의 재료들로 아다 성배(Ardagh Chalice)나 타라 브로치(Tara Brooch) 같은 화려한 예술품은 물론, 오늘날 더블린 트리니티대학(Trinity College Dublin, TCD)의 올드 라이브러리(Old Library)에

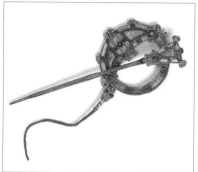

아다 성배                    타라 브로치

소장되어 있는 '북 오브 켈스[The Book of Kells: 세계적으로 유명한 채색필사본 복음서로, AD 800년경 스코틀랜드 서쪽 이오나(Iona) 섬에 있는 성 골룸바 수도원의 수사들에 의해 만들어졌으나, 바이킹의 습격을 피하려고 켈스(Kells) 지방에 있는 수도원으로 옮겨짐]'를 비롯하여, 우아하고 정교한 장식 사본(寫本)들을 만들었다.

오늘날 아일랜드 국립박물관에 소장된 아다 성배와 최근에 발견된 데리나플랜 성배(Derrynaflan Chalice)는 어느 한 부분도 빠짐 없이 성배 전체를 장식으로 치장한 장식 도공의 장인 정신이 돋보이는 유물이다. 심지어 미사(mass)를 집전하는 사제(司祭) 외에는 아무도 본적이 없는 아다 성배의 밑바닥 장식 못 조차도 미세한 조각(彫刻)들로 이루어져 있다. 8세기 것으로 추정되는 타라 브로치는 당대의 가장 유명한 장식물이다. 이는 금세공, 호박(琥珀) 장식, 유리 장식 등과 함께 은으로 도금 되어있다.

또한, 그림책이 귀하던 이 시기에 수사들은 기독교의 성공적 보급을 자축하고, 무지한 대중의 전도와 교육을 위해 갖가지 형태의 조각들이 새겨진 석조 '켈틱 하이 크로스(The Celtic High Cross)'를 세웠는데, 이는 원형의

모나스터보이스 수도원에 있는
'머독 십자가'

돌 장식으로 둘러싸인 십자가로, 원형의 돌 장식은 켈트족의 이교 신앙을 상징하고 십자가는 기독교를 상징한다. 뿐만 아니라 동쪽 면에는 구약성경의 내용이, 서쪽 면에는 신약성경의 내용이 다양한 종류의 문양과 형태들로 새겨져 있다. 특히, 서쪽 면 중앙에는 십자가에 못 박힌 예수의 형상이 우주(이교 신앙, 태양숭배)를 상징하는 원형의 돌 장식으로 에워싸여 있으며, 높이가 6m에 달하는 것도 있다.

라우스(Louth) 주(州) 모나스터보이스(Monasterboice) 수도원에 있는 '머독 십자가(The Cross of Murdock: 18피트 높이의 돌 십자가)'는 가장 널리 알려진 십자가 중 하나이며, 킬데어 주에 있는 문 십자가(The Cross of Moone), 티론

(Tyrone) 주에 있는 아드보 십자가(The Cross of Ardboe), 메이오(Mayo) 주에 있는 콩 십자가(The Cross of Cong) 등도 유명한 십자가들이다.

또한, 오펄리(Offaly) 주에 있는 더로우(Durrow)와 클론맥노이즈(Clonmacnoise: 섀년강이 내려다보이는 이곳은 아일랜드에서 가장 중요한 고대 수도원 도시임), 윅클로 (Wicklow) 주에 있는 글렌달록[Glendalough은 '두 개의 호수 사이에 있는 계곡'이란 뜻이며, 아일랜드의 수도원 유적지 중 가장 아름다운 곳이다. 498년 성 케빈(St. Kevin)이 외지 고 황량한 이곳에서 안식하고 명상하면서 자연과 하나가 되기 위해 수도원을 세우고 수도원장을 지냈음], 라우스(Louth) 주에 있는 모나스터보이스, 스켈리그 마이클 바위섬, 뱅거(Bangor), 아마(Armagh) 등 당대의 대표적 수도원 유적지나 교회 및 공 동묘지 등에서 이러한 십자가들을 볼 수 있다.

한편, 당대의 유명한 신화적 무용담(saga)으로는 「쿨리의 황소 습격(Tain Bo Cuailnge: 영어로는 Cattle Raid of Cooley)」이 있다. 이는 북아일랜드에서 가 장 힘이 센 우레이드(Ulaid: Ulster라는 명칭은 이로부터 유래함) 부족과 아일랜드 의 서쪽에서 가장 힘이 센 코나흐타(Connachta) 부족 간에 벌어지는 갈등 과 싸움을 다룬 이야기 중 하나로, 우레이드의 위대한 전사(戰士) '쿠훌린(Cu Chulainn: 영어로Cuchulain으로 'Culann 사냥개'라는 뜻)'과 코노트(Connacht)의 메 이브(Medbh: 영어로는 Maeve로 '도취'라는 뜻) 여왕이 황소를 놓고 벌인 싸움을 다룬 이야기이다. 이 작품은 앵글로-색슨족(Anglo-Saxons)의 민족 서사시 (national epic) 『베오울프(Beowulf)』와 견줄 만하며, 아일랜드 영웅시대의 신 화적 인물 '쿠훌린'은 예이츠(William Butler Yeats), 싱(John Millington Synge), 베케트(Samuel Beckett)의 작품에서부터 프랭크 맥콧트(Frank McCourt)의 작 품에 이르기까지 빈번히 등장하고 있음은 물론, 아일랜드와 스코틀랜드에 서는 지금도 여전히 구전으로 전해지고 있다.

## 39. 북 오브 켈스

800년경에 제작된 '북 오브 켈스(The Book of Kells)'는 세계적으로 유명한 채색필사본 복음서로 세상에서 가장 오래된 책 중 하나이며, 화려한 장식과 색상이 돋보여서 중세 유럽 도서 중 가장 아름다운 작품으로 손꼽힌다. 서기(書記) 네 명과 삽화가 세 명이 680페이지(340 folio)에 달하는 이 책을 수년에 걸쳐 일일이 수작업 하는 데는, 양(羊) 185마리분의 양피지를 비롯하여 식물과 광물로부터 채취한 천연물감과 세계 각지로부터 수입한 고급 물감이 쓰였다. 이 책은 신(神)의 말씀을 담은 성스러운 도서일 뿐 아니라, 사용된 재료만으로도 지상 최고의 보물이다. 따라서 이 책은 종교적 측면에서는 물론 예술적 · 문화적 측면에서도 최고의 평가를 받는 문화유산이다.

이 책은 스코틀랜드 서쪽의 이오나 섬에 있는 성 골룸바(St. Columba, Colmcille) 수도원의 수사들에 의해 만들어졌으며, 바이킹족의 습격에 대비하기 위해 미스(Meath) 주(州)에 있는 켈스 수도원(Kells Abbey)에 보관되어 있다가 불행하게도 1006년에 도난을 당했다. 다행스럽게도 몇 개월 뒤인 1007년에 되찾긴 했지만 정교한 금, 은, 보석 세공으로 제작되어 아름답기로 소문 난 겉표지는 끝내 찾지 못하고 영원히 소실되고 말았다. 이후에 이 책은 1653년 더블린으로 옮겨진 뒤, 1661년부터는 더블린 트리니티대학에 소장되어 있다. 1953년에 네 권의 복음서로 재제본되었으며, 이들 중 두 권은 훼손을 방지하기 위해 몇 달에 한 번씩 페이지를 바꿔가며 상시 전시되고 있다.

네 권의 복음서를 담고 있는 이 책의 주요 내용은 신약성서 중 예수 그리

북 오브 켈스

스도의 일생이며, 그것을 라틴어와 그림(인간, 천사, 동물 형태의 그림과 동양의 카펫에서 볼 수 있는 디자인과 문양 형태의 그림)으로 표현했다. 대부분이 문맹(文盲)이었던 중세인들에게 책이라는 작은 물건이 이처럼 무궁무진한 이야기를 전달했다는 것 자체가 놀라운 기적이다. 뿐만 아니라 오랜 세월을 지나서도 견고함과 아름다움을 유지할 수 있도록 과학적으로 제작되어 후대에 온전한 모습을 보여주는 것만으로도 높이 평가되고 있다.

## 40. 바이킹족의 침략

켈트 문화가 화려하게 번창했음에도 불구하고 켈트족은 정치적 통합을 이루지 못했기 때문에 아일랜드는 바이킹족[Vikings: 전사(戰士, warriors)라는 뜻]의 표적이 되었다. 따라서 9~10세기에 노스족(Norsemen), 데인족(Danes)으로 알려진 바이킹족이 약탈품을 찾아 스칸디나비아(Scandinavia) 반도(半島)로부터 아일랜드를 침략했으며, 1014년 더블린 근처의 클론타프(Clontarf)에서 당시 아일랜드의 상급 왕(High King)이었던 브라이언 보루(Brian Boru)에게 패할 때까지 계속되었다. 하지만 그들의 침략은 유럽과 달리 여러 세대에 걸쳐 바이킹의 영향력으로부터 벗어나 있던 아일랜드의 역사에 새로운 장(章)을 열었다. 바이킹족은 795년 날렵하고 튼튼한 배를 타고 노르웨이(Norway)를 출항하여 더블린 인근에 있는 램베이(Lambay) 섬에 최초로 상륙했다. 이어서 동해안의 해안선을 타고 기습공격을 감행했고, 강을 따라 내륙으로 전략적인 잠입을 시도했다.

이후 40여 년 동안 바이킹족은 요새화된 기지를 세우고, 당시 번창하던 수도원을 습격해서 귀중품을 약탈하고, 사람들을 잡아갔으며, 교회와 책들을 불태웠다. 또한, 민간인들을 강간하는가 하면, 황금 성배, 은촛대 받침, 보석으로 장식한 필사본 복음서의 표지 등도 노략질했다. 그들은 무자비한 약탈자였다. 그들의 만행은 800여 년 후 올리버 크롬웰(Oliver Cromwell)에 의해 자행된 행위와 견줄 수 있을 정도로 잔인했다. 처음에 토착민들은 부족 간의 갈등으로 인해 바이킹족의 침략에 체계적으로 대항하지 못했고, 잘 무장한 바이킹족을 상대하기에는 무기와 군대도 역부족이었다. 게다가 일부 토착민들은 개인의 이득을 위해 바이킹족의 습격에 가담하기도 했다.

한편, 수사들은 수도원 경내로부터 멀리 떨어진 곳에서 일하는 사람들을 부르기 위한 종탑으로 활용하고, 바이킹족의 습격에 대비하여 귀중한 보물을 지키기 위해 수도원 인근에 높은 원형 탑(Round Tower)을 세웠는데, 이 탑들은 바이킹족의 공격을 받을 때 망루(望樓)나 피신처 역할을 했다. 수도원 경내나 인근에 세워진 이 원형 탑들은 높이가 27~30m에 달하며, 출입구는 바이킹족의 접근을 막기 위해 지상으로부터 4.5~6m 떨어진 곳에 있었다. 하지만 피신이 주목적이었으므로 외부로부터 출입구로 올라가는 계단이 없는 것이 특징이다. 그 이유는 수도원의 관리 등이 임시 계단을 이용하여 안으로 들어간 후 그 계단을 안으로 집어넣는 방식을 취했기 때문이다.

오늘날 위클로(Wicklow) 주(州)에 있는 글랜달록, 라우스 주에 있는 모나스터보이스, 워터퍼드(Waterford) 주에 있는 아드모레(Ardmore), 퍼마나(Fermanagh) 주에 있는 디비니쉬섬(Devenish Island) 등의 수도원 유적지에서 과거 원형 탑의 온전한 모습이나 잔재들을 볼 수 있다. 한편, 아일랜드 전역에는 80여 개의 원형 탑들이 남아있는데, 이들은 켈틱 하이 크로스, 하프, 샴록 등과 더불어 아일랜드의 상징이 되었다.

830년경부터 바이킹족은 약탈 대신 정착을 시도했다. 그로인해 남부 해안가에 여기저기 바이킹족의 정착지가 생겨났으며, 9세기와 10세기에 바이킹족은 아일랜드의 거의 모든 지역을 점령했다.

841년에는 '더브 린[Dubh Linn: 어원상으로는 '검은 연못(Black Pool)'이라는 뜻이며, 공식 아일랜드어 명칭은 'Baile Atha Cliath']'이라는 바이킹족의 왕국을 세웠는데, 이곳은 바이킹족의 정착지 가운데 가장 유명한 곳이 되었다. 이곳은 노스족이 세운 영국의 요크(York)처럼 상업과 무역의 중심지 역할을 했으며, 후에 아일랜드 공화국의 수도 더블린(Dublin)이 되었다.

이어서 10세기에 바이킹족은 해안 기지(基地)로서 코크(Cork), 리머릭 (Limerick), 워터퍼드(Waterford), 웩스퍼드(Wexford) 등과 같은 주요 도시들도 세웠다. 그들은 아일랜드에 근대적 의미의 도시를 세우고, 도시적 생활 방식을 도입했으며, 도시적 삶을 시작한 최초의 사람들이었다. 이와 같은 바이킹 도시들은 오늘날까지도 아일랜드에서 주요 도시 역할을 하고 있다.

또한, 바이킹족은 약탈자에서 교역자(交易者)로 전향했다. 뿐만 아니라 그들은 상업, 주조 화폐, 선박 축조 기술, 새로운 예술 양식 등을 도입하는 데에도 기여했다. 일찍이 6세기에 아일랜드의 선교사 성 브렌던(St. Brendan, 484~577)은 12명의 추종자들과 함께 선교를 위해 작은 배(currach: 황소 가죽과 타르로 덮은 나무배)를 타고 아일랜드의 남서해안을 떠나 최초로 대서양을 횡단하여 아메리카 대륙(the Land of Promise: 북미 지역)까지 항해했는데, 이 때의 항해 일지가 수사(修士)들에 의해 『성 브렌던의 항해(The Voyage of St. Brendan)』로 기록된 것도 이 시기였다.

9세기 말부터 바이킹족은 토착민들보다 더 아일랜드화 되어갔으며, 두 종족 간에 결혼은 물론, 기독교도 받아들였다. 또한, 바이킹족이 켈트족과 혼인을 치르기 시작하면서 붉은색 머리카락에 주근깨가 있는 혼혈 아일랜드인이 탄생했다. 더블린의 바이킹족 왕 시트릭 실켄베어드(Sitric Silkenbeard)는 1000년에 기독교로 개종했으며, 오늘날 '크라이스트 처치 대성당(Christ Church Cathedral)' 자리에 성당도 세웠다.

바이킹족의 존재는 아일랜드의 여러 부족이 일치단결하는 계기가 되었다. 따라서 그들의 막강한 영향력에도 불구하고 바이킹족의 세력은 점차 약화되었다. 당대 전설상의 영웅 브라이언 보루(Brian Boru)의 등장은 이에 일조했다.

글랜달록에 있는 원형 탑

　브라이언 보루는 바이킹족에게 성공적으로 대적한 켈트족 부족장으로
976년 클레어(Clare) 주(州)에 있는 댈 카이스(Dal Chais) 소왕국의 왕이 되
었으며, 이후 계속 세력을 확장하여 2년 뒤에는 먼스터(Munster)의 상급 왕
(High King)의 자리에 올랐다. 이어 1014년에는 바이킹족과 동맹 관계를 맺
고 있던 렌스터(Leinster)의 왕 마올 모다(Maol Morda)와 더블린 교외 클론
타프(Clontarf)에서 벌인 싸움에서 큰 승리를 거두었다. 그 결과 바이킹족의
지배는 와해되었다. 브라이언 보루도 이 전투에서 목숨을 잃기는 했지만,
자신의 왕국은 구했다. 이후 1166년 코노트(Connaught)의 왕 로리 오코너
(Rory O'Connor)가 잇따른 내분을 잠재우며 상급 왕으로 아일랜드를 통치했
으나, 결국은 바이킹족의 후예(後裔)인 노르만족(The Normans)에게 정복당
했다.

바이킹족이 침략과 정착을 통해 아일랜드의 역사에 남긴 족적(足跡)과 생활상은 더블린에 있는 '바이킹 박물관(Dublinia: 크라이스트 처치 대성당과 구름다리로 이어진 박물관)'에서 확인할 수 있다.


## 41. 노르만 정복

노르만족(The Normans)은 원래 스칸디나비아반도에서 건너온 사람들로 오늘날 프랑스의 노르망디(Normandy) 지역에 정착해서 살았다. 노르망디는 원래 프랑스의 땅이었으나, 바이킹족이었던 노르만족의 침략이 거세지자, 프랑스 국왕이 이들의 충성 서약에 대한 보답으로 911년 이 땅을 노르만들에게 하사하면서부터 붙여진 명칭이다.

잉글랜드(England)의 해럴드 2세(Harold II)가 왕이 되자 노르망디 공작 윌리엄(William Duke of Normandy)은 참회 왕 에드워드(Edward the Confessor)로부터 왕위 계승을 약조 받았다고 주장하면서, 1066년 잉글랜드를 침략하여 헤이스팅스 전투(Battle of Hastings)에서 승리를 거둔 뒤, 그해 성탄절에 곧바로 런던의 웨스트민스터 사원(Westminster Abbey)으로 건너가서 윌리엄 1세(William I)로 즉위하였다. 이렇게 해서 약 600년 동안 지속되어온 앵글로색슨(The Anglo-Saxons, 450~1066) 왕조가 사실상 끝이 나고, 유럽 대륙 세력인 노르만 왕조(The House of Normandy, 1066~1154)가 들어서게 되었다. 흔히 '노르만 정복(The Norman Conquest)'으로 알려진 이 사건은 노르만 왕조의 시작임과 동시에 잉글랜드의 역사에서 하나의 획을 긋는 중요한 사건이었다.

노르만 정복자들은 바이킹의 후예이긴 했지만, 이미 100년 동안 프랑스 문화에 동화되어 살았기 때문에 프랑스 문화와 언어를 비롯한 대륙문화를 섬나라인 잉글랜드에 전파했다. 따라서 노르만 정복은 잉글랜드가 진정한 유럽 국가로 탄생하는 계기가 되었으며, 로마에 정복당한 이후 역사상 두 번째로 유럽 대륙문화(라틴문화)와 합류함으로써 유럽 대륙문화를 유입하고 발전시키는 전환점이 되었다.


## 42. 더모트 맥머로우와 식민통치의 씨앗


1세기 뒤인 1166년 앵글로-노르만들(The Old English로 알려짐)이 아일 랜드에서 교두보를 확보할 수 있었던 것은, 그들의 적극적인 점령정책이 라기보다는 순전히 아일랜드의 매국노로 알려진 더모트 맥머로우(Dermot MacMurrough, 1110~1171) 때문이었다. 당시 아일랜드는 북부의 얼스터 (Ulster), 서부의 코노트(Connacht), 남부의 먼스터(Munster), 동부의 렌스터 (Leinster) 나누어져 있었고, 각 지역의 왕들끼리 권력다툼이 치열했다.

1120년대부터 렌스터의 왕(1126~1171)이었던 맥머로우는 1166년, 당시 경쟁 관계에 있던 로리 오코너 왕과 벌인 전투에서 패하자 도움을 청하기 위해 잉글랜드로 달려갔다. 그는 영국 왕 헨리 2세(Henry II)에게 신하의 예를 갖춘 뒤, 당시 노르만족의 후예이며 펨브로크 백작(Earl of Pembroke)이 었던 리처드 핏츠-길버트 드 클래어(Richard Fitz-Gilbert de Clare, 1130~1176) 를 만나 일종의 거래를 했다. 스트롱보우[Strongbow, 활을 잘 쏘는 사람이라는 뜻: 위대한 노르만 지도자 가운데 한 사람으로 웨일스(Wales)의 정복자이다. 그의 무덤은 더블린에 있는 크라이스트 처치 대성당(Christ Church Cathedral in Dublin)내에 있다.]라는 이름으로 더 잘 알려진 리처드 드 클레어는, 맥머로우 딸과의 정략결혼과 맥머로우 사후(死後) 렌스터 왕국을 상속받는다는 조건으로 아일랜드에 군대를 파견하는 데 동의했다.

1169년 5월, 최초의 앵글로-노르만 군대가 웩스포드 주(州)에 있는 '밴나우만(Bannow Bay)'에 상륙했고, 맥머로우는 이 군대의 도움으로 웩스퍼드를 쉽게 점령했다. 이 일이 있었던 직후 맥머로우는 렌스터의 왕권을 되찾았는데, 이때 그가 외국인의 도움을 받았다 하여 '외국인들의 더모트(Dermot of the Foreigners)'로 알려지게 되었다.

다음 해인 1170년, 스트롱보우가 도착해서 피비린내 나는 전투를 치른 뒤 더블린과 워터퍼드를 점령했고, 맥머로우의 딸 이바(Eva, Aoife)와 결혼했다. 1171년 5월, 맥머로우는 예기치 않게 세상을 떠났고, 스트롱보우는 계약 조건에 따라 렌스터의 왕권을 승계했으며, 이후 아일랜드 전체를 다스리는 권력을 획득했다. 그러나 스트롱보우가 통치하게 된 아일랜드는 좀처럼 정치적 안정을 되찾지 못했다.

한편, 오래전부터 아일랜드의 정복을 꿈꿔온 헨리 2세는 교황 하드리아노 4세(Hadrian IV, 재위 1154~1159: 잉글랜드 출신의 유일한 교황)로부터 아일랜드의 지배자(군주)로 인정받으려는 조치를 취하고(오래전부터 하드리아노 4세는 교황 「칙서(Laudabiliter)」를 통해 헨리에게 아일랜드의 군주 타이틀을 부여하여 아일랜드를 잉글랜드에 귀속시키겠다고 천명했음), 스트롱보우가 하는 일을 지대한 관심과 불안한 마음으로 지켜보고 있었다. 잉글랜드의 왕에게는 스트롱보우의 세력이 커가는 것과 그의 독자적인 행보가 크나큰 위협이자 관심사였다.

마침내 헨리는 1171년 10월, 갈수록 세력이 커지는 앵글로-노르만 귀족들을 와해시키기 위해 잉글랜드의 막강한 해군 병력(5백 명의 기사를 포함한 4천 명의 병사와 대규모 함대)을 워터퍼드에 상륙시키고, 워터퍼드를 '왕의 도시(Royal City)'로 선포토록 했다. 또한, 헨리는 자기 아들 존(John)에게 '도미누스 히베르니에(Dominus Hiberniae, 아일랜드의 군주)'라는 타이틀을 하사하여 자신의 정복지를 상속시켰다. 후일 존이 잉글랜드의 군주가 되자, 아일랜드의 군주 지위는 자연스럽게 잉글랜드의 군주에게 복속되었다. 이는 곧 아일랜드 정복의 시작이었고, 그 배후에는 종교개혁을 위해서는 아일랜드를 침략해도 좋다는 로마 교황의 허락이 있었다(하드리아노 4세는 잉글랜드의 국왕 헨리 2세에게 아일랜드를 정복하여 가톨릭 제도에 따라 교회의 통치와 개혁을 추진함으로써 아일랜드섬 전체를 복음화할 것을 촉구했음). 이로써 헨리 2세는 아일랜드 땅에 발을 들여놓은 최초의 앵글로-노르만 군주가 되었으며, 길고도 운명적인 잉글랜드의 아일랜드 식민통치의 씨앗이 뿌려지게 되었다. 이후 아일랜드는 강력한 잉글랜드의 간섭과 지배를 받는 새로운 시대로 접어들었다.

## 43. 잉글랜드의 식민통치

노르만 정복 이후 아일랜드의 부족 왕들(극소수를 제외한)은 헨리에게 충성을 서약한 대가로 봉건 영주의 지위를 인정받았다. 이제 아일랜드는 스트롱보우와 잉글랜드 왕의 대리인 휴 드 라시[Hugh de Lacy: 12세기에 노르만들이 아일랜드를 정복할 때 앵글로-노르만 귀족이자 군인이었으며, 1205년 잉글랜드의 존 왕(King John)에 의해 얼스터 초대 백작이 됨]의 지배하에 놓이게 되었다. 스트롱보우와 휴 드 라시는 아일랜드의 여성과 결혼했고, 이후 많은 잉글랜드인이 그들의 뒤를 따랐다. 따라서 잉글랜드 이주자들의 제2 세대는 잉글랜드인과 아일랜드인 사이에서 태어난 혼혈로, 모국어로 아일랜드어를 사용했으며, 아일랜드 관습에 동화되어 있었다. 잉글랜드의 왕에 대해 충성심은 있었지만, 잉글랜드인과 다른 자기들만의 정체성을 확립해 나간 이들 제2 세대는 자신들을 '중간 민족'이라 불렀으며, 잉글랜드인도 아니고 아일랜드인도 아닌 '잉글랜드계 아일랜드인'으로서 그들만의 정치적 미래를 형성해 갔다.

잉글랜드계 아일랜드인 통치자들이 점차 통치 영역을 넓혀가는 가운데 잉글랜드의 왕은 아일랜드 땅을 봉건 영주들에게 하사했고, 그 대가로 군사력을 제공받았다. 또한, 잉글랜드 법이 아일랜드 법으로 통용되었고, 영주들로 구성된 최고 사법관 자문위원회는 의회로 발전했다. 1254년 헨리 3세(Henry III)는 아일랜드와 잉글랜드는 헌법상 분리될 수 없음을 천명했고, 더블린에 세워진 '더블린 성(Dublin Castle)'은 아일랜드에서 잉글랜드 정부를 상징하는 존재가 되었다.


## 44. 앵글로-노르만 사회와 킬케니 성문법

앵글로-노르만들이 아일랜드인의 생활방식에 미친 영향은 지대했다. 그들은 봉건제도(feudal system)와 중앙집권적 행정제도를 들여왔는데, 이는 기존 씨족 중심의 사회제도와는 완전히 다른 제도였다. 따라서 봉건제도와 행정제도가 새로 도입됨에 따라 정부, 사회, 도시, 종교단체 등이 새로이 재편되고, 독자적으로 분산되어 있던 수도원들도 대륙에서 유입된 프란체스코 수도회(Franciscans), 아우구스티누스 수도회(Augustinians), 베네딕트 수도회(Benedictines), 시토 수도회(Cistercians) 등으로 대체되었다.

또한 '보통법(Common Law)'으로 명명되었던 법 제도가 들어옴에 따라 배심원과 보안관 제도가 생겨나고, 하프(오늘날 아일랜드의 엠블럼)를 상징으로 한 주화가 만들어졌으며, '주(州, county)'를 단위로 하는 행정제도(더블린은 1200년에 최초의 주가 됨)가 시행되었다. 뿐만 아니라 앵글로-노르만들은 뛰어난 군사 기술과 독특한 건축술도 가지고 왔다. 그들은 토착민들의 땅을 몰수하여 신흥 영주들에게 나누어주고, 군사적인 구조물로 거대한 성(城)을 축조하여 이곳에서 광활한 농경지를 관리했다. 1250년 무렵에 앵글로-노르만들은 아일랜드의 북부와 서부의 일부를 제외한 거의 모든 국토를 정복해서, 전 국토의 3/4이 이들의 수중으로 들어갔다.

앵글로-노르만들은 이전의 바이킹족이 그랬듯이 그들 또한 아일랜드에 정착했으며 토착문화에 쉽게 동화되었다. 그들은 아일랜드어(Irish, Gaelic)를 사용했고, 아일랜드 가문(家門)의 사람들과 결혼했으며, 아일랜드인들처럼 옷을 입었고, 아일랜드의 민속놀이를 했으며, 성(姓)도 아일랜드 말로 바꾸어서 사용했다. 그들은 문자 그대로 토착 아일랜드인들보다 더 아일랜드화 되어 갔다. 그래서 앵글로-노르만들이 "아일랜드인보다 더 아일랜드인답다(Hiberniores Hibernis ipsis: more Irish than the Irish themselves)"라는 말이 생겨났다.

마침내 잉글랜드의 왕은 1366년 킬케니(Kilkenny: 중세 앵글로-노르만 아일랜드에서 정치와 문화의 중심지) 의회에서 '킬케니 성문법(The Statutes of Kilkenny: 36개 조항으로 이루어짐)'을 제정하여 이와 같은 추세를 뒤엎고자 했다. 이후 앵글로-노르만들은 영어만을 사용해야 했으며, 분쟁의 해결도 잉글랜드의 법에 따라야만 했다. 이 법의 취지는 인종적 순수성을 유지하기 위해 토착민과 앵글로-노르만들 사이의 결혼을 막고, 아일랜드어와 아일랜드식 이름, 전통 경기 헐링(hurling), 안장 없이 말을 타는 것, 말과 갑옷의 판매 등을 금하는 일종의 '인종과 문화의 분리정책'을 취함으로써 두 종족 간의 동화(同化)를 막고, 잉글랜드 왕실의 통치권을 강화하자는 것이었다. 그러나 이러한 조치들은 다소 때늦은 감이 있었다. 왜냐하면, 이 시기에 앵글로-노르만 귀족들은 토착민들과 결속해서 이미 독자적인 세력 기반을 갖추고 있었기 때문이다. 하지만 이 법은 15세기 내내 사용되었으며, 17세기 초엽에야 폐지되었다.

## 45. 토착민의 재기와 식민통치의 쇠퇴

노르만-잉글랜드가 아일랜드를 복속시켰지만, 잉글랜드 군주의 통치력이 아일랜드 전역에 미친 것은 아니었다. 잉글랜드의 존 왕(King John, 재위 1199~1216)은 얼스터 백작(Earl of Ulster)을 신설할 때까지 얼스터(Ulster) 지역에서 군주권을 행사하지 못했다. 또한, 아일랜드에서는 13세기까지 켈트족 소국(小國)들이 존재했다. 따라서 아일랜드에 정착한 앵글로-노르만 사회는 토착 켈트 부족사회와 병존했으며, 이로 인해 잉글랜드 왕실은 아일랜드의 식민통치에 큰 어려움을 겪었다.

1261년 피닌 맥카시(Finghin MacCarthaig)가 이끄는 토착 아일랜드 군대가 '카란 전투(Battle of Callan)'에서 앵글로-노르만 군대를 크게 물리침으로써 아일랜드에서 앵글로-노르만의 지배는 점차 약화되었다. 이후 1백여 년 동안 아일랜드의 토착 부족장들은 앵글로-노르만들과 집요하게 싸웠다.

특히 더블린 지역에서 전투가 빈번했다. 이렇게 함으로써 토착 부족장들은 아일랜드의 여러 지역을 자신들의 세력 하에 둘 수 있었다.

1348년 이후 흑사병(Black Death)이 주기적으로 발병하면서 1361년에는 인구의 20%가 사망했다(유럽에서도 1349년~1450년까지 100년 동안 흑사병으로 인구의 60%~75%가 사망함). 이로 인해 앵글로-노르만 측과 아일랜드 토착민 측 모두가 막대한 인명의 피해를 입었으나 앵글로-노르만 거주지에서의 피해가 더 컸다. 당시 앵글로-노르만들은 도시에서 모여 살았기 때문에 시골에 사는 토착민들보다 피해가 더 클 수밖에 없었다. 이후 2세기 동안 잉글랜드의 아일랜드 식민통치는 당시 페일[The Pale, Norman-French word for a defensive ditch: 말뚝, 울타리, 경계를 뜻하는 라틴어 'pallus'에서 유래한 말이다. 이는 잉글랜드의 통치 지역을 지칭하며, 더블린의 남쪽 달키(Dalkey)에서 드로그헤다(Drogheda)의 북쪽 던독(Dundalk)까지 이어진다. 내륙으로는 서쪽 트림(Trim)과 켈스(Kells)까지가 경계이다. 당시 영국인 엘리트층은 페일을 제외한 나머지 아일랜드 지방 사람들을 미개하다고 여겼다. 'beyond pale(도리를 벗어난, 용납할 수 없는)'이라는 말은 아일랜드의 페일(pale) 지역이 영국의 지배를 받던 시절에 생겨난 표현이다.]로 알려진 더블린(Dublin) 인근 50마일 지역(섬 전체의 20%)으로 점차 축소되었다. 따라서 잉글랜드가 직접 통치할 수 있는 지역은 더블린 인근뿐이었다.

1394년 페일의 남부 경계지역을 자주 공격하던 렌스터(Leinster)의 왕 아르트 맥머로우 카바나(Art MacMurrough Kavanagh)를 타도하기 위해 잉글랜드의 왕 리처드 2세(Richard II)가 군대를 이끌고 두 차례나 아일랜드를 찾았지만, 모두 실패하고 말았다. 이로써 영국 왕실의 아일랜드 식민통치는 악화 일로를 걸었으며, 이후로 근 300년 동안 잉글랜드의 그 어떤 왕도 아일랜드를 찾지 않았다.

15세기 말에 이르러 잉글랜드는 더 이상 아일랜드에서 큰 영향력을 행사할 수 없게 되었다. 잉글랜드가 프랑스와 백년 전쟁(The Hundred Years War, 1337~1453: 1337년 잉글랜드와 프랑스 사이에 영토분쟁 문제로 시작되어 이후 근 100년 동안 지속된 전쟁)을 치르고, 랭커스터 가문(The House of Lancaster)과 요크 가문(The House of York) 사이에 장미전쟁[The Wars of the Roses, 1455~1485: '장미전쟁'이라는 명칭은 19세기 영국의 소설가 월터 스콧(Walter Scott)이 랭커스터 가문의 문장(紋章)이 붉은 장미이고, 요크 가문의 문장이 흰 장미인 점에 착안하여 부른 것으로부터 유래한다. 30년 동안 지속된 이 전쟁은 랭커스터 가문의 헨리 튜더(Henry Tudor)가 요크 가문의 리처드 3세(Richard III)를 죽이고 요크 가문의 엘리자베스(Elizabeth)와 결혼함으로써 끝이 났다. 이어 헨리 튜더는 헨리 7세(Henry VII, 재위 1485~1509)가 되면서 튜더 왕조(The Tudor Dynasty, 1485~1603)를 열었다.]을 치루는 동안, 자신들의 문제가 현안으로 대두되었기 때문이다.

이처럼 영국 왕실의 영향력이 줄어들자 앵글로-노르만 귀족들이 득세하기 시작했다. 이들 중 가장 영향력이 컸던 귀족 가문(家門)은 데스먼드(Desmond) 영지와 킬데어(Kildare) 영지를 소유한 핏츠제럴드 가문(Fitzgeralds: 이후 2세대 동안 아일랜드를 지배함)과 오먼드(Ormond) 영지를 소유한 버틀러 가문(Butlers)이었다. 따라서 다수의 잉글랜드 부재지주들은 킬데어의 백작(Earl of Kildare)들과 같은 대리인들을 내세워 아일랜드에 있는 농경지를 관리했으며, 잉글랜드의 왕도 자신의 대리인 총독을 파견하여 식민지를 통치했다. 뿐만 아니라 아일랜드의 군주 지위도 당시 강력한 세력을 갖고 있던 킬데어의 백작 핏츠제럴드(Thomas Fitzgerald)에게로 돌아갔다.

이러한 이유로, 장미전쟁을 종식하고 잉글랜드에서 튜더 왕조를 새로 연 헨리 7세는 자신의 대리인 자격(총독)으로 에드워드 포이닝즈 경(Sir Edward

페일 지역의 범위

Poynings)을 아일랜드로 보내 아일랜드의 식민통치를 강화하고자 했으며, 포이닝즈는 1494년 드로그헤다(Drogheda)에서 소집된 의회에서 이른바 '포이닝즈 법(Poynings' Law)'으로 불리는 '드로그헤다 성문법'을 통과시켰다.

이 법은 아일랜드 의회는 잉글랜드 왕의 허락 없이는 열릴 수 없고, 모든 법안은 잉글랜드의 왕과 추밀원(Privy Council)의 동의를 먼저 받아야만 할 것을 명시했다. 또한, 잉글랜드에서 통과된 모든 법안은 아일랜드에서도 법이 되어야 한다는 취지로, 사실상 아일랜드에서 자치(自治)가 이미 끝이 났음을 의미했다. 이 법의 목적은 총독이 아일랜드 의회를 이용하여 영국 왕실의 이익을 해치는 것을 막기 위한 것이었다. 결국, 이 법으로 인해 아일랜드 의회는 잉글랜드 왕의 정치적 도구로 전락했으며, 이 법은 1782년이 되어서야 독립을 위한 애국지사들의 노력으로 폐지되었다.

제6장
# 16세기·17세기 역사

IRELAND

## 46. 잉글랜드의 종교개혁

16세기에 유럽의 열강들이 북·남미 식민지 쟁탈전을 벌이는 동안 아일랜드는 전략상 중요성을 더해갔다. 무엇보다도 잉글랜드의 증강된 해군력이 스페인의 신대륙 독점권을 위협하자, 스페인은 아일랜드를 잉글랜드를 공격하기 위한 교두보로 활용하기 시작했다. 더욱이 루터(Martin Luther)의 종교개혁으로 기독교 세력이 가톨릭과 신교로 양분되면서 가톨릭 국가인 아일랜드는 이전보다 더 뜨거운 감자가 되었다. 따라서 유럽의 가톨릭 국가들은 가톨릭 국가인 아일랜드를 이용하여 신교 국가로 새롭게 부상하는 잉글랜드의 세력을 저지하고자 했다. 특히, 가톨릭 국가인 스페인과 프랑스는 아일랜드와 연대해서 잉글랜드를 공동으로 대적하는 외교 전략을 폈다. 이에 맞서 잉글랜드의 헨리 8세(Henry VIII)는 프랑스와 스페인이 아일랜드를 교두보로 삼아 침략해올 것을 염려한 나머지 통치권 강화에 나섰다. 헨리는 아일랜드의 문화에 동화되어 자기에게 복종하지 않는 노르만 귀족들 대신에 더블린에 왕의 대리인을 직접 파견함으로써 아일랜드를 통치하고자 했다. 이는 아일랜드의 정치, 사회, 종교 영역에 새로운 문제와 긴장을 유발했다. 하지만 이보다 더 큰 긴장과 분규는 종교적 문제에서 비롯되었다.

헨리 8세는 튜더 왕조를 시작한 헨리 7세의 둘째 아들로, 형이 요절하자 아버지의 뒤를 이어 잉글랜드의 왕으로 즉위했다. 그는 다혈질이자 호색한(好色漢)이었으며, 당당한 풍채를 자랑하는 만능 스포츠맨이었다. 치세 초반에는 가톨릭을 옹호하고, 14세기에 존 위클리프(John Wycliffe, 1320~1384) 이후 활력을 얻기 시작한 종교개혁을 강력히 억압했지만, 기독교 역사에서 로마 교황청과 대립한 왕으로 더 잘 알려져 있다. 재위 기간에 강력한 절대 왕권을 휘두르고, 영국 기독교의 역사를 바꾸었으며, 여섯 명의 왕비[캐서린(Catherine of Aragon), 앤 불린(Anne Boleyn), 제인 시모어(Jane Seymour), 앤 클리브스(Anne of Cleves), 캐서린 하워드(Catherine Howard), 캐서린 파(Catherine Parr)]를 맞이하는 등 영국사에 많은 무수한 화젯거리를 남긴 군주이다.

헨리의 형 아서(Arthur)는 죽기 전에 스페인의 공주였던 캐서린(Catherine of Aragon)과 결혼한 상태였는데, 헨리는 당시 강대국이었던 스페인과의 관계를 고려하여 과부가 된 형수 캐서린과 정략결혼을 했다. 캐서린이 딸 메리(Mary)의 출산 이후 아들을 낳지 못하던 중, 캐서린 왕비의 시녀였던 앤 불린이 임신을 하자, 헨리는 아들을 얻기 위한 명분으로 로마 교황에게 이혼을 청구했다. 하지만 로마 교황 클레멘트 7세(Clement VII, 1478~1534)가 가톨릭 국가인 스페인의 눈치를 살피면서 이혼을 허락하지 않자, 헨리 8세는 의회의 권고에 따라 잉글랜드 교회를 로마 가톨릭교회로부터 분리하는 종교개혁을 단행했다[1534년 의회는 잉글랜드 교회에 대한 교황의 권리를 폐지하고, 헨리 8세를 잉글랜드 국교회(The Church of England, The Anglican Church, 성공회)의 수장으로 임명하는 이른바 '수장령(The Act of Supremacy)'을 통과시킴].

　이혼을 감행한 헨리 8세가 교황의 축복을 받지 못한 것은 아일랜드인에게도 좋지 않은 결과를 가져왔다. 아일랜드인들이 바티칸의 교황청 편을 들었기 때문이다. 헨리 8세는 이에 대한 보복으로 1535년 아일랜드에 있는 모든 수도원을 폐쇄하라는 명령을 내렸는데, 이 조치는 수도원의 재산과 토지를 몰수하여 국가 재정을 튼튼히 하고, 잉글랜드계 아일랜드인 지주들에게 나누어주기 위해서였다. 잉글랜드 국교회 수장이었던 헨리 8세가 아일랜드 국교회 수장으로서 무리하게 추진한 종교개혁은 아일랜드인들의 반발을 초래했지만, 그것은 종교적 이유라기보다는 수도원의 재산을 둘러싼 경제적 이해관계가 더 큰 이유였다. 또한, 종교적 문제가 정치적 이해관계와 맞물리면서 이 두 요소는 이후 아일랜드 역사의 향방에서 서로 떼려야 뗄 수 없는 관계를 지니게 되었다.


## 47. 핏츠제럴드 가문의 몰락과 군주의 지배권 행사

　킬데어의 8대 백작 제럴드 핏츠제럴드(Gerald Fitzgerald, Garrett Mor, 1456~1513)는 잉글랜드의 아일랜드 식민통치 역사에서 중요한 인물이다. 그는 1478년부터 두 차례(1478, 1479~1492)에 걸쳐, 그리고 마지막으로는 1496년 헨리 7세에 의해 권력이 회복되어 1513년 세상을 떠날 때까지 잉글랜드의 간섭을 별로 받지 않는 실질적인 총독으로서 아일랜드를 통치했다. 그는 아일랜드 왕처럼 군림했으나, 아일랜드의 독자적인 통치자로 나서려는 시도는 결코 하지 않았다. 잉글랜드의 튜더 왕조는 이처럼 충성스러운 신하가 아일랜드를 통치하는 것에 자못 만족했다. 잉글랜드로부터 거의 간섭을 받지 않는 이러한 통치는 1513년 개럿 오그(Garrett Og, 1487~1534)가 아버지를 승계하여 킬데어의 9대 백작이자 총독이 된 이후에도 몇 년 동안이나 지속되었다. 하지만 헨리 7세를 이어 즉위한 헨리 8세(Henry VIII, 재위 1509~1547)는 강력한 군주답게 아일랜드의 식민통치에 관해서도 완강한 정책을 폈다. 따라서 이후로 아일랜드 문제는 성격이 완전히 바뀌는 운명을 맞게 되었다.

헨리 8세는 집요하게 저항하며 영향력을 행사하던 킬데어의 백작들[킬데어 영지(The Fitzgerald Earldom of Leinster)를 소유한 앵글로-노르만 핏츠제럴드(Fitzgerald) 가문의 사람들]을 토벌하려 했는데, 이는 그들이 늘 자신의 통치권에 심각한 위협으로 대두되었기 때문이다.

1534년 2월 개럿 오그가 런던으로부터 마지막으로 소환되자, 그의 아버지를 대신하여 킬데어를 통치하던 백작의 큰아들 실큰 토마스 핏츠제럴드(Silken Thomas Fitzgerald,: Lord Thomas Offaly의 별명으로 그와 그의 부하들이 재킷을 비단 술로 장식한 것으로부터 유래함)는, 헨리가 잉글랜드에서 자기 아버지를 처형했다는 거짓 구실로 1534년 더블린과 그곳 잉글랜드 수비대를 공격했다. 이에 분노한 헨리는 윌리엄 스케핑턴 경(Sir William Skeffington)이 이끄는 포병대(2,000여 병사들로 구성됨)를 파견하여 토마스의 요새이자 거점인 메이누스 성(Maynooth Castle)을 무자비하게 공격함으로써 보복했다.

이 와중에 토마스는 잉글랜드, 웨일스, 신성로마제국, 유럽 대륙으로부터 가톨릭 지원자들을 끌어모아 결성한 이른바 '가톨릭 십자군(Catholic Crusade)'으로 대항했지만, 결국 1535년 메이누스 성(城)의 함락과 함께 그의 반란은 실패로 끝나고 말았다. 이후 개럿 오그(1536년에 처형됨), 토마스(1537년에 처형됨), 그리고 그의 추종자들은 비록 '메이누스의 용서(Pardon of Maynooth)'를 받긴 했지만 모두 처형되었고, 당대에 아일랜드에서 가장 부유하고 힘이 셌던 핏츠제럴드 가문은 3년 이내에 몰락의 길을 걷게 되었다. 또한, 이에 대한 보복으로 — 이는 이후 2세기 동안 자행되었지만 — 핏츠제럴드 가문의 토지는 몰수되어 잉글랜드의 이주민들에게 무상으로 나누어주었고, 아일랜드는 잉글랜드에서 직접 파견된 잉글랜드인(이전의 노르만 정착자들과 구별하기 위해 'The New English'로 불림) 총독과 수비대에 의해 통치되었다. 뿐만 아니라 아일랜드의 정치 문제는 헨리 8세가 시작한 종교개혁으로 인한 종교적 문제까지 더해지게 되었다.

## 48. 아일랜드의 종교개혁

헨리 8세가 아일랜드에 남긴 유산은 '게일 국가(Gaelic Nation)'의 파멸과 '게일 통치(Gaelic Rule)'의 종식을 초래한 통합정책만이 아니었다. 그는 또한 종교개혁도 추진했다. 당시 아일랜드에서는 유럽의 여타 지역과 다르게 종교개혁의 물결이 아직 미치지 않았다. 따라서 가톨릭교회의 타락과 부패에 대한 불만도 없었고, 루터(Luther)와 칼뱅(Calvin)의 교리에 동조하는 신교 추종자들도 없었다. 아일랜드의 종교개혁은 순전히 튜더 왕조의 식민정책과 전체주의를 위해 아일랜드식 종교의식을 잉글랜드식 종교의식과 통일시키고자 했던 헨리의 과도한 욕심에서 비롯되었다.

1536년 아일랜드 의회는 헨리를 '아일랜드 모든 교회의 유일한 최고 수장(the only supreme head on earth of the whole Church of Ireland)'으로 하는 '수장령(The Act of Supremacy)'을 선포함으로써 '아일랜드 국교회(The Church of Ireland, The Anglican Church)'를 세웠으며, 5년 뒤에는 헨리가 이 타이틀을 지닌 최초의 아일랜드 왕(군주)이 되었다. 이후로 아일랜드에서 다른 교회는 존재할 수 없게 되었으며, 아일랜드 국민은 국교회 유지를 위해 십일조(tithe: 1830년대는 금액이 줄었고, 1869년에는 국교회 해체와 더불어 폐지되었음)를 내야만 했다. 하지만 아일랜드 종교개혁의 여파는 잉글랜드의 통치 지역이었던 '페일'과 타운 지역 외에서는 미미했고, 궁극적으로는 성공을 거두지도 못했다.

종교개혁에 이어 헨리는 아일랜드에 있는 모든 수도원을 약탈하고 해체한 뒤, 가톨릭교회의 재산을 몰수하여 왕실 재정을 튼튼히 하고자 했다. 또한, 1541년에는 아일랜드 의회가 자신을 '아일랜드의 왕'으로 선포토록 했으며, '양도와 재교부(Surrender and Regrant: 지주들의 땅을 양도받아 그들의 충성심을 확인하고, 이에 대한 대가로 땅을 다시 되돌려주는 방식)'를 통해 아일랜드의 지주들을 완전히 자신의 통제 범위 내에 두었다.


## 49. 얼스터의 식민화

헨리의 뒤를 이은 엘리자베스 1세(Elizabeth I)는 아일랜드에서 왕권 강화를 더욱 공고히 했다. 또한, 각 지역에서 지배계층이 연이어 반란을 일으켰지만, 코노트(Connaught)와 먼스터(Munster)에 재판소를 설치하여 사법권을 확립했다. 얼스터는 아일랜드 족장들의 최후 저항 진지(陣地)였다. 티론(Tyrone)의 2대 백작(Earl)이었던 휴 오닐(Hugh O'Neill, 1550~1616)은 아일랜드에서 엘리자베스 여왕의 세력에 대항한 최후의 영주였다. 오닐은 자신의 성(城)의 지붕을 개조한다는 명분으로, 잉글랜드에 납을 주문해서 이것을 총알의 재료로 사용했다. 이 일은 아일랜드와 잉글랜드 사이에 불화를 부추겼고, 결국 '9년 전쟁(The Nine Years' War, 1593~1603: '티론의 반란'으로도 불림)'을 촉발시켰다. 그는 용감하고 수완이 뛰어난 인물이었으므로, 잉글랜드 군대는 그와 대항한 7년간의 전투(1593~1600)에서는 이렇다 할 성과를 내지 못했다.

하지만 1601년에 있었던 '킨세일 전투(The Battle of Kinsale)'에서, 4,500명의 스페인 원군(援軍)의 지원을 받은 아일랜드 군대는 결국 잉글랜드 군대에게 패했다. 비록 이 전투에서 오닐이 살아남긴 했지만, 그의 세력은 와해되어 마침내 잉글랜드 왕에게 항복했다. 이어 1607년 9월 14일, 오닐과 로리 오도넬(Rory O'Donnell, 1575~1608: 티어코넬(Tyrconnell)의 초대 백작)을 비롯한 90명의 얼스터(Ulster) 귀족들은 반역자로 낙인이 찍혀 땅을 몰수당한 채 아일랜드를 영원히 떠나 유럽 대륙으로 도주했다(궁극적인 목적은 아일랜드로 다시 돌아와 땅과 특권을 되찾을 수 있도록 지원군을 모으는 것이었으나, 오닐과 오도넬은 로마에서 망명 중에 사망했음). '백작들의 도주(The Flight of the Earls)'로 알려진 이 사건은, 이후 얼스터 지역이 잉글랜드의 식민통치를 받는 실마리가 되었다. 이제 역사상 처음으로 아일랜드의 전 지역이 더블린에 중심을 둔 강력한 잉글랜드 왕실로부터 식민통치를 받게 되었다. 심지어 아란 제도(Aran Islands)처럼 멀리 떨어진 곳도 왕의 대리인이 직접 통치했다.

토착 귀족들(게일 아일랜드의 최후 세력가들)이 사라지자 엘리자베스와 그녀의 후계자 제임스 1세(James I)는 '플랜테이션(Plantation, 植民)'이라고 알려진 식민정책을(植民政策) 본격적으로 시행했다. 즉, 토착민과 앵글로-노르만들(The Old English)로부터 티론(Tyrone), 도니갈(Donegal), 아마(Armagh), 앤트림(Antrim)에 있는 50만 에이커(acre)에 달하는 방대한 옥토(沃土)를 몰수(1610년부터 1641년까지)하여 충직하고 신뢰할 수 있는 잉글랜드 귀족들에게 나누어주었다. 대부분이 부재지주였던 잉글랜드 귀족들은, 하사받은 토지를 나누어 잉글랜드와 스코틀랜드에서 건너온 25,000여(이후에는 40,000여 명까지 불어남) 이주 정착민들에게 2,000에이커(acre) 단위로 임대했으며, 이들은 또다시 토지를 나누어 소작인들에게 임대했다. 당시 제임스 1세의 특허로 런던에 세워진 '런던 아이리시 조합(The Irish Society of London: 런던의 동업 조합들로 구성됨)'이 얼스터의 식민정책(땅의 측량·분할·불하 및 지적도 제작)뿐만 아니라 데리(Derry) 시(市)의 개발과 요새화를 주도적으로 추진했다[따라서 데리는 후에 런던데리(Londonderry)로 불리게 됨].

이처럼 서부 얼스터(West Ulster)의 200만 에이커(acre) 이상의 옥토(沃土)에서 정부 주도로 식민화가 이루어졌으며, 동부 얼스터(East Ulster)는 스코틀랜드와 유대관계가 강했기 때문에 사적(私的)으로 식민화가 이루어졌다. 한편, 토착민들은 척박하고 쓸모가 없는 고지대의 땅(100만 에이커 이하)만을 소유하고 있었다. 17세기 초반에 아일랜드의 여타 지역에서도 식민화가 이루어지고 있었으나, 얼스터 지역만큼 성공적이지는 못했다. 따라서 부유한 농장이 많고, 반란 주동자들이 많이 살았던 얼스터 지역이 가장 큰 타격을 입었다.

잉글랜드와 스코틀랜드에서 건너온 신교도(주로 스코틀랜드계 장로교도) 이주민들(The New English)은 예전의 침략자들(바이킹족과 노르만족)과는 다르게 아일랜드의 토착민을 비롯하여 앵글로-노르만 가톨릭교도들과 쉽게 동화하려고 하지 않았다. 즉, 그들은 스코틀랜드식 이름을 유지했고, 장로교를 고수했으며, 잉글랜드 왕에게 충성을 서약했다. 또한, 그들은 숲을 개간하고, 새로운 농경 방식과 기술을 도입했으며, 도시를 세우고, 상업을 장려함으로써 낙후된 게일 아일랜드(Gaelic Ireland) 사회에 새로운 활력과 현대화의 동력을 불어 넣었다.

따라서 얼스터 지역의 식민화는 오늘날까지도 이어지는 얼스터 분규의 씨앗을 뿌린 역사적 사건이 되었다. 왜냐하면, 차별과 억압으로 박해를 받는다고 생각한 토착 가톨릭교도들과 우월의식으로 가득 찬 이주민들 사이에는 물과 기름처럼 화해와 융합이 쉽지 않았기 때문이다.


## 50. 잉글랜드의 내전

처녀 여왕 엘리자베스 1세가 1603년 후사 없이 세상을 떠나자, 당시 스코틀랜드의 왕이었던 제임스 6세(James VI)가 잉글랜드의 왕 제임스 1세(James I, 재위 1603~1625)로 추대됨으로써 스튜어트 왕조(The Stuart Dynasty)가 시작되었다.

제임스 1세는 '왕권신수설(The Divine Right of Kings)'을 신봉하며 왕권 강화정책을 추진했지만, 종교적 갈등에서 비롯된 정치적 불안으로 인해 내정이 어수선했다. 한편, 잉글랜드 국교회 내의 혁신파인 청교도(Puritan)들은 형식적 예배의식을 고수하는 국교회의 개혁과 의회의 권한 확대를 집요하

게 요구했다. 하지만 제임스 1세는 왕권신수설을 내세워 번번이 이를 거부
했다.

스튜어트 왕조 치하에서 왕실과 의회 사이의 불화는 끊이질 않았으며,
1625년 제임스 1세의 차남 찰스 1세(Charles I, 재위 1625~1649)가 즉위하자
왕실과 의회의 대립은 더욱 격화되었다. 찰스 1세는 낭비벽이 심했으며, 스
코틀랜드의 정벌 등에 국고를 탕진했고, 세금을 통해 이를 만회하고자 했
다. 마침내 의회는 1628년 왕의 자의적인 권력 행사를 제한하는 내용의
'권리청원(權利請願, The Petition of Right)'을 승인토록 함으로써 의회의 권능
을 강화하고자 했다. 하지만 찰스 1세는 의회를 해산시킨 후, 1629년부터
1640년까지 장장 11년 동안 의회 없이 통치하며 세금을 대폭 인상함으로
써 관계를 악화시켰다.

왕과 의회의 갈등은 급기야 1642년 국왕을 지지하는 왕당파(Royalists,
Cavaliers)와 국왕에게 반기를 드는 의회파(Roundheads) 사이에 '내전(The
Civil War, 청교도 혁명: 1642~1660)'을 유발시켰다. 내전 초반에 의회군은 패전
을 거듭하며 왕당파 군대에 연이어 패했다. 왕당파 군대는 정예군인 데 반
해 의회군은 갑작스레 꾸려진 임시 군대였기 때문이다. 이러한 국면을 전
환하기 위해 당시 의회파의 지도자였던 올리버 크롬웰(Oliver Cromwell,
1599~1658)은 기병대를 조직했다. 그의 기병대는 규율이 엄하고 용맹스러웠
으며 갑옷으로 무장했기 때문에 '신모범군(New Model Army)' 또는 '철기대
(鐵騎隊, Ironsides)'로 불렸으며, 의회파는 신모범군의 활약에 힘입어 내전 중
반부터는 승기를 잡기 시작했다.

1648년 12월, 크롬웰의 병사들은 의회를 기습하여 온건파 의원 약 2백
명을 내쫓거나 감옥에 가두었다. 따라서 크롬웰을 지지하는 1/3 정도의 의

원들만 남아 의회를 운영했는데, 이를 '잔부의회(殘部議會, Rump Parliament)'라고 부른다. 잔부의회는 크롬웰의 꼭두각시 역할을 했으며, 포로로 잡아놓은 찰스 1세의 재판을 주도했다. 말이 재판이었지 왕을 처형하기 위한 요식행위에 불과했다.

1649년 1월 30일, 찰스 1세의 목에 도끼가 내리쳐졌다. 그의 할머니인 메리 스튜어트(Mary Stuart)를 비롯하여 처형당한 군주는 이전에도 있었으나, 적법하게 즉위한 국왕을 자국민의 손으로 처형한 사건은 역사상 처음이었다. 전 유럽의 왕실이 이 엄청난 사건에 전율했다. 내전은 결국 의회파의 승리로 끝이 났다.

이후 군대의 지지를 받은 크롬웰은 1653년 공화정(The Republic, The Commonwealth)을 세우고, 이른바 '통치장전(The Instrument of Government)'이라는 새로운 헌법을 공포한 뒤 '호국경(Lord Protector, 1653~1658)'으로 취임했다. 이때부터 크롬웰은 잉글랜드의 내정, 외교, 군사, 입법을 모두 장악하는 최고 통치자가 되어 신권정치(神權政治, Theocracy)에 버금가는 군사 독재정치 체제를 구축했다.

이 시기에 청교도였던 크롬웰은 청교도 율법에 따라 공화정을 엄하게 통치하고, 지나친 탄압정책과 엄격한 도덕률을 강요함으로써 국민의 원성을 샀으며, 이로 인해 잉글랜드의 문화도 큰 변혁을 겪게 되었다. 모든 극장은 폐쇄되었으며, 공연과 오락, 음주와 가무는 철저히 금지되었다.

1658년 9월 3일 크롬웰은 말라리아(malaria) 병으로 런던의 화이트홀(Whitehall)에서 59세의 나이로 사망했으며, 웨스트민스터 사원에서 성대하게 장례식을 치른 뒤 그곳에 안장되었다. 하지만 왕정복고 이후, 찰스 1세의 처형(處刑) 12주년인 1661년 1월 30일 복수심을 불타던 찰스 2세에 의해 부관참시(剖棺斬屍)를 당했으며, 뒤이어 크롬웰의 추종자 중 찰스 1세의 사형을 주도한 자들이 줄줄이 교수형을 당하는 것으로 잉글랜드의 공화정은 막을 내렸다.

이후 크롬웰의 아들 리처드 크롬웰(Richard Cromwell, 1626~1712)이 후계자가 되어 잠시 호국경의 자리에 올랐으나(1658~1659), 의회는 1660년 리처드를 실각시킨 뒤, 당시 프랑스로 망명해 있던 찰스 1세의 아들을 불러들여 찰스 2세(Charles II, 재위 1660~1685)로 즉위케 함으로써 왕정(王政)을 복구했다(The Restoration). 그동안 크롬웰의 독재 치하에서 시달렸던 잉글랜드 국민은 새로운 왕이 전통적 질서를 회복시켜줄 것을 기대하며, 종소리와 축포, 꽃과 포도주로 축제를 벌이면서 새로운 왕을 열렬히 환영했다.

## 51. 내전의 여파와 아일랜드 사태

1640년대 한동안 지속된 잉글랜드의 내전은 아일랜드의 정세에 심각한 영향을 미쳤다. 1640년대의 10년은 아일랜드 역사에서 아주 참혹하고 비참한 시기였다. 아일랜드의 소작인들은 왕과 의회 간의 갈등으로 야기된 불안한 시국을 십분 이용하여 잉글랜드계 지주들에게 조직적으로 반기를 들었다. 급기야 1641년에는 잉글랜드계 지주 4,000여 명을 학살하는 '이주민 대학살(The Massacre of the Planters)' 사건이 발생했다. 이 사건은 아일랜드인이 야만적이고 잔인하다는 잉글랜드인의 오랜 고정관념을 재확인시키는 결과를 낳았고, 크롬웰의 무자비한 가톨릭 탄압을 정당화시켰다. 잉글랜드의 내전 기간에 아일랜드는 전체 가톨릭교도의 5분의 1에 해당하는 신교도들이 정치를 장악했다.

한편, 아일랜드의 토착민과 앵글로-노르만 가톨릭교도들(The Old English)은 1642년에 이른바 '킬케니 동맹(The Confederation of Kilkenny)'을 맺고, 아일랜드에서 가톨릭 세력의 회복을 희망하며 신교도 의회군에 대항하는 찰스 1세를 도왔다. 10년간의 반란 동안 수많은 사람이 아일랜드 땅에서 피를 흘렸다.

왕당파 군대를 무찌르고 찰스를 처형한 뒤, 의기양양한 의회군 지도자 올리버 크롬웰은 아일랜드로 건너가서 찰스 1세를 지원했던 왕당파 잔여세력을 몰아내고 이주민 대학살에 대한 보복을 감행하고자 했다. 1649년 8월 15일, 크롬웰은 자신의 신모범군 12,000명을 이끌고 더블린에 상륙한 뒤 곧바로 드로그헤다(Drogheda: 얼스터로 가는 길목)와 웩스퍼드로 진군해서 무차별 대량 학살(드로그헤다에서 3,000여 명, 웩스퍼드에서 3,000여 명, 총 6,000여 명)을 자행한 뒤, 국토 전역(특히 Cork, Kinsale, Bandon 지역)을 짓밟으면서 대다수 국민을 죽음의 공포로 떨게 했다. 이때 드로그헤다와 웩스포드 주민들이 겪은 크롬웰 군대의 잔학성은 그들의 기억에서 영원히 지울 수 없는 상처를 남겼다.

이후 크롬웰 군대의 야만적 행위에 대한 소문이 빠르게 퍼져나가자, 대부분 도시는 그의 군대가 접근해오면 아무런 저항도 하지 않고 항복했다. 따라서 1653년 5월 골웨이(Galway)의 최후 항복과 함께 크롬웰의 아일랜드 정복(9개월 동안)은 거의 완성되었다. 많은 아일랜드 토착민은 재산을 몰수당한 채 섀넌강 너머에 있는 황량하고 척박한 코노트 지역으로 추방되었다. '지옥으로 갈래 아니면 코노트로 갈래(To Hell or to Connaught?)'라는 말과 '크롬웰의 저주(The Curse of Cromwell)'라는 말이 생겨난 것도 바로 이때부터였다. 당시 코노트는 경작 가능한 땅이 적었고 가톨릭교도의 권리도 훨씬 제한적이었기 때문이다.


## 52. 크롬웰 치하에서의 아일랜드

크롬웰과 10년 이상 동안 피비린내 나는 전쟁을 치른 후 아일랜드는 또다시 폐허 상태가 되었다. 아일랜드는 영국 정부가 새로운 그림을 그려 넣을 이른바 빈 캔버스였다. 따라서 크롬웰 정부가 첫 번째로 시도한 것은 아일랜드에 남아있는 '원치 않는 사람들(undesirable people)'을 제거하는 것이었다. 하지만 아일랜드인들의 저항이 평정된 이후에 취해진 조치들은 예전처럼 그렇게 잔인하거나 무차별적이지 않았고, 반란에 가담한 사람들도 많은 수가 처형된 것은 아니었으며, 무기를 소지했던 사람들도 꽤 관대한 취급을 받았다. 그리고 3만 명 이상의 아일랜드 군인들이 유럽 대륙으로 이주하거나 외국 군대에 입대하는 것이 허용되었으며, 거지, 잔여 군인, 가톨릭 성직자들은 서인도 제도(The West Indies)처럼 멀리 떨어진 외지(外地)로 보내졌다. 크롬웰 정부가 유독 관심을 기울였던 것은 토지와 이로부터 파생될 수 있는 부(富)였다.

1652년 크롬웰 의회는 아일랜드의 토지를 정리하기 위한 목적으로 '아일랜드 이주법(Act for the Settling of Ireland)'을 통과시켰다. 또한, 크롬웰 군대에 물품을 납품하거나 돈을 빌려준 투기꾼들(Adventures: 아일랜드 반란군을 진압하는 전쟁 재정을 지원하기 위해 잉글랜드 정부에 돈을 선급한 사람들로, 아일랜드에서 몰수한 땅을 부여받을 권리를 가진 사람들)의 채무 변제를 위해 토지를 분배했으며, 윌리엄 페티 경[Sir William Petty, 1623~1687: 1623년 5월 26일 잉글랜드의 햄프셔(Hampshire)에서 출생했으며, 1643년 대륙으로 건너가서 의학과 수학을 전공하고, 귀국 후에는 옥스퍼드대학의 해부학 교수가 되었다. 1652년 크롬웰이 이끄는 아일랜드 파견군의 군의관(軍醫官)으로 종군하고, 이후 행정관으로서 아일랜드 반란군으로부터 몰수한 토지의 측량과 인구조사 등을 실시함으로써 유명세를 탔음]에 의해 22개 주(州)에 걸친 토지에 대해 광범위한 측량이 시행되었다.

이러한 연유로 토지의 소유 형태가 완전히 바뀌었다. 국토의 25% 이상인 200만 헥타르(1천 100만 에이커)의 땅이 몰수되어 크롬웰 지지자들의 수중으로 넘어갔고(당시 가톨릭교도의 토지 소유 비율: 1641년 59%, 1714년 7%), 인구는 조직적인 학살과 기근 그리고 역병으로 인해 50만 명으로 줄었다. 또한, 토착 가톨릭교도들은 도시에서의 삶을 박탈당한 채 시골로 내몰리거나 소작인으로 전락했으며, 국가의 행정에도 일체 관여할 수 없게 되었다. 결국, 아일랜드의 부와 정치권력은 영국 정부에 충성하는 신교도 지배 체제로 완전히 넘어갔으며, 대부분 가톨릭교도는 자신들의 땅을 되찾을 수 없게 되었다.


## 53. 잉글랜드의 명예혁명, 보인 전투

1685년 잉글랜드의 찰스 2세가 후사 없이 세상을 떠나자, 그의 동생 제임스 2세(James II, 재위 1685~1689)가 왕이 되었다. 제임스 2세는 의회를 무시하고 세금을 부과했으며, 절대군주제와 가톨릭의 복원을 시도하다 의회와 국민으로부터 지탄을 받게 되었다. 따라서 1688년 휘그당(The Whigs, Whig Party: 의회 쪽 의견을 옹호하는 파로 제임스 2세를 폐위시키고자 했음)과 토리당

(The Tories, Tory Party: 국왕 쪽 의견을 옹호하는 파로 왕의 특권을 인정하고자 했음)이 연대하여 제임스 2세를 축출하고, 네덜란드로 출가한 제임스의 신교도 딸 메리(Mary)와 그녀의 남편 오렌지 공(公) 윌리엄(William, Prince of Orange)을 추대하여 메리 2세(Mary II, 재위 1689~1694)와 윌리엄 3세(William III, 재위 1689~1702)를 잉글랜드의 공동 왕위를 잇도록 했다. 이 사건은 피 한 방울 흘리지 않은 채 왕권교체를 이루었다 하여 '무혈혁명(The Bloodless Revolution)' 또는 '명예혁명(The Glorious Revolution, 1688년)'이라 불린다.

명예혁명으로 폐위된 잉글랜드의 왕 제임스 2세는 1689년 프랑스로 망명했으나 이후 아일랜드로 가서 망명 의회를 구성했다. 그는 아일랜드에서 군대를 모아 잉글랜드의 의회가 임명한 신교도 왕 윌리엄(William III, 1689~1702)으로부터 빼앗긴 왕위를 되찾고자 했다. 제임스 2세는 3월에 킨세일(Kinsale)에 도착한 뒤 곧바로 북쪽에 있는 더블린으로 향했다. 여기에서 아일랜드 의회는 그를 왕으로 인정했고, 제임스는 몰수된 토지를 가톨릭 지주들에게 되돌려 주고자 했다. 이 목적을 위해 제임스의 군대는 런던데리(Londonderry) 시(市)를 포위한 뒤 공격했다.

이 포위 공격은 1690년 4월부터 7월까지 지속되었는데, 1690년 6월 윌리엄이 직접 300척의 함대를 이끌고 벨파스트에 도착했다. 105일간의 포위전에서 시민 3만 명 중 1/4이 굶어 죽었다. 이후 아일랜드의 신교도들 사이에서 '항복은 없다!(No Surrender!)'라는 구호가 나돌게 된 것은 이 포위 공격 때문이었다.

곧이어 스코틀랜드 출신의 제임스가 이끄는 아일랜드의 가톨릭 군대 (2만 5,000명)와 네덜란드 출신의 윌리엄이 이끄는 영국의 신교도 군대(3만 6,000명)가 7월 12일 라우스(Louth) 주(州) 보인 강(The Boyne River)에서 '보

백마를 타고 있는 빌리 왕의 모습

인 전투'(The Battle of the Boyne)를 벌였다. 치열한 전투 끝에 결국 제임스
가 패해 그는 자신의 군대와 함께 또다시 망명길에 올랐다. 이로써 윌리엄
의 군대는 심리적인 면에서나 전략적인 면에서 완벽한 승리를 거두었다.
이날 거둔 윌리엄의 승리는 역사의 전환점으로 기록되고 있으며, 오늘날
까지도 북아일랜드의 신교도들 사이에서 '교황과 가톨릭'에 대항해서 거둔
가장 중요한 승리로 기념되고 있다.

이 사건은 지금으로부터 330여 년 전에 발생했지만, 이는 역사의 처절

한 현장으로 얼스터 지역에서는 지금도 여전히 기억되고 있다. 신교도들은 오늘날도 자신들을 '오렌지 사람들(Orangemen: 오렌지공 윌리엄을 본뜬 명칭)'이라 부르며, 매년 가톨릭 군대에 대항해서 거둔 윌리엄의 승리를 깃발을 들고 퍼레이드를 벌이며 경축하고 있다. 지금도 벨파스트에 있는 연립주택의 벽면에는 당시 '빌리 왕(King Billy)'으로 불리던 윌리엄과 그가 탔던 백마(白馬)의 모습이, '항복은 없다'라는 구호와 함께 그려져 있다. 또한, '보인 전투' 기념일인 매년 7월 12일경에 북아일랜드 신교도 마을을 방문하면 형형색색의 벽화 속에 묘사된 주요 전투장면들을 볼 수 있다.

리머릭(Limerick: 바이킹 시대에 건설된 도시로서 아일랜드에서 세 번째로 큰 도시임)은 또 다른 치열한 격전의 현장이었다. 이 전투에 대한 기억 또한 아일랜드인들의 뼛속 깊이 사무쳐 있다. 1691년에 이른바 '리머릭 조약(The Treaty of Limerick: 군사적 조항과 민간 부문의 조항으로 이루어짐)'이 조인됨에 따라, 1만 4,000여 명에 달하는 아일랜드의 가톨릭 무장 군인들은 '기러기(The Wild Geese)'가 되어 아일랜드 땅을 영원히 떠났다(군사적 조항에 따라서). 리머릭에 남아 끝까지 그 지역을 사수한 이들은 생업에 계속 종사할 수 있는 권한과 종교적 자유를 얻었지만(민간 부문의 조항에 따라서), 이 약속은 '조인서의 잉크도 마르기 전에' 교묘한 방법으로 파기되었다. 이후 얼마 되지 않아 가톨릭교도들의 아일랜드 토지 점유율은 전체 토지의 7분의 1 이하로 줄어들었고, 더욱 악랄한 조치들이 뒤따랐다. 이제 잉글랜드의 아일랜드 정복은 거의 완벽에 가까웠다.

## 54. 형법

가톨릭 무장 군인들이 아일랜드를 떠난 후 아일랜드 의회는 신교도들로만 구성되었다. 이후 모든 가톨릭교도는 아일랜드 교회에 십일조를 내야만 했으며, 상거래 역시 엄격하게 금지되는 등 아일랜드인에 대한 속박이 한층 강화되었다. 지배계층은 아일랜드에 대한 항구적 지배를 영국의 힘에 의존하는 이주자들로, 비록 그들 자신에게는 해가 되는 일일지라도 잉글랜드가 하자는 대로 할 수밖에 없었다. 노르만계 영국인들과 달리 새 지배계층은 아일랜드인들과 유대가 별로 없었다. 따라서 인종분리 정책을 유지하는 것만이 그들의 지배 체제를 공고히 하는 길이었다. 인종분리 정책은 이른바 '형법(The Penal Laws)'으로 알려진 일련의 법들을 통해 시행되었고, 이법은 당시 유럽 곳곳에서 전투를 수행하던 가톨릭계 용병들이 아일랜드로 귀환할지도 모른다는 우려로 한층 더 강화되었다. 여타의 유럽지역에서 벌어지던 위그노(Huguenots: 16~17세기의 프랑스 신교도)와 기타 신교도 집단에 대한 박해 소식 또한 이러한 법 조항의 강화에 일조했다.

가톨릭교도들의 토지 소유와 공직의 취업을 금하는 극악한 '형법'이 1695년부터 효력을 발하기 시작하면서, 아일랜드인들은 정치적·종교적 차별을 받아야만 했다. 이 '형법'은 가톨릭교도가 지배 체제로 편입하지 못하게 할 필요가 있다고 판단되는 지역들에서 시행되었다. 이 법에 따라 가톨릭교도들은 투표권도 없고, 토지를 소유하거나 고위직에 오를 수도 없었으며, 입대(入隊), 하프 연주, 심지어 5파운드 이상의 값어치가 나가는 말(horse)을 소유하는 것도 철저히 금지되었다. 또한, 가톨릭을 근절하기 위해 아일랜드의 문화와 음악 그리고 교육이 금지되었다. 따라서 가톨릭교도 대부분은 '산울타리 학당(Hedge School)에서 교육을 받았으며, 미사도 시골에 있는 '미사 바위(Mass Rock)'와 같은 은밀한 장소에서 행해졌다. 모든 전문 직업인들은 신교에 충성 서약을 해야만 했으며, 위임을 받은 관리와 의회 의원들 역시 그러했다. 가톨릭의 세력이 남아있는 다른 지역에서도 토지의 소유권은 신교도에게 있었다. 이로 인해 가톨릭교도가 땅을 매입하거나 장기간 임차를 못 하게 하는 법도 제정되었다. 법률가 같은 전문 인력과 지주들은 자신들의 지위와 재산을 보전하기 위해 신교로 개종했는데, 종교보다는 계급적 특권과 토지 소유가 더 중요했기 때문이다. 토지는 계속해서 신교도들의 수중으로 넘어갔고, 대다수 가톨릭교도는 만성적 가난에 시달리며 비참한 생활을 영위하는 소작인으로 전락했다. 1778년경에 가톨릭교도들은 전국 토지의 5%만을 소유하고 있었다. 이때 수많은 아일랜드인이 미국으로 이주했는데, 미국을 일종의 낙원으로 생각했기 때문이다.

당시에 신교도들이 실질적인 경제적 혜택을 누렸는지 아닌지는 논란의 여지가 있지만, 가톨릭교도들의 토지 소유를 제한하는 이러한 조치들로 인해 아일랜드 소작인의 삶이 가톨릭교도가 지주일 때보다 더욱 피폐해지고 힘들어졌다는 것은 의심의 여지가 없다. 이 형법은 1778년과 1782년에 각각 개정되었으며, 이로 인해 적지 않은 수의 가톨릭교도들이 토지를 소유할 수 있는 길이 열렸다.

# 제7장
# 18세기·19세기 역사

IRELAND

## 55. 아일랜드 민족주의의 대두

18세기 들어 아일랜드의 도시지역은 영국의 식민통치를 받는 와중에도 경제적 · 문화적으로 번창 일로에 있었다. 당시 영국의 2번째 도시 더블린 은 인구가 5만여 명에 달했으며, 유럽에서 가장 부유하고 세련된 도시 중 하나였다. 대부분 건물도 1세기 이상 영국을 통치했던 왕조 이름을 본떠 '조지 왕조 양식(Georgian Style, Neoclassical Style)'으로 지어졌다. 그런데도 '페일 지역(영국의 통치 지역으로 더블린 인근 지역을 의미함)' 밖에서는 연일 반란이 끊이질 않았으며, 지배계층의 탐욕과 하층민의 불화는 점점 더 억압적인 식민정책을 부추겼다.

한편, '이성의 시대(The Age of Reason)', '상식의 시대(The Age of Common

Sense)'로 통용되던 18세기는 존 로크(John Locke, 1632~1704)의 자연법사상, 뉴턴(Isaac Newton, 1641~1727)의 기계론적 우주관, 데이비드 흄(David Hume, 1711~1776)의 인식론(認識論), 루소(Jean Jacques Rousseau, 1712~1778)의 사회 계약론, 토머스 페인(Thomas Paine, 1737~1809)의 상식론 등에 영향을 받아 이성의 힘과 인간의 무한한 진보를 믿고, 현존 질서의 타파로 사회개혁을 꿈꾸던 합리주의와 계몽주의 철학이 흥행하던 시기였다. 이러한 사상들은 아일랜드인에게도 자유와 독립에 대한 열망을 싹틔우게 했으며, 미국의 독립전쟁(American War of Independence, 1775~1783)과 프랑스 대혁명(French Revolution: 1789년 7월 14일부터 1794년 7월 28일에 걸쳐 일어난 프랑스의 시민혁명)은 아일랜드인들에게 독립과 혁명 사상을 고취했다.

우선, 미국의 독립전쟁은 아일랜드의 정세에 큰 영향을 미쳤다. 독립전쟁은 신교도 지배계층의 자치 정부에 대한 열망을 자극했다. 따라서 이러한 여파와 헨리 그래탄(Henry Grattan, 1746~1820)의 노력으로 더블린 의회는 1782년부터 다소 제한적이긴 했지만 명실상부한 독립적 지위를 인정받았다. 두 번째로, '자유, 평등, 박애'를 기치로 내건 프랑스혁명 역시 아일랜드의 정치에 많은 영향을 미쳤다. 이 때문에 아일랜드인들은 "자유의 나무가 아메리카 대륙에서 싹이 트고, 프랑스에서 꽃을 피웠으며, 마침내 아일랜드에서 씨앗이 뿌려졌다(The Tree of Liberty sprouted in America, blossomed in France, and dropped seeds in Ireland.)"라고 말했다. 따라서 가난하고 억압받던 아일랜드인들이 점점 정치적 목소리를 내기 시작함에 따라, 아일랜드의 독립 문제는 더 이상 종교적 문제가 아닌 정치적 색채를 띠게 되었다.

프랑스 대혁명과 토머스 페인의 저서 『인간의 권리(Rights of Men)』는 당시 아일랜드의 애국지사이자 신교도였던 테오발드 울프 톤(Theobald

Wolfe Tone, 1763~1798)에게 지대한 영향을 미쳤다. 그는 가톨릭교도와 신교도의 연합전선 구축을 위해 1791년 「아일랜드의 가톨릭을 위한 논쟁(An Argument on Behalf of the Catholics of Ireland)」이라는 팸플릿(pamphlet)을 썼으며, '아일랜드 연맹(The United Irishmen)'이라는 단체를 결성했다. '아일랜드 연맹'은 개혁을 위해 다양한 신념을 가진 사람들을 결속시키고, 무력을 이용해서 영국과의 관계를 청산하며, 아일랜드인이라는 공통의 이름으로 신교도, 가톨릭교도, 비(非)국교도의 통합을 꾀하는 일종의 비밀결사 조직이었다. 그러나 정치에 직접 개입함으로써 세력을 확보하고자 했던 이 단체의 노력은 결국 수포가 되고 말았다.

1793년 영국과 프랑스 사이에 전쟁이 발발하여 영국 정부의 탄압을 받게 되자, '아일랜드 연맹'의 구성원들은 더 이상 이 단체에만 안주할 수 없었다. 그들은 온갖 수단을 동원하여 변화를 도모할 수 있는 지하 조직을 다시 결성했다. 울프 톤은 당시 영국과 전쟁을 벌이고 있던 프랑스의 혁명 정부에 도움을 요청했다. 보수적인 신교도들은 나중에 '오렌지 단(團)(The Orange Order)'으로 알려진 '오렌지 결사(The Orange Society)'를 조직해서 장차 일어날지도 모를 충돌에 미리 대비코자 했다.

1796년, 울프 톤과 1만 5천여 명의 병사를 태운 프랑스 함대(50척)가 코크(Cork) 주(州)에 있는 밴트리만(Bantry Bay)을 향했다. 그러나 해안의 역풍과 궂은 날씨 때문에 상륙할 수가 없었다. 실의에 빠진 울프 톤과 함대는 결국 프랑스로 되돌아가야만 했다. 영국 정부와 더블린 성(Dublin Castle: 아일랜드 행정부 청사 건물) 행정부는 안도의 숨을 내쉬었다. 실로 일촉즉발(一觸卽發)의 순간이었다.

상황이 이렇게 되자 영국 정부는 조직적으로 비밀결사 구성원 색출작업에 나섰다. 무차별적인 체포와 구금, 인정사정없는 매질과 고문은 마침내 1798년 5월 무장 민중봉기를 일으켰다. 더블린, 웩스퍼드(Wexford), 앤트림(Antrim), 다운(Down) 등 아일랜드의 각지에서 봉기한 독립군은 영국군을 공격했다. 특히, 존 머피(John Murphy) 신부가 이끄는 웩스퍼드 주민들(2만여 명)이 가장 격렬하게 저항했다. 6주 동안 양측에서 3만 명 이상이 목숨을 잃었다. 아일랜드를 상징하는 녹색 모자를 쓴 독립군은 한때 승승장구하여 아일랜드의 남부를 거의 장악했으며, 웩스퍼드에서는 3주 동안 공화국을 세우기도 했다. 이처럼 반란군이 크고 작은 승리를 거두긴 했지만, 웩스퍼드 주(州) 에니스코시(Enniscorthy) 외곽에 있는 비네거 힐(Vinegar Hill)에서 패해 지휘부가 붕괴되면서 독립전쟁은 실패로 끝나고 말았다.

집요한 울프 톤은 또 다른 프랑스 함대를 이끌고 1798년 뒤늦게 귀환했으나, 역시 바다에서 패하고 말았다. 그는 생포되어 더블린으로 이송되었는데, 후에 교도소에서 자살했다. 이로써 '아일랜드 연맹'의 활동도 막을 내리게 되었다.

민중봉기가 잇따르자 크게 불안을 느낀 신교도 지배계층은 영국 정부에 도움을 요청했다. 마침내 영국 정부는 1800년 '연합법(The Act of Union)'을 제정한 뒤, 이듬해 아일랜드 의회를 해산하고 영국 의회가 직접 통치를 시작함으로써 아일랜드를 영국의 정식 속국으로 만들었으며, '그레이트 브리튼과 아일랜드 연합왕국(The United Kingdom of Great Britain and Ireland)'이 탄생했다. 헌법상 이 합병은 1912년까지 지속되었으며, 이 기간에 수많은 반란이 일어나 다수의 영웅과 순교자가 배출되었다. 또한, 이들의 이야기는 오늘날 아일랜드 문화의 내면을 구성하는 신화, 전설, 민요, 노래 등으로 재탄생했다[아일랜드의 국민 시인 토머스 무어(Thomas Moore, 1779~1852)는 아일랜드 연맹이 주도했던 독립전쟁에 참전했다가 전사한 소년의 사연에서 영감을 받아 시를 썼다. '소년 악사'라는 제목으로 알려진 「민스트럴 보이(The Minstrel Boy)」는 시를 읽고 하프를 탔던 소년의 비극적 죽음을 노래하고 있다〕. 당대 난세(亂世)의 영웅 중 한 사람이 다니엘 오코넬(Daniel O'Connell, 1775~1847)이다.

## 56. 가톨릭 해방의 영웅 다니엘 오코넬

영국의 사회주의 사상가 윌리엄 고드윈(William Godwin, 1756~1836)의 영향을 받은 인본주의자 오코넬은 1775년 케리(Kerry) 주(州) 캐허시빈(Cahersiveen)에서 가톨릭 소지주의 아들로 태어났다. 반 가톨릭 법에 따라 국내에서 교육을 받을 수 없었던 오코넬은 프랑스에서 교육을 받으면서 자연스레 프랑스 대혁명의 참상을 목격했다. 아일랜드에서는 '1798년 민중봉기'의 유혈사태를 지켜보면서, 1798년 법조계에 입문하여 아일랜드에서 가장 빠르게 성공한 법정 변호사(barrister)가 되었다. 그는 변호사 개업과 동시에 정치적 경력을 쌓기 시작했으며, 1814년부터 그가 사망한 1847년까지 아일랜드의 대표적인 정치가였다. 또한, 그는 프랑스에서 과격한 '프랑스 대혁명'과 '아일랜드인 연합단체(The Society of the United Irishman)'의 '1798년 민중봉기'를 지켜보면서 자랐기 때문에 폭력을 싫어했으며, 정치적 목적을 달성하기 위해 평화적이고 합법적인 수단과 대중 집회 및 연설을 능수능란하게 활용할 줄 아는 타고난 개혁가였다. 따라서 그는 유럽에서 최초로 민중에 의한 민주주의 운동을 펼쳤다.

그는 1823년 가톨릭교도의 정치적 평등을 이루기 위해 이른바 '가톨릭

협회(The Catholic Association)'를 결성했는데, 이 단체는 곧이어 대규모 평화 시위와 행동을 개시할 수 있는 기구가 되었다. 1826년 치러진 총선거에서, 이 단체는 가톨릭교도 해방을 주장하는 신교도 후보들을 지지함으로써 저력을 과시했다. 뿐만 아니라 오코넬은 1828년 가톨릭교도로서 클레어(Clare) 주(州) 하원 의원으로 선출됨으로써 영국 정부를 곤경에 빠뜨리기도 했다.

그의 활약에 힘입어 마침내 1829년 다수 하원 의원의 지지를 받은 '가톨릭교도 해방 법(The Act of Catholic Emancipation)'이 통과되었다. 이후 몇몇 부유한 가톨릭교도는 투표권과 하원 의원에 출마할 수 있는 피선거권을 얻었고, 가톨릭 주교와 대주교의 지위도 인정받았으며, 오코넬은 민족의 '해방자(the Liberator)'로 추앙받았다.

'가톨릭교도 해방 법'이 통과됨으로써 하나의 목적을 달성한 오코넬은, '연합법 폐지 운동(The Union Repeal Movement)'을 통해 가톨릭교도 하원 의원이 포함되는 아일랜드 의회를 되찾고자 했다. 따라서 그는 1840년 '연합 철회 협회(Repeal Association)'를 창설했는데, 이 기구도 '가톨릭 협회'가 취했던 방식대로 운영되었다.

1843년 오코넬은 아일랜드 전역에서 50만 명(대략 50만 명과 75만 명 사이의 숫자로 추정되지만 100만 명으로 알려지기도 함)의 사람들이 그의 연설을 듣기 위해 타라 언덕(The Hill of Tara)에 모여든 이른바 '몬스터 집회(Monster Meeting: 아일랜드에서 가장 큰 규모의 집회)'를 개최하여 연합법 철회를 지지하는 대규모 군중 집회를 주도했다. 그는 이러한 집회가 영국 정부를 위협함으로써 아일랜드 의회를 쉽게 되찾고, 연합 철회에 대한 영국 의회의 반전을 기대할 수 있을 것으로 생각했다.

이후 마지막 집회는 1843년 10월 8일 더블린 교외에 있는 클론타프 (Clontarf: 1014년 먼스터의 왕 브라이언 보루가 바이킹족을 물리치고 승리를 거둔 곳)에서 열리기로 예정되었는데, 영국 정부는 이를 미리 알고 집회가 열리기 불과 몇 시간 전에 이를 금지했다. 오코넬도 내심 영국 정부와의 유혈 충돌은 원치 않았기 때문에 영국 정부가 예상한 대로 평화와 공공질서의 유지라는 명분으로 집회를 취소했다. 이 사건은 아일랜드의 정치사에서 오코넬의 영향력이 사라지는 것을 의미했다. 그는 이 마지막 집회가 실패한 이후 과연 무엇을 어떻게 할 것인지를 거의 알지 못하는 듯했다.

따라서 능력과 정치적 수완이 뛰어난 오코넬에게 꿈과 희망을 걸었던 다수의 추종자는 이제 그를 버리기 시작했다. 오코넬은 선동적인 음모를 꾸몄다는 죄목으로 1844년 체포되어 잠시 복역한 뒤 석방되었다. 이후 그는 평화주의가 실패한 것에 회의를 느낀 나머지 무력과 폭력의 사용을 지지하는 '아일랜드 청년당[The Young Irelander: 각계각층의 20대 청년들로 구성된 단체로 '청년 아일랜드 운동(The Young Ireland Movement)'을 통해 조국의 독립을 쟁취하고자 했음]'과 종종 마찰을 빚었으며(청년 아일랜드 운동원들은 처음에는 오코넬을 강하게 지지했지만, 1846년 오코넬이 무력의 사용을 금하자 이후부터는 불화를 빚음) 끝내 이전의 영향력을 회복하지 못한 채, 1847년 로마로 가는 도중에 제노바(Genoa)에서 생을 마감했다.

오코넬의 노력은 결국 실패로 끝나고 말았다. 그의 행동이 민족의 자각심을 불러일으킨 것은 사실이지만, 영국의 힘에 대항하여 자신의 의지를 실행에 옮길 만반의 준비가 되어있지 않았다. 그는 교회 문제에서도 쉽게 굴복했으며, 영국의 강권 통치에 대항하는 저항 의지가 부족해 결국 운동권을 분열하게 했다. 또한, 영국에 대항하기 위해 폭력적 수단을 이용하는

또 다른 조직이 결성되는 빌미를 제공하기도 했다. 하지만 그의 이상(ideals)
과 공적(功績: 민중 조직 결성과 비폭력 평화운동)은 크게 인정 받아 아일랜드 영
웅 신화의 일부가 되었다. 그리고, 아일랜드 독립 이후 원래 '샤크빌 거리
(Shakville Street)'로 불리던 더블린의 번화가는, 그를 기념하기 위해 '오코넬 거
리(O'Connell Street)'로 명칭이 바뀌었고, 오늘날까지도 그렇게 불리고 있다.


## 57. 대기근

19세기 아일랜드 역사는 1845년부터 1851년까지 지속된 '대기근'과 그
여파에 대한 기록이다. 이 기간에 아일랜드는 유례없는 대기근을 겪어야
만 했다. 그것은 전반적인 빈곤, 인구과잉, 그리고 감자에 대한 지나친 의
존 때문이었다. 아일랜드어로 '고르타 모르'(Gorta Mór: Great Famine, Great
Hunger)라고 불리는 이 사건은 유럽 역사상 가장 참혹한 사건이자, 19세기
최악의 인재(人災)였다. 또한, 유럽 농업 역사상 가장 혹독한 기근이었고, 인
류 역사상 가장 참혹한 비극이었다. 이러한 기억의 이면에는 아일랜드인의
영국에 대한 혐오와 반감이 자리하고 있다.

아일랜드는 전통적으로 농업 국가였다. 전 유럽으로 번지던 산업혁명조
차 대기근 동안 이 땅에는 아직 미치지 못했다. 아일랜드는 늘 영국의 곡창
지대 역할을 했으며, 인구의 70%를 점유했던 농민들은 거의 모두가 자기
땅이 없는 소작농이거나 영세 농가였다.

한편, 아일랜드의 인구는 가톨릭 국가의 특성상 가족계획의 금지로 인해
18세기와 19세기에 걸쳐 꾸준히 증가했다. 당시 대다수 소작농은 값비싼

임대료를 내기 위해 밀, 보리, 귀리 같은 환금성(換金性) 작물을 재배했지만, 자신들의 생계를 위해서는 보관이 힘든 감자에만 의존하고 있었다.

1845년 무렵에 급격하게 늘어난 빈민층이나 농촌 사람들의 주식(主食)은 대부분 감자였다. 8월부터 이듬해 5월까지 남녀노소 600만 명이 아침, 점심, 저녁 세끼를 모두 감자로 때웠다. 한 사람이 하루에 먹는 감자의 양은 대략 3~6kg이었다. 삶아서 먹고, 구워서 먹고, 버터밀크와 양파를 섞어 으깨 먹기도 했다. 케이크, 빵, 수프 재료도 감자였다. 사람뿐 아니라 돼지, 소, 닭들도 감자를 먹고 살았다. 그런데 1845년 감자 농사가 흉작이어서 대재앙이 발생한 것이다.

1845년 여름 어느 날, 벨기에(Belgium)의 앤트워프항(Antwerp Port)에서는 인부들이 신대륙발(發) 화물선의 감자를 내리고 있었다. 비가 자주 내려서인지 예년보다 더위도 심하지 않아 일하기에 딱 좋은 날씨였다. 씨알이 굵은 감자를 보자 벌써 배가 부르다는 농담에 웃음꽃이 활짝 피었다. 이날이 비극의 시작임을 예감한 사람은 아무도 없었다. 하지만 얼마 뒤 아일랜드에서는 감자 잎이 검게 변하고 씨알이 썩어들어가는 소위 감자 잎마름병 [potato blight: '파이토프토라 인페스탄스(Phytophtora Infestans)'의 변종인 'HERB-1' 진균(fungus)]이 들불처럼 번졌다.

감자의 푸른 줄기들이 쑥쑥 꽃잎을 밀어내고 있을 때였다. 이때 갑자기 하늘에서 뜨거운 비라도 내린 듯 온 들판의 감자들이 쓰러져 누웠다. 하룻밤 사이에 까닭 모를 전염병이 돌아 감자밭이 검게 변해 버렸다. 어제까지만 해도 싱싱했던 감자 잎들이 하룻밤 사이에 말라비틀어지고, 600만 명의 아일랜드인들에게 사실상 유일한 식량인 감자가 몽땅 썩어버린 것이다. 당시 감자와 귀리의 손실은 대략 6백만 파운드로 추산되었다. 농부들은 이 재

감자 대기근

앙의 원인을 도대체 알 수가 없어 하늘만 쳐다보았고, 그 사이 감자는 뿌리까지 썩어들어 갔다. 이 병은 허리케인(hurricane)처럼 메이요(Mayo), 슬라이고(Sligo), 골웨이(Galway), 코크(Cork) 등 서남부해안 지방을 삽시간에 강타하더니, 내륙을 거쳐 동쪽으로 빠져나가면서 기세가 조금씩 약화되기 시작했다.

이 기근에 가장 큰 피해를 본 곳은 '겔탁트(Gaeltacht: 게일어 사용 지역)'였다. 먹을 것이라고는 감자밖에 없었던 사람들이 속절없이 쓰러져갔다. 사람들은 자기 집에서 굶어 죽거나 집에서 내쫓긴 채로 벌판이나 거리에서 죽어갔다. 때로는 지주의 집 앞에서도 죽었다. 지주들의 풍성한 식탁과 먹고 마시고 즐기는 그들의 파티를 바라보면서 원망과 탄식 속에서 죽어갔다. 일부 지주들은 소작인들을 위해 큰 노력을 기울이기도 했지만, 대부분 지주는 소작인들에 대한 책임을 구호기관에만 맡긴 채 그들을 쫓아내기에 바빴다.

아일랜드의 민족주의자 존 미첼(John Mitchel, 1815~1875)은 "감자를 망친 것은 물론 신이었다. 하지만 그것을 대기근으로 바꾼 것은 영국인들이었다"라고 말했으며, 당시의 경험을 자신의 저서 『감옥 일기(Jail Journal)』에 다음과 같이 기록하였다.

> 먹을 것과 희망을 잃은 사람들은 마지막으로 태양을 한 번 쳐다본 후,
> 누추한 초가의 문을 만들었다. 자신들이 죽어가는 모습과 신음을
> 남들이 보거나 듣지 않게 하기 위해서였다.
> 이후 몇 주가 지나고 나면 난롯가에서 해골만 발견되었다.

또한, 전염병이 창궐(猖獗)했다. 굶주림을 잘 견디던 사람들조차 결국 발진티푸스, 장티푸스, 콜레라, 이질, 괴혈병 등과 같은 전염병에 걸려 생명을 잃었고, 이 질병들은 아사자(餓死者)들보다 많은 사람을 희생시켰으며, 시체들이 여기저기서 부패하여 심한 악취를 풍겼다.

이 기간에 흉작은 오직 감자뿐이었다. 소작인들이 굶어 죽어가고 있는 동안에도 밀, 보리, 귀리는 풍작을 이루었다. 이들을 재배한 지주와 영국 상인의 창고엔 곡식 자루가 가득 쌓여 있었다. 또한, 수십만 명이 죽어가는 동안에도 아일랜드의 각 항구에는 연이어 수출용 배가 떠나가고 있었다. 아일랜드에서 생산된 밀, 보리, 귀리, 옥수수, 그리고 최상의 양모(羊毛, wool)와 섬유는 다른 나라도 아닌 영국으로 실려 나가고 있었다.

수출품이 배에 실리는 동안 영국 정부는 보호법을 발동하여 야간 통행을 금지했고, 군인과 경찰들이 삼엄한 경계를 펴서 선적(船積)을 보호했으며, 매년 그렇게 실려 나간 알곡의 양은 평균 225만 톤으로, 이는 아일랜드의 모든 인구를 넉넉히 먹여 살릴 수 있는 충분한 양이었다.

이때 수입된 곡물은 단지 배 한 척의 인디언 옥수수뿐이었다. 물론 미국으로부터 가끔 구호 곡물 선(船)이 들어오기도 했다. 이 곡물 선박이 아일랜드의 항구에 정박하면 선원들은 아일랜드의 식량이 다른 나라로 실려 나가는 수척의 배를 목격할 수 있었고, 이때 그 배를 타고 온 미국의 어느 평화 운동가는 다음과 같이 울부짖었다.

사람이 죽어가는 나라에 들어오는 곡식보다 빠져나가는 곡식이 더 많다. 이 아사(餓死)의 집단 학살은 자연재해가 아니라 인재(人災)이다. 사람이 사람을 죽이고 있다!

이처럼 아이러니한 대기근 동안 지주에게 저항하고, 푸성귀나 찌꺼기라도 건지려고 이미 수확을 끝낸 텅 빈 밭을 헤매며, 날마다 몇 km씩 걸어가 중노동을 해도 푼돈밖에 받지 못해 '무료 급식소(Soup Kitchen: 수프 공급센터)'에서 수프를 얻어먹는 사람이 대부분이었고, 한 끼니는 확실히 보장된 교도소에 끌려가려고 일부러 죄를 짓는 사람들도 부지기수였다. 당시 노임으로는 다음 날 일할 힘을 챙기기에도 역부족이었다. 무료 급식소들은 이들의 배를 어느 정도 채워주기는 했지만, 굶주리는 이들의 지속적인 생계 대책은 되지 못했다. 구호기관의 공간 부족 현상 또한 전염병의 발병에 일조하여 많은 이들의 목숨을 앗아갔다.

## 58. 대기근의 여파

고통과 슬픔으로 점철되었던 참혹한 7년의 기근이 끝나던 해인 1851년 아일랜드의 땅은 완전히 폐허가 되었다. 1845년 인구조사에 의하면 당시 아일랜드의 인구는 800만 명에 달했다. 그러나 1845년부터 1851년까지 지속된 대기근으로 인해 대략 100만 명이 굶주림 혹은 이질, 티푸스, 콜레라 등과 같은 전염병으로 죽어 나갔다. 또 다른 100만 명은 살길을 찾아 머나먼 이주 길에 오르기 전날 밤 가족 및 친구들과 '아메리칸 경야(American Wake: 아일랜드의 장례 전통에서 생겨난 송별회)'를 보낸 뒤, 당시 '관선(官船: coffin ship, famine ship, 주검의 배)'으로 불리던 낡은 배에 몸을 싣고 영국, 호주, 뉴질랜드, 캐나다, 미국 등지로 떠났다. 배에 이와 같은 이름이 붙게 된 연유는, 승선한 사람들의 약 20%가 항해 중 사망했기 때문이다. 당시『런던 타임스(London Times)』는 "머지않아 아일랜드에서 사는 아일랜드인의 수는 미국에서 사는 인디언만큼이나 드물게 될 것이다"라고 보도한 바 있다. 오늘날 아일랜드 인구는 640만 명(남아일랜드 460만, 북아일랜드 180만)으로 아직도 대기근 이전의 수준을 회복하지 못하고 있다.

이때 사람들은 수천 년 동안 사용해오던 아일랜드어(게일어)를 버렸다. 신으로부터는 믿음, 정치적으로는 애국심, 그리고 가정에서는 화목을 안겨주었던 그들 고유의 언어를 말이다. 영국인들이 영어를 사용하라고 강요할 때에도, 부자나 지주들이 영어를 잘 구사하여 그들의 부를 보장받을 때에도 버리지 않고 지켜오던 언어였으나, 기근과 아사 앞에서 더는 지켜낼 여력이 없었던 것이다.

1800년 아일랜드에서는 2백만 명이 아일랜드어를 사용했고, 1백 50만 명이 아일랜드어와 영어를 사용했으며, 1백 50만 명은 영어만을 사용했다. 하지만 1845년부터 1851년 사이의 대기근으로 인해 아일랜드어를 사용하는 인구가 급감했으며, 1891년에는 전체 인구의 3.5%만이 아일랜드어를 사용했다.

대기근 자체는 지진이나 해일과 같은 자연재해였다. 하지만 분명한 것은 아일랜드에 대한 영국의 정책이 상황을 더욱 악화시켰다는 점이다. 당시 영국은 전 세계 땅덩어리의 1/4 지역(3,300만km²)에 광대한 식민지를 개척하여 '해가 지지 않는 제국(An Empire under the Sun)'으로 군림했으며, 지구상에서 가장 부유한 국가였다. 하지만 영국 정부는 자유 방임 경제정책, 인종 편견, 종교적 갈등 등으로 아일랜드인의 곤경에 눈을 감았으며, 당연히 했었어야만 할 적절한 조치를 취하지 않았다.

이와 같은 이유로 영국에 비판적 시선을 가진 아일랜드인은, 영국 정부가 "1800년부터 1845년까지 45년에 걸쳐 두 배로 증가한 인구를 격감시키기 위해 재앙을 십분 활용했다"라고 주장한다. 또한, 이들은 1845년부터 1851년까지 벌어진 재해를 자연재해로서의 '기근(Famine: 흉년으로 먹을 양식이 모자라서 굶주리는 것)'이 아닌 인재(人災) '고르타 모르(Gorta Mór: Great Hunger, 굶주림, 기아)'로 칭한다. 따라서 이 사건은 이후로 아일랜드인이 영국 정부와 영국인들에 대해 가슴속에 영원히 지워지지 않는 적대감, 증오심, 그리고 한(恨)을 품는 계기가 되었다.

대기근에 대한 기억은 아직도 아일랜드인들의 영혼 깊숙이 사무쳐 있으며, 수많은 소설, 발라드, 시, 노래(최근에 시네이드 오코너는 「기근」이란 타이틀로 된 노래들을 부르고 있음) 형식으로 아일랜드인의 '문화적 기억' 속에 살아있다. 또한, 대기근 발생 150주년을 기념하기 위해 1994년에 로스코먼

(Roscommon) 주(州)의 스트록스타운 파크 하우스(Strokestown Park House)에 세워진 '대기근 박물관(The Irish National Famine Museum)'은 지금도 아일랜드인들에게 무언의 교훈을 전해주고 있다.

감자 대기근 이후 160년의 세월이 흐른 지난 2013년 영국과 독일 연구진이 아일랜드 대기근의 원인을 찾아냈다. 범인의 학명(學名)은 '파이토프토라 인페스탄스(Phytophtora Infestans)'로 곰팡이와 비슷한 단세포 생물이었다. '파이토프토라'라는 말은 그리스 말로 '식물 파괴자'란 뜻이다. 연구진은 영국과 독일 식물원에 보관하고 있던 1845~1896년 사이의 감자 잎에서 DNA를 추출하여 유전 정보 전체를 해독함으로써 'HERB-1'이라는 '파이토프토라' 변종이 아일랜드 대기근의 원인임을 밝혀냈다. 그 이전에는 동시기에 미국에서 감자 잎마름병을 유발한 'US-1' 변종이 범인으로 지목돼왔다.

또한, 그 변종 병균이 남미 대륙에서 건너왔다는 사실도 밝혀졌다. 남아메리카 페루에서 들여온 구아노 비료에 진균(fungus)이 묻어왔다는 것이다. 당시 아일랜드의 농민들은 감자 수확량 증대를 위해 바닷새 배설물로 만든 비료를 수입했기 때문이다.


## 59. 코브 항

코브(Cobh, Cove: 코크로부터 15km 정도 떨어져 있음)는 과거에 퀸스 타운(Queen's Town: 영국 빅토리아 여왕의 방문을 기념하여 붙여진 명칭)으로 불렸던 애환의 역사를 지닌 항구 도시이다. 19세기 중엽에 아일랜드를 덮친 감자 대기근으로 100만 명이 새로운 삶을 찾아 코브 항에서 고향을 등졌다. 아일랜드인들의 슬픈 이민사를 간직하고 있는 코브 항은 이별의 눈물을 흘리는 가족들의 슬픔, 새로운 삶의 터전을 찾아 떠나는 이들의 각오와 비장함, 미래에 대한 희망과 불안이 교차하던 곳이었다. 또한, 비극적 운명을 맞이한 호화 여객선 타이태닉호의 마지막 기항지도 이곳 코브 항이었다.

1912년 4월 15일 새벽 2시 18분 타이태닉호 선체가 두 동강이 나면서 해저 3,821m 아래로 침몰할 때, 삼등 선실에 탑승한 아일랜드 이민자들은 타이태닉호의 운명과 함께 대서양 바다에 잠들게 되는데, 이는 아일랜드 감자 대기근으로 인해 이어지던 막바지 이민 행렬 중에서도 최악의 사건으로 기록된다.

퀸스 타운으로 불리던 이곳은 1949년 아일랜드가 독립을 하면서 옛 명칭인 '코브'라는 지명을 되찾았으나, 항구 옆에 있는 박물관은 여전히 '퀸스 타운 스토리(Queen's Town Story)'라는 이름으로 과거의 화려함과 참혹한 기억들을 담아내고 있다. 또한, 이곳에는 아일랜드 국기를 비롯하여 미국, 캐나다, 호주 등으로 이민을 떠났던 나라들의 국기도 함께 게양하고 있다.

## 60. 페니어회

토지와 독립이라는 두 가지 문제가 대기근 이후부터 파넬의 몰락까지 근 40년 동안 아일랜드의 역사를 지배해왔다. 보유지 확보를 위한 소작농의 투쟁과 독립을 위한 민족의 투쟁은 각기 두 가지 방법으로 나타났다. 하나는 헌법과 의회에 바탕을 둔 합법적인 것이고, 다른 하나는 혁명과 모의

(謀議)에 근거한 것이다. 합법적 전통은 1850년대 조직된 개번 더피(Gavan Duffy)의 '아일랜드 소작농 연맹(Irish Tenant League)'과 1870년대 조직된 아이작 버트(Isaac Butt)의 '자치운동(Home Rule Movement: 소작인의 권리와 종파별 교육을 강조함)'으로 대표된다. 혁명적 전통은 농촌의 비밀결사에서 산발적으로 나타난 폭력, 1848년 '아일랜드 청년당 봉기', 1860년대 '페니어회 운동 (The Fenian Movement)' 등으로 대표된다.

'아일랜드 공화주의 형제단(The Irish Republican Brotherhood, IRB)'은 19세기 중반부터 20세기 초까지 활동한(1858년~1922년) 비밀결사로, 이 단체의 목적은 무력을 사용하여 영국으로부터 독립을 쟁취함으로써 아일랜드에 민주공화국을 세우는 것이었다. 해외 조직으로는 미국으로 이민 간 아일랜드계 미국인을 중심으로 결성된 '페니어 형제단(The Fenian Brotherhood: 아일랜드의 독립을 목적으로 주로 미국에 사는 아일랜드인들로 구성된 비밀결사로, 활동 기간은 1858년부터 1867년까지였음)'이 있었는데, 후에 이 두 단체가 합쳐져서 '페니어회(The Fenians)'가 되었다.

'페니어 형제단'은 1858년 '성 패트릭스 데이(Saint Patrick's Day)'에 더블린 목재 야적장에서 제임스 스티븐스(James Stephens), 존 오마호니(John O'Mahony), 찰스 조세프 킥엄(Charles Joseph Kickham), 존 오리어리(John O'Leary), 토머스 클라크 루비(Tomas Clarke Luby), 마이클 도헤니(Michael Doheny) 등이 주축이 되어 미화 400달러를 기금으로 해서 결성되었는데, 구성원 대부분은 1848년 '아일랜드 청년당 봉기'와 관련이 있는 사람들이었다. 이 단체는 후에 '아일랜드 공화군[The Irish Republican Army, IRA: 마이클 콜린스(Michael Collins)의 주도로 1919년에 창설된 아일랜드의 독립을 쟁취하기 위한 무장 조직]'이 되었다.

'페니어회(The Fenians)'라는 명칭은 켈트 시대 전설적 인물이었던 핀 맥쿨(Finn McCool)의 영웅 전사(戰士)들 무리를 일컫는 '피어나(Fianna)'에서 유래했다. 이 단체는 무력에 의존하여 급진적이고 혁명적인 방법으로 아일랜드 공화국을 건설해서 조국의 독립을 앞당기고자 했던 비밀결사 조직이다. 따라서 이 단체는 처음부터 급진적 성향과 무력의 사용을 문제 삼는 가톨릭교회와 끊임없이 마찰을 빚었다.

'페니어회'는 여러 차례 반란을 일으켰으나 번번이 실패했고, 영국 맨체스터 감옥에 수감된 동료들을 구출하다가 실수로 영국인 보초를 살해한 혐의로 페니어회 회원 3명이 처형되는(이후로 '맨체스터 순교자들'로 불림) 사건이 발생했다. 이어 1867년에는 무력으로 영국 군대에 잠입하려는 계획이 실패로 끝나자 위세가 약화되었다. 후에 이 단체의 잔존 세력은 1879년 10월에 결성된 '토지연맹(The Land League)'으로 활동 방향을 바꾸었는데, 이 연맹이 군사적, 물리적으로 폭력을 사용할 수 있는 명분을 주었다.

'페니어회'가 일깨워 준 민족정신의 발로는 영국과 아일랜드 두 나라에 지대한 영향을 미쳤다. 영국의 경우 당대의 가장 위대한 정치가 윌리엄 글래드스턴(William Gladstone, 1809~1898) 수상이 아일랜드 문제의 중요성을 인식하고, '아일랜드를 위한 정의(Justice to Ireland) 프로그램'을 착수할 수 있도록 자극했다.

## 61. 토지연맹과 무관의 아일랜드 국왕 파넬

대기근이 휩쓸고 지나간 뒤 몇 년이 흘러 상황이 호전되자, 공정한 토지 임대(fair rent), 토지권의 자유로운 매매(free sale), 거주권 안정(fixity of tenure) 등을 쟁취하기 위해 1879년 10월 마이클 데빗[Michael Davitt, 1846~1906: 1850년 메이요(Mayo) 주(州)에서 추방당한 소작농의 아들로, 대기근의 절정기인 1846년에 태어남]의 주도로 '토지연맹(The Land League)'이 결성되었다. 이와 동시에 민족주의 운동의 싹이 움트기 시작했다. 하지만 영국 정부를 실질적으로 움직이게 만든 것은 의회의 안과 밖에서 정치적 수완을 발휘한 찰스 스튜어트 파넬(Charles Stewart Parnell, 1846~1891)의 지도력 덕분이었다. 파넬의 주요 관심사는 토지 임대료 인하와 노동 환경 개선 등과 같은 토지 개혁이었다.

파넬은 1846년 윅클로(Wicklow) 주(州)에서 신교도 지주의 아들로 태어나 케임브리지대학을 졸업하고 정치 운동에 투신하여 1874년 아일랜드의 의회파 지도자가 되었고, 이듬해 영국 웨스트민스터 의회(The Palace of Westminster) 하원 의원으로 선출되었다. 그는 당대 앵글로-아이리시 지배 계층 사람들과 많은 공통점이 있었으나, 어머니가 미국인이고 아버지는 미국 독립전쟁 중 영국에 대항해서 싸운 사람이라는 점이 달랐다. 따라서 파넬의 가족은 아일랜드가 영국으로부터 독립해야 한다는 원칙을 고수했다. 파넬은 의회에서 아일랜드인의 권리를 옹호하고 난처한 질문을 자주 하는 열정적이고 다루기 힘든 사람으로 주목을 받기 시작했으며, 31세 때는 신(新) 자치당(The New Home Rule Party)의 당수가 되어 제한적이나마 아일랜드의 '자치(Home Rule: 1801년부터 시행된 연합법 철회와 더블린 의회를 되찾고자 하는 운동을 지칭하는 명칭)'를 주장했다.

1879년 또다시 감자 농사가 흉작이 되자(주로 코노트 지역에서) 지주들이 소작인들을 마구 내쫓았고, 그 결과 또 다른 형태의 기근이 찾아왔다. 미국에서 수입한 값싼 옥수수는 곡물 값을 크게 떨어뜨렸으며, 이와 함께 곡물을 재배하는 소작인들의 수입도 줄어들었다. 그러자 이전에 페니어회의 일원이었던 데빗은 소작인들을 불러 모았고, 같은 생각을 하는 파넬(곧바로 토지연맹의 초대 회장이 됨)과도 손을 잡았다.

이후 데빗과 파넬은 아일랜드인의 토지를 영국계 지주들의 수중에서 되찾아주는 운동을 시작했다. 또한, 소작인들의 소작료를 줄이고 노동 조건을 개선하기 위한 전국적인 시위운동도 전개했다. 지주와 소작인들의 갈등은 점점 더 폭력적인 양상을 띠었다. 이 연맹의 가장 효과적인 전술 가운데 하나가 '보이콧 운동(Boycotting)'이었다. '보이콧(boycott)'이란 말이 영어에 등장하게 된 것도 바로 이때였다. 이 말은 당시 메이요(Mayo) 주(州)에서 가혹하기로 악명이 높았던 토지 관리인 찰스 보이콧 대위(Captain Charles Boycott, 1832~1897)에게 처음으로 적용되었는데, 이 지역 주민들은 소작인을 내쫓은 보이콧 농장의 추수를 거부했다. 이러한 대처 방안은 토지연맹이 제안한 것으로 큰 효과가 있었다. 파넬은 토지연맹이 내건 목적을 따르지 않는 지주, 대리인, 소작인을 '보이콧'하도록 부추겼다. 즉, 이들과는 사회적, 사업적으로 접촉을 금지함으로써 이들을 마치 나병 환자 대하듯 따돌리자는 것이었다.

'토지전쟁(The Land War)'으로 알려진 이 운동은 1879년부터 1882년까지 지속되었으며 근대 아일랜드의 역사에서 가장 의미 있는 대중운동이었다. 처음으로 소작인들은 지주들에게 집단으로 대항했고, 1881년에 발효된 '토지법(The Land Act)'은 소작인들의 삶의 질을 개선하는 데 상당한 기여를 했다. 이후 소작인들에게는 공정한 소작료가 부과되었고, 소작인들이 토지를 소유할 수 있는 길도 열렸다.

1882년, 영국 왕이 임명한 아일랜드의 일등 서기관 카벤디쉬(Cavendish) 경(卿)과 이등 서기관 토마스 버크(Thomas Burke)가 토지연맹과 관련이 있는 자치주의자들에게 살해되자 위기가 고조되었다. 그러나 토지개혁은 순조롭게 진행되었고, 파넬은 자치 문제로 관심을 돌렸다. 그는 영국 의회 내 보수·자유 양당의 대립을 교묘히 이용하여 '자치 법안(The Irish Home Rule Bill)'의 성립을 위해 힘썼다. 또한, 의회의 지지도 요청했는데, 아일랜드의 자치를 지지하는 윌리엄 글래드스턴(William Gladstone, 1809~1898) 수상과 각별한 관계였기 때문이다. 그러나 '자치 법안'은 글래드스턴이 소속된 자유당의 분열과 그의 실각으로 인해 실패로 끝나고 말았다(영국 정부는 1886년과 1892년에 제정된 아일랜드 자치법을 끝내 거부함).

한편, 파넬의 운명도 끝나가고 있었다. 그는 자신의 정당 소속 하원 의원의 부인 키티 오쉬에(Kitty O'Shea)와 10년 동안 불륜 관계를 맺고 있었다. 마침내 그들의 관계가 탄로 나자 당원들은 파넬에게 당수직에서 물러날 것을 요구했다. 하지만 파넬은 사임을 거부했고, 결국 그의 당은 와해되고 말았다. 이후 파넬은 오쉬에와 결혼했으나 당수직에서 면직되었으며(1890년), 가톨릭교회의 지지도 잃고 말았다. 뿐만 아니라 아일랜드의 자치운동도 한층 더 분열되었다. 한때 아일랜드의 왕처럼 군림했던 '무관(無冠)의 아일랜드 국왕(The Uncrowned King of Ireland)' 파넬도 국민의 신뢰와 지지를 더 이상 회복하지 못했으며, 건강도 갑자기 악화되어 1891년 10월 6일 45세의 일기로 세상을 떠나고 말았다.

파넬의 몰락으로 아일랜드는 그 누구도 대체할 수 없는 천재 정치 지도자를 잃었다. 또한, 영국 대중들 사이에서 자치라는 대의도 크게 손상되었다. 하지만 파넬은 정치 지도자로서 아일랜드인들의 주장을 영국 국민에게 끝까지 호소했으며, 중요한 10년 동안 빛을 발했던 그의 탁월한 지도력은 향후 독립투쟁의 마지막 단계를 예비하는 초석이 되었다.


## 62. 아일랜드 문예부흥운동

1870년대 들어 아일랜드 자치운동이 시들해지자 19세기 후반부터 20년 동안 운동의 축은 '아일랜드 문예부흥운동(The Gaelic Revival Movement: 게일 문학·예술·스포츠 부흥 운동)'으로 대체되었다. 이 운동은 처음에 신교도가 중심이 되어 문학 분야로부터 시작되었지만, 곧 1884년 결성된 '게일운동협회(The Gaelic Athletic Association, GAA)'와 1893년 창립된 '게일연맹(The Gaelic League)'과 더불어 힘을 얻기 시작했다.

파넬의 후원과 마이클 쿠색(Michael Cusack, 1847~1906)의 주도로 1884년 티퍼레리(Tipperary) 주(州) 설레즈(Thurles)에서 설립된 '게일운동협회'는 아일랜드의 현대사에서 가장 의미 있는 대중문화 운동이었다. 이 협회는 헐링(Hurling: 2000여 년 전통의 국민 스포츠), 게일 축구(Gaelic Football: 엄격한 규칙이 적용되는 과격한 성격의 축구) 등과 같은 켈트족 고유의 스포츠와 문화를 장려했으며, 각종 운동을 대중운동으로 승화시키고자 했다. 하지만 축구(Football, Soccer), 럭비(Rugby), 하키(Hockey), 크리켓(Cricket) 등과 같은 외국 게임들은 할 수도 없고 관람도 하지 못 하도록 했다. 또한, 이를 어기면 협회로부터 곧바로 탈퇴해야만 했다. 이 운동은 처음부터 대중의 큰 호응을 얻었기 때문에 곧 아일랜드의 모든 교구(敎區)에 협회가 설치되었다. '게일운동협회'는 과격하고 민족주의적 성격을 띠었기 때문에 일견 '페니어회'와 유사해 보이나, 순수하고 민중 지향적이라는 점에서 차이가 있다. 이 협회는 나중에 세계에서 가장 성공적인 아마추어 스포츠 조직 중 하나로 자리매김했다.

로스코먼 주(州) 출신의 신교도 성직자의 아들 더글러스 하이드(Douglas Hyde, 1860~1949) 박사와 학구파인 오언 맥네일(Eoin MacNeill, 1867~1945)에 의해 1893년 설립된 '게일연맹'은, 영국 문화의 영향에서 벗어나 모국어인 아일랜드어(게일어)를 되살리고, 이를 민족의 언어로 보존하며, 아일랜드의 문화와 관습을 장려하는 것이 민족 정체성 회복의 지름길이라고 생각했다. 전통적으로 아일랜드어는 아일랜드에서 가장 낙후된 서부와 남부 해안에서 주로 사용되었다. 하지만 감자 기근과 잇따른 해외 이민 같은 국가적 재앙으로 인해 아일랜드어를 쓰는 사람의 숫자가 격감했다. 더욱이 1830년대에 '공립학교 시스템(The National School System)'이 도입되면서, 아일랜드어를 학교에서 가르치는 것이 철저하게 금지되었다. '게일연맹'은 학교에서 아일랜드어를 교육할 것을 강력히 촉구했는데, 그 첫 성공 사례는 아일랜드어를 국립대학 입학시험 필수과목으로 채택시킨 것이다. 그러나 '게일연맹'이 지향했던 원래의 순수한 취지는 정치색이 짙은 '아일랜드 공화군'이 주도권을 잡으면서 다소 변질되었다.

한편, 이 시기에는 혁명에 의한 세계주의(Cosmopolitanism)를 지향했던 나폴레옹 전쟁의 여파와 제임스 프레이저(James Frazer)의 『황금 가지(The Golden Bough)』에 의해 촉발된 '뿌리 의식(a sense of root)'과 '장소 의식(a sense of place)'에 대한 성찰로, 종족의 뿌리와 민족의 정체성을 되찾고자 하는 '범 켈트주의(Pan-Celticism)'가 유럽 전역에 풍미(風靡)했다. 이는 과거 속에 묻힌 켈트족의 문화유산을 발굴하고, 그들의 정기를 되살려 문학작품에 담아보려는 노력의 일환이었다. 이러한 노력은 범 켈트협회의 창설 및 어니스트 르낭(Ernest Renan: 1850년대 브르타뉴 지방의 켈트 시를 재발견함)의 『켈트 종족의 시(*The Poetry of the Celtic Races, 1854*)』매슈 아놀드(Matthew Arnold: 1867년부터 켈트 문학에 대한 강연을 시작함)의 『켈트 문학 연구에 관하여(*On the Study of Celtic Literature, 1867*)』존 라이(John Rhy)의 『켈트 이교국(*Celtic Heathendom, 1882*)』등 수많은 문헌의 출판으로 결실을 보게 되었다.

때마침 유럽에서 일기 시작한 이러한 켈트 문화에 대한 관심은 문예부흥운동을 통해 조국의 독립을 앞당기려는 아일랜드의 작가들에게 큰 영향을 미쳤다. 1890년대 무렵부터 시작된 아일랜드 문예부흥운동은 존 오리어리(John O'Leary), 그레고리 부인(Lady Isabella Augusta Gregory), 조지 러셀(George Russell, AE), T. W. 롤스턴(T. W. Rolleston), 조지 무어(George Moore), 캐더린 타이넌(Katharine Tynan), 제임스 스티븐스(James Stephens), 더글라스 하이드(Douglas Hyde), 윌리엄 버틀러 예이츠(William Butler Yeats), 존 밀링턴 싱(John Millington Synge), 숀 오케이시(Sean O'Casey) 등이 주도했다. 스탠디시 오그레이디(Standish O'Grady)의 『아일랜드 역사: 영웅시대(*History of Ireland: Heroic Period, 1878*)』와 하이드의 『코노트의 연가(*The Love Songs of Connacht, 1893*)』등의 출판을 기점으로 시작된 이 운동은, 구비(口碑) 전설에서 민담에 이르는 민속 문학의 부활, 조어(祖語)인 아일랜드어의 보존, 고대 켈트 신화와 전설의 발굴, 전통적 민족 성격의 창조, 아일랜드 민족 문학의 확립, 아일랜드 특유의 청신한 리듬의 개척, 국립극장의 창설(The Abbey Theatre, 1898: 세계 최초의 국립극장), 신문 발간(1899년에 Arthur Griffith의 주도로 「United Irishmen」이 창간됨) 등을 목적으로 하면서 본격적인 예술운동으로 승화되었다.

예이츠를 중심으로 아일랜드 문예부흥운동을 주도했던 문인들은 당시 유럽에서 풍미하던 세계주의나 사실주의(Realism)적 경향에서 벗어나 아일랜드적인 주제를 다루기로 뜻을 모았다. 특히 이들은 고대 켈트 신화, 전설, 민담 등에서 작품의 소재를 취했으며, 아일랜드의 시골에서 쓰는 토속어를 사용했다. 그리고 예이츠에 의해 주도되었던 아일랜드의 극문학 부흥운동은 그레고리 부인과 싱에 의해 계승되었고, 예이츠가 구상했던 아일랜드적인 소재를 다루는 드라마는 천재 극작가 싱에 의해 구체화 되었으며, 아일랜드 문예부흥운동에 헌신했던 작가들의 노력은 1904년 애비 극장(The Abbey Theatre)이 문을 열게 되면서부터 활기를 띠게 되었다.

당시 아일랜드인들은 신문, 기도서, 대중소설 외에는 아무것도 읽지 않았지만 들으려고는 했기 때문에 예이츠는 극장이 대중의 동원과 민족주의 복원의 잠재적 수단이며, 민족의 통일된 문학 및 문화의 부활과 보급이라는 목표를 달성하는 데에도 시보다는 낫다고 생각했다. 그는 극장에서는 '오합지졸'이 '민족'이 될 것으로 믿었으며, 극장은 단순히 아일랜드의 민족을 표현하는 것이 아니라 '아일랜드 민족의 창조'에 기여할 것이며, 아일랜드에 '오래도록 지속될 수 있는 품격 있는 민족적 특성'을 부여해줄 것으로 여겼다.


## 63. 문예부흥운동에 헌신한 주요 작가들

1890년대 오그레이디(1792~1848)의 책은 아일랜드의 작가와 민족주의자들 사이에서 성서와 같은 역할을 했다. 예이츠나 그레고리 부인 등 문예부흥운동의 주동자들은 모두가 그의 책에서 깊은 감명을 받았다. 1895년 예이츠가 작성한 '30권의 가장 훌륭한 아일랜드의 책들' 목록에도 『아일랜드 역사: 영웅시대』를 포함하여 오그레이디의 책이 여섯 권이나 포함되어 있다. 예이츠는 오그레이디가 재발견한 인물, 즉 어쉰(Oisin), 쿠흘린(Cuchulain), 핀 맥쿨(Finn MacCool), 데어드라(Deirdre) 등을 자신의 극의 소재로 삼았으며, 예이츠의 시 「1916년 부활절 봉기(Easter 1916)」에 나오는 "놀라운 아름다움이 생겨났다(A terrible beauty is born.)"라는 유명한 시구도 오그레이디의 책에서 인용된 것이다.

오그레이디가 아일랜드 문예부흥운동의 토대를 다지는 데 중요한 역할을 한 사람이라면, 예이츠에게 정신적 영향을 강하게 끼치고 문학과 민족에 대한 비전을 명확히 제시해준 사람은 오리어리(1830~1907)였다. 만약 예이츠가 오리어리를 만나지 못했다면, 자신의 아일랜드성(Irishness, 민족의 정체성)을 미처 발견하지 못했을지도 모른다.

예이츠는 프랑스에서 10년 동안의 망명 생활을 마치고 돌아온 민족주의자 오리어리와의 만남을 계기로 고전문학의 부활과 민족 문학의 창조에 열정을 쏟게 되었으며, 자신이 직접 '런던 아일랜드 문학회(1891)', '더블린 민족 문학회(1892)' 등과 같은 문학단체들을 창설하는 열의를 보이까지 했다. 또한, 예이츠는 "국적이 없으면 위대한 문학이 존재할 수 없고, 문학이 없이는 위대한 국가가 존재할 수 없다"는 오리어리의 말에 감화되어, 가장 민족적이고, 토속적이며, 아일랜드적인 작가로 거듭날 것을 천명하면서, "문학이 새로운 아일랜드를 만들어 낼 것이고, 그렇게 되면 새로운 아일랜드는 다시금 훌륭한 문학을 양산하게 될 것"이라는 신념을 견지했다.

예이츠는 영국의 식민통치를 받는 아일랜드 민족이 정치적 독립을 쟁취할 수 있는 길은 아일랜드 민족의 정체성 회복이라고 믿었다. 따라서 문인들이 과거의 영광을 간직한 아일랜드의 고전문학과 신화를 발굴·부활·재현시키는 노력이 필요하다고 생각했다. 즉, 그는 아일랜드 고유의 신화나 전설의 아름다운 전통문학을 유럽의 현대문학 형식과 결부시켜 그것을 민중들에게 전파하면, 그 새로운 문학을 통해 숭고하고 아름다운 민족의 정기와 유산에 눈을 뜨게 됨은 물론이려니와 민족적 자부심을 되찾음으로써, 점차 영국의 영향력으로부터도 벗어날 수 있다고 믿었다. 그러므로 그는 구전 문학의 전통과 문자 문학의 전통을 합류시키고, 민중들의 마음으로부터 우러나오는 정서에 바탕을 둔 시학(詩學)을 정립하여, '새로운 위대한 발언(a new great utterance)', 즉 '위대한 민족 문학'을 창조하고자 했다.

…… ……

아일랜드의 시인들이여, 그대들의 직분을 배워라.

무엇이든 잘된 것을 노래하고,

요즈음 자라고 있는

발끝부터 머리끝까지 꼴사나운 것들을 경멸하라.

과거를 모르는 그들의 가슴과 머리는

비천한 침대에서 생겨난 비천한 산물들.

농민을 노래하라, 그리고

열심히 말을 모는 시골 신사들을,

수사(修士)들의 신성함을, 그런 다음에는

술꾼들의 떠들썩한 웃음소리를.

7백 년의 영웅시대를

흙 속에서 묻혀 지낸

쾌활했던 귀족들과 귀부인들을.

지난날에 마음을 돌려라, 그러면

다가오는 시대에도 우리는 여전히

불굴의 아일랜드 민족이 될 수 있을 것이니.

「불벤산 기슭에서(Under Ben Bulben)」

… …

Irish poets, learn your trade,

Sing whatever is well made,

Scorn the sort now growing up

All out of shape from toe to top,

Their unremembering hearts and heads

Base-born products of base beds.

Sing the peasantry, and then

Hard-riding country gentlemen,

The holiness of monks, and after

Porter-drinkers' randy laughter;

Sing the lords and ladies gay

That were beaten into the clay

Through seven heroic centuries;

Cast your mind on other days

That we in coming days may be

Still the indomitable Irishry.

간단히 말해서, 스스로가 민족주의자임을 당당히 내세웠던 예이츠는 시와 극을 통해 자신의 영적인 열망은 물론 아일랜드인의 정치적·도덕적 이상을 구현하고자 했다. 즉 그는 시와 극을 통해 아일랜드 고대 신화나 전설에 등장하는 영웅의 원형적 이상을 부활시켜 문화의 통일을 기하고자 했으며, 영국계 아일랜드인과 토착민 사이의 대립을 극복하는 방안으로 민족의식과 민족의 정체성 확립을 주창했다.

그레고리 부인(1852~1932)은 부유한 지주계급 출신[골웨이(Galway) 퍼시(Persse) 가문(家門)의 막내딸]의 영국계 아일랜드인으로, 어려서부터 오랜 세월 동안 함께 생활했던 유모로부터 받은 교육 때문에 아일랜드의 역사, 민속, 신화 및 아일랜드어에 조예가 깊었고, 남달리 문학에 흥미를 느꼈던 교양 있는 여인이었다. 그녀의 나이 28세 되던 해에 실론(Ceylon)의 총독이자 쿨 장원(Coole Park)의 소유자였던 윌리엄 그레고리(Sir William Henry Gregory, 1816~1892) 경(卿)과 결혼했으나, 12년 뒤인 1892년 남편이 세상을 떠난 뒤부터는 아일랜드 문예부흥운동에 앞장섰으며, 쿨 장원을 평화로운 분위기에서 문인들이 글을 쓰고 문학을 토론할 수 있는 공간으로 만드는데 세심한 배려와 정성을 쏟았다. 특히 1896년 에드워드 마틴(Edward Martyn)의 집에서 예이츠를 만난 이후로는 둘 사이에 돈독한 우정을 쌓아갔다.

독특한 작가이자 학자였던 그레고리 부인은 시인이자 극작가였던 예이츠(1865~1939)와 함께 더블린에 유명한 애비 극장(The Abbey Theatre)을 세웠을 뿐 아니라 시인과 작가들이 존경받는 아일랜드를 만들기 위해 백방으로 노력했다. 그녀는 아일랜드의 토속어를 사랑한 나머지 구어 표현 그대로를 작품에 반영한 첫 번째 작가로서, 아일랜드의 전설과 민담을 수집하여 수권의 저서를 집필했으며, 『스물다섯(Twenty Five)』『소식을 전하며

(*Spreading the News*)』등 다수의 희곡 작품을 발표하기도 했다. 이러한 그녀를 가리켜 조지 버나드 쇼는 "가장 위대한 아일랜드의 여성"이라고 불렀으며, 아일랜드인들은 오늘날까지도 그녀를 가슴속에 소중히 기억하고 있다.

애비 극장이 발굴한 가장 위대한 극작가는 싱(1871~1909)이다. 그는 불과 38세의 젊은 나이로 요절했지만, 그의 작품은 아일랜드 문학사에서뿐만 아니라 세계문학사에서도 길이 빛나고 있다. 싱은 예이츠와 마찬가지로 당시 유럽 연극계에 풍미하던 코스모폴리타니즘(Cosmopolitanism)과 사실주의(Realism) 연극을 통한 사회 고발과 교훈을 주려는 경향에 과감히 등을 돌리고, 문명의 때가 묻지 않은 인간과 그들의 원초적 삶에 초점을 맞추어 자유로운 환상과 서정을 추구한 작품을 썼다.

싱 이전에도 훌륭한 아일랜드 작가들은 있었지만, 그들 모두는 아일랜드를 벗어남으로써 진가를 발휘했다. 그러나 싱은 아일랜드로부터 영감을 직접 받은 작가였다. 싱은 아일랜드의 서쪽 해안에 있는 '아란 제도(Aran Islands)'를 방문하여 원주민들과 함께 생활하면서, 그들의 순박하고 신비에 찬 생활을 관찰하고, 그들이 사용하는 방언을 수집하여, 이것을 바탕으로 주옥같은 작품들을 발표했다. 대표작으로는『계곡의 그늘(*In the Shadow of the Glen*, 1903)』『바다로 간 기사(*Riders to the Sea*, 1904)』『서방 세계에서 온 바람둥이(*The Playboy of the Western World*, 1907)』등이 있다.

오케이시(1880~1964)는 예이츠, 싱과 더불어 아일랜드를 대표하는 작가로 손꼽힐 뿐 아니라 20세기 현대 연극사에서도 매우 중요한 천재 극작가였다. 싱이 아일랜드의 농촌과 어촌을 작품에 담았다면 오케이시는 아일랜드의 도시, 특히 더블린 빈민가의 사람들과 그들의 삶을 극의 소재로 삼았다. 그는 인생의 전반 40여 년을 빈민촌 주민과 막노동꾼들 사이에서 보냈기 때문에 그가 직접 경험한 인물들을 무대에 올렸다. 대표작으로는『암 살자의 그림자(The Shadow of a Gunman, 1923)』『쥬노와 공작(Juno and the Paycock, 1924)』『쟁기와 별(The Plough and the Stars, 1926)』등이 있다.

## 64. 윌리엄 버틀러 예이츠

아일랜드 문예부흥운동을 주도한 예이츠[T. S. 엘리엇(T. S. Eliot)은 1940년 예이츠 서거(逝去)1주기 추모 강연에서 예이츠를 "현대에서 영어로 쓴 최고의 시인"이라고 극찬했음]는 1865년 6월 13일 더블린 근교에 있는 샌디마운트(Sandymount)에서 5남매 중 장남으로 태어났다. 기독교 집안에서 태어났으나 평생을 사적 종교(private religion)의 사유 체계에 탐닉했던 예이츠는 아일랜드와 영국을 오가면서 성장했다.

그는 유년 시절의 대부분을 그의 '마음의 고향' 슬라이고(Sligo)에서 보냈다. 지금도 해마다 '예이츠 여름학교(Yeats Summer School)'가 열리고, '예이츠 기념관(Yeats Memorial Building)'과 예이츠 묘지가 있는 작은 어항(漁港) 슬라이고는 아일랜드의 과거 문화유적들이 산과 강, 바다와 호수 등과 함께 어우러져 늘 아름다운 자태를 드러내고 있는 아주 낭만적인 항구 도시이다.

예이츠는 자신의 어머니가 이 세상에서 가장 아름다운 곳으로 생각한 슬라이고에서, 가까운 친척들과 이웃 사람들로부터 귀신과 요정에 관한 이야기와 신화 및 전설 등을 들으면서 성장했다. 따라서 그는 자연스럽게 조상의 과거와 아일랜드의 역사 및 문화유산에 접하게 되었고, 이것이 곧바로 그의 상상력의 원천과 시의 배경이 되었다. 예이츠가 나중에 "참으로 내 인생에 깊은 영향을 미친 곳은 슬라이고이다"라고 술회하고 있듯이, 그의 많은 시에는 「이니스프리 호수 섬(The Lake Isle of Innisfree)」을 비롯하여 「불벤산 기슭에서(Under Ben Bulben)」에 이르기까지, 슬라이고 지방의 호수와 산과 풍물에 대한 추억과 향수가 짙게 배어 있다. 참으로 슬라이고는 그의 시 창작에 원초적 영향을 미친 곳이다.

또한, 예이츠의 삶에는 수많은 여성이 등장하여 그의 삶뿐만 아니라 작품 세계에도 크나큰 영향을 미쳤다. 예이츠에게 여성은 늘 시의 중요한 모티프(motif)이자 영감의 원천이었다. 예이츠는 수많은 여성과 때로는 친구로, 때로는 연인으로, 그리고 때로는 협력자로 지내면서 시 창작의 폭과 깊이를 더해갔다. 이들 중에 근 30여 년 동안 예이츠와 회한(悔恨)의 사랑을 나누고, 수많은 연애시를 탄생하게 만든 모드 곤(Maud Gonne, 1866~1953)이라는 여인이 있다. 실로 모드 곤이 그의 삶과 문학에 미친 영향은 지대하며, 그녀의 이미지 또한 예이츠의 시에서 다양한 모습으로 등장하고 있다. "당신은 불행으로부터 아름다운 시를 쓰는 사람인데, 나와 결혼하면 아마 아름다운 시를 쓸 수 없을 거예요"라는 모드 곤의 충고대로 그가 끝내 그녀와 결혼은 못 했지만, 모드 곤은 늘 그에게 뮤즈(Muse)로 살며시 다가와서 그의 사색과 시 세계에 폭과 깊이를 더해주었다.

### 그는 하늘나라의 천을 원한다

금빛 은빛으로 아로새겨진
하늘나라의 수놓은 천이 있다면,

예이츠와 모드 곤

밤과 낮과 어스름의

푸르고 희미하고 어두운 천이 있다면

그대 발아래 깔아드릴 텐데.

나 가난하여 꿈밖에 없어

꿈을 깔아드리오니

사뿐히 밟으소서 내 꿈이오니.


**He Wishes for the Cloths of Heaven**


Had I the heavens' embroidered cloths,

Enwrought with golden and silver light,

The blue and the dim and the dark cloths

Of night and light and half-light,

I would spread the cloths under your feet:

But I, being poor, have only my dreams;

I have spread my dreams under your feet;

Tread softly because you tread on my dreams.

예이츠의 시는 후기에 이르러 주지적 경향과 철학적 깊이를 더해가면서 보다 원숙해졌다. 예이츠의 후기 시 중에 문학사의 고전이 될 만한 훌륭한 시편이 많은 까닭은, 그가 초기의 낭만적 자세에서 벗어나 인간과 사회와 역사를 보는 철학이 견실해졌기 때문이다. 예이츠는 자신의 경험을 시의 소재로 삼는 시인이었지만 그의 시가 위대한 것은, 개인의 경험을 자신의 작품 속에 용해하여 인류 보편의 정서로 승화시켰기 때문이다.

한마디로, 예이츠는 이성(理性) 만능의 합리주의와 물질주의의 거센 파도에 직면하여, 고대 켈트 민족의 위대한 정신적 · 문화적 유산의 거대한 지하수와 교통(交通)하고 합류할 수 있는 시학(詩學)을 정립하여, 유럽 정신문명의 바이블이 될 새로운 『바가바드 기타(Bhagavad-Gita)』(힌두교 경전)를 쓰고자 했다. 이는 아일랜드가 유럽의 인도로 거듭나서, 유럽 정신문명의 저류로서 주도적 역할을 해주길 염원하는 그의 문학적 이상의 표현이었다. 그의 대표적 시집으로는 『갈대밭의 바람(The Wind among the Reeds)』 『탑(The Tower)』 『최후의 시편들(Last Poems)』 등이 있다.

## 65. 글래드스턴과 아일랜드 자치의 여명

윌리엄 글래드스턴(William Gladstone, 1809~1898)은 영국 리버풀(Liverpool)에서 태어나 이튼(Eton)과 옥스퍼드(Oxford)를 거쳐 1832년 영국 하원 의원이 되었다. 애초에는 토리당(The Tories) 소속이었지만, 1846년 제출된 로버트 필(Robert Peel)의 곡물법 폐지 법안에 찬성하면서부터 자유 무역파로서 필파에 가담했다. 그는 애버딘(Aberdeen) 내각(1852~1855)과 파머스톤(Palmerston) 내각(1855~1865)의 재무장관으로 발탁되어 재정 개혁과 자유무역을 추진하였고, 파머스톤 사후에는 존 러셀(John Russell)을 이어 자유당의 지도자로서 선거법 개혁을 추진했다. 러셀 사후에는 내각을 꾸렸으며, 이를 포함해서 총 4차례나 수상을 역임했다.

제1차 내각(1868~1874)에서는 아일랜드 국교 폐지(1869), 1차 아일랜드 토지법(1870), 교육법(1870), 무기명투표법(1872)을, 제2차 내각(1880~1885)에서는 2차 아일랜드 토지법(1881), 3차 선거법 개정(1884) 등의 개혁을 추진했다. 제3차 내각(1886년 2월~7월)에서는 아일랜드 문제의 해결을 시도했으나[1886년에 '자치 법안(The First Home Rule Bill: 1801년부터 시행된 연합법 철회와 더블린 의회를 되찾고자 하는 요구를 지칭하는 명칭)을 처음으로 제출했으나 하원에서 부결됨] 조셉 체임벌린(Joseph Chamberlain) 등의 통일파의 반대에 부딪혀 당의 분열을 초래하였고, 제4차 내각(1892~1894)에서는 하원을 통해 아일랜드 '자치 법안(The Second Home Rule Bill, 1893)을 통과시켰으나 상원에서 부결되었다. 이로 인해 그는 결국 자유당에서 퇴진하게 되었으며, 1895년 정계를 떠났다.

이 시기에 얼스터의 동쪽은 번창 일로에 있었다. 이곳은 남부에서와 같은 기근의 영향도 없었고, 신교도 지배계층의 활약으로 중공업이 발달했다.

글래드스턴이 자신의 뜻을 관철하지 못하고 있는 사이 얼스터 신교도 연합론자들(연합당은 1885년에 창단됨)은 자치 법안이 다시 표면 위로 부상할 것을 예견했고, 만약 이 법안이 통과될 경우 끝까지 싸우기로 결의했다. 더블린 출신의 변호사였던 에드워드 카슨 경(Sir Edward Carson, 1854~1935)이 이끄는 연합론자들은 신교도 테러 조직인 '얼스터 의용군(The Ulster Volunteer Force, UVF: '자치'를 반대하기 위해 아일랜드 북동부 주에서 창설됨)'을 결성하여 자치를 반대하는 대규모 무력시위를 여러 차례 벌였다. 카슨은 아일랜드의 독립이 이루어지면 북아일랜드의 분리를 위해 무력 투쟁도 불사하겠다고 위협했다. 그러자 영국 정부는 무력 투쟁이 현실화되기 전에 뜻을 굽혔다. 이어 1914년 7월, 카슨은 얼스터를 분리하여 아일랜드를 분할 통치한다는 조건으로 남아일랜드의 자치를 실행에 옮기는 데 동의했다.

애스퀴스(Herbert Henry Asquith, 1852~1928) 수상이 이끄는 영국의 새 자유당 정부는, 거부권을 행사할 수 있는 상원의 권한을 무력화시킨 뒤, 아일랜드 자치 법안을 통과시키고자 했다. 이 법안은 불협화음을 내는 연합론자들과 보수 당원들이 반대했지만 결국 1912년 통과되었다. 하지만 끝내 효력을 발하지는 못했다.

얼스터 의용군이 세를 더해가자, 아일랜드 전 지역의 '자치'를 수호하기 위해 오언 맥네일이 '아일랜드 의용군(The Irish Volunteer Force: 얼스터 의용군에 대항하기 위해 창설됨)'이라는 공화군을 조직했다. 이들은 무기가 부족했지만 얼스터 의용군은 해외로부터 총포와 화약을 대량으로 밀수입했다. 또한, 이들은 영국군으로부터 대대적인 지원도 받고 있었으므로 1914년 내란의 기운이 감돌고 있었다.

1914년 8월 제1차 세계대전(World war I, 1914~1918)이 발발하자, 자치 법안

은 효력이 정지되었고, 얼스터 문제도 당분간 미해결의 상태로 남게 되었다. 아일랜드인들은 이러한 상황에 크게 실망했으나 어쩔 수 없었으며, 대다수 아일랜드 의용군은 독일에 맞서 싸우기 위해 군대에 자원입대했다.

제8장
20세기 역사

IRELAND

### 66. 부활절 봉기

　자치론자들에게 공감하는 많은 수의 아일랜드인들은 그들의 희생이 조국의 자치를 앞당길 수 있다는 희망을 갖고 유럽의 전쟁터(제1차 세계대전)로 나갔다. 그러나 아일랜드에 남아있는 소수의 자치론자는 영국 정부의 약속을 신뢰하지 못했다. 다수의 '아일랜드 의용군'은 '사태의 추이를 지켜보자'는 존 레드몬드(John Redmond)의 생각에 공감했지만, 급진적인 생각을 가진 사람들은 혁명적인 행동이 필요하다고 믿었다. 따라서 패트릭 피어스(Patrick Pearse: 교사이자 시인)가 이끄는 아일랜드 의용군의 일부와 제임스 코놀리(James Connolly: 공화파 사회주의 지도자)가 이끄는 아일랜드 시민군(The Irish Citizens' Army)은 거국적인 반란을 계획하고 있었다. 이 반란은 독일에서 배로 들여오는 무기에 의존했는데, 배가 들어오는 도중에 영국 해군에게 발각되어 모든 무기를 빼앗기고 말았다. 오언 맥네일은 자신을 제외한 채 무장봉기가 계획된 것에 불만을 품고 거사를 취소하고자 했다.

하지만 무장도 하지 않은 두 집단의 1,600여 민병대원들은 1916년 4월 24일(원래 계획했던 날짜보다 하루 늦음) 부활절 더블린으로 돌진하여 거점 건물 여섯 개를 점령하고, 오코넬 거리 중앙에 있는 중앙우체국(The General Post Office, GPO)을 아일랜드 의용군의 총사령부로 삼았다. 이어 중앙우체국 건물에 3색 기를 게양한 뒤, 우체국 정문 계단에서 피어스(당시 임시 대통령임을 자처했음)는 지나가는 통행인들을 향해 아일랜드는 공화국이며, 자신들이 임시정부를 구성한다는 '공화국 선언문(The Proclamation of the Republic, 트리니티대학 도서관에 보관되어 있음)'을 낭독했다(지금도 당시 사령부였던 중앙우체국에는 1916년의 '공화국 선언문' 글귀가 새겨진 현판이 걸려 있음). 그러나 안타깝게도 봉기가 일어난 지 5일 만에 반란군은 병력이 우세한 영국군(3만 명)에게 항복했다. 피해는 끔찍했다. 450여 명이 생명을 잃었고, 2,500여 명이 부상했으며, 더블린이 입은 피해는 2백만 파운드에 달했다. 하지만 반란군은 일반 대중의 신뢰와 지지를 받지 못했기 때문에 교도소로 이송되는 내내 화가 난 더블린 시민들의 야유와 돌팔매질을 받아야 했으며, 시민들로부터 폭행을 당하지 않도록 경찰의 보호를 받아야만 했다.

부활절 봉기를 계획하고 실행에 옮긴 사람들 중 특히 피어스는 부활절 봉기가 군사적으로 승산이 없을 것으로 확신했다. 하지만 그는 군사적 성공을 위해서가 아니라 애국심에 호소함으로써 향후 전 국민을 봉기의 대열로 끌어들이기 위해서는 '유혈의 희생(Blood Ssacrifice)'이 필요하다고 생각했다. 이것이 사실이든 아니든 이미 유혈의 희생이 자행되고 있었다.

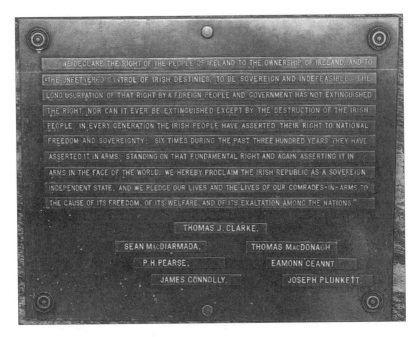

공화국 선언문

피어스는 부활절 봉기를 일으킨 반란군에 대한 대중의 반감, 향후 여론의 추이, 자신의 죽음 등을 예견했기 때문에 다음처럼 소리쳤다.

우리는 기꺼이 죽을 각오가 되어있으며,
또한 기쁘고 자랑스럽게 죽을 것이다.
그러니 이에 대해 슬퍼하지 마라.
우리는 조국과 우리 자신의 영예를 지켰다.
지난주에 있었던 우리의 행위는
아일랜드의 역사에서 찬란하게 빛났다.

사람들은 우리가 행한 것에 대해

지금은 가혹하게 말할지 모르나,

우리는 후세에 의해 기억되고 축복받을 것이다.


We are ready to die and shall die cheerfully and proudly.

You must not grieve for all of this.

We have preserved Ireland's honour and our own.

Our deeds of last week are the most splendid in Ireland's

　history.

People will say hard things of us now,

But we shall be remembered by posterity

And blessed by unborn generations.


　영국 정부가 반란 지도자들을 순교자로 만들지 않았다면, 부활절 봉기는 아마 아일랜드 사태에 별로 영향을 미치지 못했을 것이다. 사형선고를 받은 77명 중 15명이 더블린에 있는 킬마이넘 감옥(Kilmainham Gaol: 1796년에 지어져 1924년까지 감옥으로 사용됨)에서 총살 부대에 의해 참혹하게 처형되었다. 피어스는 항복한 지 3일 만에 총살당했고, 제임스 코놀리는 발목 부상으로 인해 의자에 묶인 채로 9일 뒤에 마지막으로 처형되었다. 비폭력주의자였던 쉬이 스케핑턴(Sheehy Skeffington)은 비록 봉기에 가담하지는 않았음에도 불구하고 체포되어 재판도 없이 총살당했다. 이러한 가혹한 처벌은 전 세계적으로 아일랜드의 정세에 대한 동정 여론을 형성했고, 아일랜드 문제에 대한 관심을 불러일으켰다. 이에 힘입어 아일랜드 대중의 태도도 처음

킬마이넘 감옥

과는 다르게 동정과 지지로 반전되기 시작했으며, 공화주의자들에 대한 지지 분위기도 빠르게 확산되었다. 실로 예이츠의 시「1916년 부활절 봉기(*Easter, 1916*)」에 나오는 구절처럼, "모든 것이 변했다, 완전히 변했다. / 그리고 놀라운 아름다움이 생겨났다(All changed, changed utterly: / A terrible beauty is born)."

세인트 스티븐 그린(St Stephen's Green) 공원에서 봉기군을 지휘했던 카운티스 마키에비치(Countess Markievicz, 1868~1927: 부활절 봉기군의 지도자이자, 공화주의자, 사회주의자)는 사형선고를 받았으나, 여성이었기 때문에 국제여론을 고려하여 처형되지 않은 사람 중 하나였다. 에이먼 데 벌레라(Eamon de

Valera, 1882~1975)는 미국 시민권을 가지고 있었기 때문에 사형선고가 종신형으로 바뀌었고, 1917년에 사면을 받은 뒤 석방되었다.

제1차 세계대전이 끝날 즈음인 1918년 치러진 총선거에서, 아일랜드 공화주의자들(부활절 봉기파)은 '신페인[Sinn Fein: '우리들 스스로의 힘으로(Ourselves Alone)'라는 뜻] 당'의 이름으로 다수의 의석을 차지했다. 대부분이 부활절 봉기 때 퇴역 군인이었던 이들은 데 벌레라의 영도(領導) 하에 더블린 맨션 하우스(Mansion House: 더블린 시장 관저)에 최초의 데일(Dail Eireann: 아일랜드 의회)을 구성하고, 아일랜드가 독립 국가임을 선포했다. 후에 아일랜드 의용군은 아일랜드 공화군이 되었으며, 아일랜드 의회는 아일랜드 공화군이 영국군에 대항하여 싸울 수 있는 조건들을 인가했다. 이로 인해 얼마 되지 않아 아일랜드의 전 국토가 피로 물들게 되었다.


## 67. 아일랜드 독립전쟁

1919년 1월 21일 더블린에서 아일랜드 의회가 처음으로 개원되던 날, 티퍼레리 주(州)에서 영국 경찰관 두 명이 아일랜드 의용군이 쏜 총에 맞아 목숨을 잃었다. 이로써 2년 반에 걸친 처절한 아일랜드 독립전쟁(War of Independence, 영국-아일랜드 전쟁)이 시작되었다. 이 기간에 벌어진 전투의 특징은 전면전이 아닌 소규모 국지전으로, 반란군의 활동과 이에 맞서는 영국군의 보복 및 처형으로 점철된 게릴라전이었으며 1,200명이 넘는 엄청난 사상자가 발생했다.

아일랜드 반란군[주로 아일랜드 공화군(IRA)으로 구성됨]의 지도자는 부활절 봉기에서 살아남은 코크 주 출신의 마이클 콜린스(Michael Collins, 1890~1922)였다. 그는 당시 30세에 불과했지만, 카리스마가 있는 데다 냉혹한 성품을 지녔기 때문에 게릴라전을 효율적으로 지휘했다. 뿐만 아니라 적의 첩자나 비밀경찰을 색출하여 제거하는 데도 뛰어난 수완이 있었다[1996년 개봉된 영화 「마이클 콜린스(Michael Collins)」 참조].

콜린스의 진두지휘 하에 당시 3,000여 명에 달했던 아일랜드 공화군이 맹활약을 펼치자, 영국 정규군 '왕립 아이리시 보안대(The Royal Irish Constabulary, RIC)'는 세를 불리기 위해 퇴역 군인들을 끌어모았다. '외인 보조 부대(Auxiliaries)'와 '블랙 앤 탠즈(Black and Tans: 아일랜드의 민중 반란군을 진압하기 위해 영국 퇴역 군인들로 구성된 예비역 특수 부대로, 그들이 입었던 카키색 군복과 검은색 경찰 모자와 벨트로부터 유래한 명칭)'로 알려진 이들 예비역 특수 부대들은 구타와 살인을 저지르는 것은 물론, 아일랜드 전역의 마을들을 약탈하고, 코크시(市)를 방화하는 등 무자비하기 이를 데 없는 만행을 저질렀다.

1920년 11월 21일 일요일 아침, 영국군 첩보 요원 14명이 콜린스가 이끄는 암살조(The Squad)에 의해 살해되는 사건이 발생하자, 블랙 앤 탠즈는 과감한 보복을 감행했다. 그들은 곧바로 교도소를 습격하여 3명의 죄수를 처형하고, 이어 오후에는 더블린 시내에 있는 '게일운동협회(Gaelic Athletic Association, GAA)'의 본부 크로크 파크 스타디움(Croke Park Stadium)에 난입하여 게일 축구 시합 중이던 선수 1명과 관중 13명을 무차별 학살했다.

이들의 잔학성과 만행은 결국 영국에 대한 아일랜드 민중의 분노를 자극했고, 독립에 대한 열망을 결집시키는 계기가 되었다. 아일랜드 공화군은 효과적인 기습공격을 위해 유격대를 조직하여 적진에 침투했으며, 국내 지형을 잘 알고 있었기 때문에 큰 성과를 거두었다. 그리하여 마침내 1921년

7월, 양측은 휴전협상에 동의했다.

한편, 코크시의 시장이었던 테렌스 맥스위니(Terence MacSwiney, 1879~1920)는 영국군에게 체포되자, "최후의 승리자는 고통을 가하는 자가 아니라 고통을 감내하는 자"라고 외치면서, 73일 동안 기나긴 역사적 단식 투쟁을 벌인 뒤 1920년 런던의 감옥에서 의롭게 죽음을 맞았다. 이어서 거행된 대규모 장례식과 함께 이 사건은 전 세계인의 이목을 집중시켰다. 특히, 간디(Mahatma Gandhi, 1869~1948)를 위시한 인도의 민족주의 지도자들에게 큰 영향을 미쳤다.

휴전이 이루어진 뒤 런던에서 몇 달간 끈질긴 협상을 벌인 끝에 1921년 12월 6일, 아일랜드 대표단은 '앵글로-아이리시 조약(The Anglo-Irish Treaty)'에 서명했다. 이 조약은 남부 26개 주의 독립은 허용하되, 북부 신교 지역인 얼스터 6개 주는 독립으로부터 탈퇴할 수 있는 권한을 부여했다. 만약 이들이 탈퇴를 결정하면, '경계 위원회(Boundary Commission)'가 남북의 경계를 정하도록 위임했다. 이 조약으로 말미암아 아일랜드는 자치령의 지위를 얻었다. 하지만 이는 결코 완전한 독립이 아니라 불행의 씨앗을 지닌 불완전한 조약이었으며, 아일랜드인이 독립을 추구할 수 있는 권리만을 인정한 것뿐이었다. 또한, 이 조약은 이후로 50년 뒤에 발생한 북아일랜드 분쟁(The Troubles)의 불씨가 된 분단 상황을 심화시켰을 뿐만 아니라 민족주의자들 사이에도 분열의 원인이 되었다. 즉, 이 조약이 완전한 독립으로 가는 초석으로 믿는 사람들도 있었지만, 영국에게 항복하고 공화주의 사상을 배신하는 행위로 여기는 사람들도 있었다. 따라서 이때 생긴 분열은 이후 아일랜드 정치의 향방을 결정짓게 되었다.

아일랜드 측에서는 콜린스와 아더 그리피스(Arthur Griffith, 1871~1922)가 조약에 관한 협상을 주도했다. 이 두 사람은 다수의 아일랜드 의회 의원들이 북부 지방을 잃는 것과 영국 왕이 여전히 새로운 '아일랜드 자유국가(The Irish Free State: 1949년까지 남아일랜드로 알려짐)'의 수장(首長)이 된다는 사실 및 아일랜드 의원들이 영국 왕에게 바치는 충성 서약을 받아들이지 않으리라는 것을 예상했다. 그럼에도 불구하고 이들은 더블린에 있는 데 벌레라와 아무런 상의도 없이 조약에 서명했다. 따라서 이들이 공화국이 아닌 26개 주만의 자치령을 담보하는 조약문을 가지고 런던에서 귀국하자 데 벌레라는 이를 거부했다.

콜린스는 영국 왕이 '아일랜드 자유국가'의 수장이 되는 것과 충성 서약의 문제를 상징적인 것으로 가볍게 여겼고, 북부 6개 주가 결국에는 자생력을 얻지 못해 '아일랜드 자유국가'에 편입될 것으로 믿었다. 또한, 협상 기간 내내 경계위원회가 '아일랜드 자유국가'에서 떨어져 나간 지역의 범위를 축소해줄 것으로 확신했다. 그는 조약의 서명에 대한 위험을 미리 예견했기 때문에, "나는 오늘 밤 나 자신의 사형집행 영장에 서명했는지도 모른다"라고 말했다. 이후 이 조약을 받아들이려는 세력과 완전한 독립을 위해 끝까지 투쟁도 불사하려는 공화파 사이에 내전이 발생했다.


## 68. 내전


1921년 6월 22일 제임스 크랙(James Craig, 1871~1940)을 초대 수상으로 하는 북아일랜드 의회가 생겨났다. 의원으로 선출된 가톨릭 자치론자들은 마지못해 의원직을 받아들였다. 처음부터 북아일랜드의 정치는 종교적 이

유로 분열의 양상을 띠었다.

한편, '아일랜드 자유국가(The Irish Free State)'가 탄생하고, 일반 대중의 지지를 얻지 못한 조약이 1922년 1월 아일랜드 의회(데일)에서 비준되었다. 6월에 처음 치러진 총선거에서 조약을 찬성하는 세력이 승리했다. 하지만 콜린스는 조약을 받아들이도록 동료들을 설득하는 데 실패했다. 결국, 1922년 6월 28일, 1년 전에 공동의 적에 대항해서 함께 싸웠던 동료들 간에 내전이 일어났다. 콜린스는 코크 주에서 복병(伏兵)에 의해 총살당했고 (1922년 8월 22일), 그리피스는 불안 증세와 피로로 숨졌다. 데 벌레라는 윌리엄 코즈그래이브(William Cosgrave, 1880~1965) 총리가 이끄는 자유국가 정부에 의해 잠시 투옥되었다. 그런데 이 정부는 옛 동지 중에 77명이나 되는 많은 수의 사람들을 처형했다. 이후 내전은 1923년 조약 찬성파의 승리로 끝이 났다.


## 69. 에이먼 데 벌레라

수년 동안 데일을 거부한 데 벌레라는 '피어나 포일당(Fianna Fail: '아일랜드 전사들'이라는 뜻의 아일랜드 공화당)'이라는 새로운 정당을 만들었는데, 이 정당은 1927년에 치러진 선거에서 거의 절반의 의석을 얻었다. 데 벌레라와 새로 선출된 의회 의원들(Teachtaí Dála, TDs: Members of the Dail)은 영국 왕에게 충성 서약도 하지 않은 채 데일에 합류했고, 곧 제1 야당이 되었다. '피어나 포일당'은 1932년 선거에서 집권에 성공했고, 이어 데 발레라가 총리가 됨으로써 데 벌레라 시대가 열렸다.

뉴욕에서 태어나 아일랜드에서 성장한 데 벌레라는 1913년에 아일랜드 의용군에 가담하여 1916년 부활절 봉기에 참여한 죄목으로 사형선고를 받았지만, 미국 태생이라는 이유로 풀려날 수 있었다. 내전 이후 한 차례 더 감옥 생활을 한 데 벌레라는 석방되자마자 정치적 행동을 꺼리는 신페인당의 태도에 불만을 품고 피어나 포일당을 창당했다. 그는 영국 왕에 대한 충성 서약과 아일랜드의 대영제국 내의 종속적인 지위를 거부하고, 완전한 공화국을 요구하면서 자유국가 정부와 내전까지 벌였지만, 1932년부터는 정책의 방향을 완전히 바꾸었다. 이후 1948년까지 16년간 권좌에 머물면서 그는 아일랜드 문제에 결정적인 영향력을 행사했으며, 현대 아일랜드의 초석을 놓았다.

　아일랜드의 독립 이후 가장 중요한 인물로 평가받는 데 벌레라는 독립 과정에서 실제로 중요한 역할을 했다. 그러나 1950년대에서 1960년대로 넘어가면서 그의 정치관은 보수적이고 고지식한 면이 강해졌다. 이는 경제 침체로 고통받던 아일랜드의 현실과는 전혀 맞지 않았다. 당시 최악의 실업률과 해외 이주 현상은 그가 부적절한 정책을 시행한 결과였다고 할 수 있다.

　독립을 쟁취하는 과정에서 아일랜드 정부는 보호무역 정책을 취함으로써 경제를 어렵게 했는데, 엎친 데 덮친 격으로 데 벌레라는 '앵글로-아이리시 조약'에서 영국 정부에 지급하기로 합의한 차관 상환을 거부함으로써 영국과 격렬한 무역 전쟁을 일으켰다. 이 때문에 아일랜드의 농업은 거의 고사 상태에까지 이르게 되었으며, 이와 같은 무역 전쟁은 1948년 총선거 바로 직전에야 해결되었다.

## 70. 1937년에 제정된 헌법

앵글로-아이리시 조약에 따라 1922년 제정된 '아일랜드 자유국가' 헌법을 대체하기 위해 1937년 데 벌레라에 의해 새로 입안된 헌법은, 같은 해 7월 1일 국민투표를 거쳐 12월 29일부터 효력을 발해 오늘날까지 시행되고 있다. 이 헌법은 아일랜드를 '주권, 독립, 민주국가(a sovereign, independent, democratic state)'로 선언하고, 32개 주를 아일랜드의 영토로 정하고 있으며(실제로는 26개 주이지만 북아일랜드의 6개 주에 대한 지배권을 다시 한 번 주장하는 내용임), 새 헌법에 따라 1938년 더글라스 하이드 박사가 아일랜드의 초대 대통령이 되었다. 또한, 영국 왕에 대한 충성 서약을 폐지했고, 종교적 불경(不敬)을 범죄로 인정했으며, 피임과 이혼의 금지, 여성의 지위를 가정으로 한정하고 가톨릭교회의 지위를 재확인하는 등의 내용들도 담겼다.

# 제9장
# 현대 역사

IRELAND

## 현대 역사

### 71. 공화국

16년 동안 집권해온 '피어나 포일당'은 1948년 시행된 총선거에서 '클랜 나 포블락터(Clann na Poblachta, Children of the Republic) 신당'과 제휴한 '피네 게일당(Fine Gae, 통일 아일랜드당, 통일당)'에게 패했다. 유권자들이 장기 집권에 질린 나머지 변화를 열망했기 때문이다.

'피어나 포일당'과 유사한 정강 정책을 표방한 '클랜 나 포블락터' 신당은 한때 아일랜드 공화군의 참모장이었던 숀 맥브라이드(Sean MacBride: 후에 노벨평화상과 레닌평화상을 수상함)가 창당했으며, 1948년 총선거에서 10석의 의석을 차지했다. 그리고 이를 바탕으로 '피네 게일당'의 존 A. 코스텔로(John A. Costello)를 총리로 내세워 연립정부를 구성했다. 새로 들어선 연립정부는 마침내 '아일랜드 자유국가'가 '아일랜드 공화국(The Republic of Ireland, The Irish Republic)'임을 선포하고, 1949년 '영연방(The British Commonwealth)'으로부터 탈퇴했다. 또한, 북아일랜드와의 관계도 완전히 끊었다. 이후 1950년대까지 아일랜드는 민족의 지도자 데 벌레라의 염원대로 켈트 문화를 기반으로 하는 가톨릭 국가가 되었다.

## 72. 숀 레마스

1959년 데 벌레라가 대통령으로 선출되면서 그의 후계자 숀 레마스(Sean Lemass, 1899~1971)가 거의 60의 나이에 총리가 되었다(1959~1966). 레마스는 7년 동안 총리로 재임하면서 경제를 획기적으로 발전시켜 계속되는 해외 이민을 막아 보고자 했다. 따라서 그는 재무부 장관 T. K. 휘터커(Thomas Kenneth Whitaker, 1916~2017)에게 경제개발 프로그램을 입안토록 하고, 산업개발청을 설치하는가 하면, 세금 및 이자율 인하, 규제 완화, 해외 기업과 투자유치, 개혁과 개방 정책을 추진하는 등 기업하기에 좋은 환경을 만들고 국가 경제의 토대를 다지기 위해 노력했다. 이에 따라 농업 국가였던 아일랜드는 수출주도형 제조업과 첨단산업 중심의 경제로 전환되면서 급격한 경제 성장을 이룩했다.

그의 정책으로 인해 1966년에는 인구가 52,000명 증가했으며, 1960년대 중반에는 해외로 이민을 떠나는 숫자도 10년 전의 절반 이하로 줄었다. 뿐만 아니라 해외로 이민을 나갔던 사람들도 속속 다시 귀국하여 20세에서 25세 사이의 인구가 20%나 증가하는 효과가 있었다. 그는 또한 무료 중등교육을 도입했다. 1962년에는 아일랜드 고유의 텔레비전 채널이 설치되었고, 1963년에는 아이리시 이민자의 증손자인 존 F. 케네디(John Fitzgerald Kennedy, 1917~1963) 미국 대통령이 아일랜드를 국빈 방문하여 국민의 자긍심을 고취했고, 1965년에는 영국 · 아일랜드 자유무역협정을 체결했다.

특히, 레마스는 1965년에 아일랜드 총리로서 최초로 북아일랜드의 테렌스 오닐(Captain Terence O'Neill) 수상을 방문하여 답방을 끌어내는가 하면, 양국의 화해 분위기 조성에도 일조했다.

하지만 레마스는 1966년 후계자도 정해지지 않은 상태에서 이유도 정확히 밝히지 않은 채 갑자기 정계를 은퇴했다. 이로 인해 '피어나 포일당'은 내분에 휩싸였으며, 결국 잭 린치(Jack Lynch, John Mary Lynch, 1917~1999)가 총리가 되었다(1966~1973, 1977~1979 총리 역임).


## 73. 잭 린치

성격과 매너가 좋을 뿐 아니라 헐링 선수이기도 했던 잭 린치는 코크 주 출신의 유명 정치인으로 여러 주요 장관직과 총리를 역임했다. 그의 주요 관심사는 유럽경제공동체(The European Economic Community, EEC: EU의 전신)의 가입과 지속적인 경제 성장이었다. 이후 아일랜드는 1973년에 북아일랜드와 함께 유럽경제공동체에 가입했으며, 한동안 경제 사정도 좋은 상태를 유지했다. 고정 가격제와 자국 농산물에 할당제를 부여하는 공동농업정책(Common Agricultural Policy) 덕택에 아일랜드 국민의 생활도 개선되었다. 따라서 아일랜드 역사상 최초로 해외로부터 귀국하는(특히, 영국으로부터)

역이민자들이 해외로 이민을 떠나는 사람들의 수를 앞질렀으며, 젊은 세대들은 해외 취업이 아니라 국내 취업을 위해 교육을 받았다. 이제 이민은 더 이상 필수이거나 선택 사항이 아니었다.

하지만 같은 해 석유파동이 일어나 세계 경제가 불황에 빠지자 아일랜드 역시 극심한 경기 침체를 겪었고, 해외로 나가는 이민자의 수가 다시 급증했다. 아일랜드 경제의 약점은 국내기업은 키우지 않은 채 단기적인 세금 특혜(법인세 인하 정책)로 해외 기업유치에만 치중한 데 있었다. 따라서 유리한 세금 조건의 기간이 끝나자마자 해외 기업들이 속속 아일랜드를 빠져나갔으며, 이로 인해 아일랜드 경제는 다시 침체기를 맞게 되었다. 엎친 데 덮친 격으로, 린치와 그의 소속당은 북아일랜드 사태를 전혀 예상치 못했기 때문에 끔찍한 사태가 현실이 되자 속수무책이었다.

1979년 8월 엘리자베스 2세(Elizabeth II)의 사촌이자 제2차 세계대전의 영웅인 마운트배튼(Lord Louis Mountbatten, 1900~1979) 경(卿)이 북아일랜드의 게릴라 부대에 의해 암살되는 사건이 발생했다. 당시 아일랜드에서는 테러 행위가 극에 달해 테러가 끊임없이 일어났다. 린치 총리는 아일랜드 공화군의 테러 중지를 요구하는 영국의 입장에 동조하여 당내 강경파의 비난을 샀다. 그 결과 그는 2차에 걸쳐 시행된 피어나 포일당의 보궐선거에서 패했으며, 공화당 내의 강경파와 온건파 사이에 내분을 격화시켰다. 결국, 린치는 1979년 12월 총리 자리에서 물러났으며, 강경파인 찰스 호이(Charles James Haughey, 1925~2006)가 총리로 선출되었다(1979~1981, 1982.3~1982.11, 1987.3~1989.5, 1986.6~1992.1 총리 역임).

1981년 6월 11일 호이 총리는 아일랜드의 경제정책 및 북아일랜드 문제에 대한 국민의 신임을 묻기 위해 총선을 예정 보다 앞당겨 시행했다. 그

러나 피어나 포일당, 피네 게일당, 노동당(Labour Party) 등은 모두 과반의
의석을 확보하는 데 실패했다. 따라서 피어나 포일당과 노동당은 나머지
소수당(무소속)과 힘을 합쳐 연립정부를 구성하고, 개럿 핏츠제럴드(Garret
Fitzgerald, 1926~2011)를 총리로 선출하였다(1981~1982, 1982.12~1987.2 총리 역
임). 그러나 연립정부의 예산안이 하원에서 부결되자, 1982년 2월에 다시
총선이 시행되었다.

  총선에서 81석을 확보한 피어나 포일당은 3석을 차지한 노동당과 2석
을 차지한 무소속의 지지를 얻어 연립정부를 구성하고, 찰스 호이는 다시
총리로 취임하였다. 하지만 호이의 연립정부는 경제정책에서 실패함으로
써 1982년 11월 의회에서 불신임을 받았으며, 1982년 11월 24일 총선이
시행되었다. 총선 결과 피어나 포일당은 또다시 과반 의석을 차지하는 데
실패하였고, 피어나 포일당과 노동당은 연립정부를 구성했으며, 1982년
12월에 개럿 핏츠제럴드가 다시 총리로 취임하였다.

  1982년 12월에 출범한 피어나 포일당과 노동당 연립정부는 대외부채
의 급증과 실업률 증가 등의 경제적 상황의 악화와 앵글로-아이리시 협정
(Anglo-Irish Agreement: 1985년 11월 영국이 북아일랜드를 통치하는 것을 합법화하지 않
고 아일랜드 정부가 북아일랜드에 대한 발언권을 인정하는 문서)의 체결을 둘러싸고 연
립정부를 구성한 정당들의 내부 의견들이 상충하면서 파국을 맞았다. 그
결과 1987년 2월 17일 조기 총선이 시행되었다.

  이와 같은 잦은 정권교체기에 린치 총리 재임 초기에는 어느 정도 경제
적 번영을 누렸지만, 린치 총리의 집권 후반과 찰스 호이와 가렛 핏츠제
럴드 총리 재임 기간에는 정치적·경제적 시련에 봉착했으며, 해외로 이
민을 떠나는 사람들의 숫자도 다시 급증했다. 하지만 아일랜드의 경제는

1990년대 초부터 회복되기 시작하여 1990년대 후반에는 경이적인 경제 성장을 기록했으며, 2008년 이후에는 또다시 경제 침체기에 빠져들었다.

한편, 문화와 윤리 문제에 대한 가톨릭의 영향력이 약화되기 시작했다. 낙태와 이혼에 관해 1980년대에 시행된 국민투표에서는 이 두 가지 모두가 불법적인 것으로 결론이 났으나, 1995년에 시행된 이혼에 관한 국민투표에서는 가까스로 통과되었다.

비록 대통령의 권한이 축소되긴 했지만 1990년에 페미니스트 변호사 출신 메리 로빈슨(Mary Therese Winifred Robinson, 1944~)이 대통령이 되자, 그녀는 각종 제도를 현대화하고, 사회 정책에 관해 비공식적 채널을 통해 막강한 영향력을 행사했다. 로빈슨은 이혼, 피임, 낙태, 동성애자의 권리 등에 관한 보수적 입장에서 탈피하고자 상당한 노력을 기울였다.

## 74. 메리 로빈슨

메리 로빈슨은 1944년 메이요(Mayo) 주(州) 발리나(Ballina) 시(市)에서 의사 부모의 외동딸(4남 1녀)로 태어나 보수적 정서에 반항하면서 성장했고, 법률가였던 할아버지의 영향으로 법률과 인권을 공부했다. 그녀는 트리니티대학을 거쳐 미국 하버드대 로스쿨을 졸업한 뒤 변호사가 되었다. 변호사 시절 로빈슨은 낙태와 피임의 허용을 주장하는 등 보수적인 아일랜드 사회에서 전통적인 아일랜드 여성상을 개선하기 위해 노력했다.

1969년에는 25세의 나이로 트리니티대학 최연소 교수가 되었고, 같은 해 노동당 소속 상원 의원에 당선되었다. 1990년에는 대통령 선거에 무소속으로 출마하여 노동당의 지지를 받은 결선 투표에서 51.9%의 득표율로 아일랜드 최초의 여성 대통령으로 선출되었다. 같은 해 12월 3일 취임한 그녀는 오랫동안 아일랜드에서 금지되어온 낙태를 허용하여 가톨릭이 주축인 아일랜드 사회의 근간을 뒤흔드는가 하면, 외자 유치 등 과감한 경제 개방 정책을 취함으로써 재임 7년 동안 연평균 9.9%의 경이로운 경제 성장률을 유지하며 1인당 국민소득을 1만 달러 남짓에서 3만 달러의 수준으로 성장시켰다.

그녀는 비록 부결되긴 했지만, 낙태를 합법화하는 국민투표를 시행하기도 했고(1992년), 1995년에는 국민투표를 통해 아일랜드 여성의 숙원이었던 이혼을 합법화했으며, 동성애를 불법화하는 법률을 개정하기도 했다. 아일랜드가 2015년 동성혼 법제화를 국민투표로 가결한 최초의 국가가 된 데에는 그녀의 공이 컸다.

또한, 그녀는 분쟁지역인 북아일랜드를 네 차례나 방문하여 신페인당의 당수 등 파벌 지도자들을 만났으며, 큰 우려와 반발에도 불구하고 영국 여왕과도 만났다. 내전 직후 소말리아의 기근과 르완다의 인종 말살 전쟁을 국제사회에 알리는가 하면, 이러한 것들의 근절 노력을 촉구한 국제 정치인이기도 했다.

1997년 9월 임기 종료 3개월을 남기고 갑자기 중도 사퇴한 그녀는 같은 해 12월 국제연합(UN) 난민고등판무관으로 임명되어 국제 인권 문제에 대해 적극적인 활동을 벌였으며, 후에는 더블린대학교 총장과 미국 컬럼비아대학교 교수를 역임했다.

## 75. 메리 매컬리스

1997년 로빈슨의 뒤를 이어 메리 매컬리스(Mary McAleese, 1951~)가 대통령(1997~2011)이 되었다. 매컬리스는 신교도와 가톨릭교도 간의 종교적 갈등으로 폭력이 난무하는 북아일랜드의 벨파스트에서 9남매 중 장녀로 태어났다. 매컬리스는 과거에 소수계인 가톨릭이라는 이유로 가족이 마을에서 쫓겨나는 아픔도 겪었다. 당연히 매컬리스는 남들과 대등한 교육을 받을 수가 없었다. 하지만 그녀는 퀸스대학교(Queen's University of Belfast) 법대를 졸업한 뒤 1974년 변호사가 되었으며, 1975년부터 더블린에 있는 트리니티대학(Trinity College Dublin, TCD) 법대 교수와 1979년에 아일랜드 방송 협회(Radio Telefis Eireann, RTE) 기자를 거쳐 퀸스대학교 최초의 여성 부총장이 되었다. 1997년에는 58.7%의 득표율로 대통령에 당선되어 2011년 성공리에 임기를 마쳤다.

매컬리스는 로빈슨보다는 보수적이었지만 로빈슨의 정책을 계승함으로써 대통령에 당선되었다. 따라서 사회 문제에 관해서는 관용적 입장을 견지했다. 일례로, 더블린 남부에 있는 남녀 동성애자들의 거처 아웃하우스(Outhouse)를 방문한 일이나, 아일랜드 국교회의 성찬식에 참석한 일로 물의를 빚기도 했다. 또한, 그녀는 재임 기간 내내 아일랜드섬의 종파적·정파적 분열을 치유하는 데 큰 노력을 기울였다.

2005년 3월에 한국을 방문하여 이화여대에서 명예박사학위를 받기도 한 매컬리스 대통령은, 아일랜드의 미래 국가 전략에 대해 "번영을 지속하기 위해서는 다양한 문화를 받아들이고, 지식 산업을 확대해야 한다"고 말했다. 매컬리스의 개방 정책은 반대표를 던진 사람들까지도 끌어안는 포용력을 발휘함으로써 한동안 '국민의 대통령'으로 추앙받았다.


## 76. 아일랜드의 오늘

2011년 10월 27일에 치러진 대통령 선거에서 노동당 소속 마이클 대니얼 히긴스(Michael Daniel Higgins, 1941~)가 제9대 대통령에 당선되어 현재 재임 중이다.

1997년 '피어나 포일당' 소속 버티 어헌(Bertie Ahern, 1951~)은 '진보 민주당' 및 무소속 의원들과 제휴하여 연립정부를 구성한 뒤 총리가 되었으며, 메리 하니(Mary Harney, 1953~)는 아일랜드 최초의 여성 부총리가 되었다.

버티 어헌 정부는 북아일랜드의 평화정착에 심혈을 기울였다. 그중 하나가 '성(聖) 금요일 협정(Good Friday Agreement)'인데, 이 협정은 아일랜드섬 전체에 미치는 문제들을 다루기 위해 아일랜드 공화국 정부가 일원이 되는 남북 각료협의체를 마련했다. 또 하나는 북아일랜드의 평화정착을 위해 영국과 아일랜드 공화국의 관계 개선이었다. 이를 위해 버티 어헌 총리는 토니 블레어(Tony Blair, 1953~) 영국 총리를 초청하여 의회 연설을 주선하기도 했고, 취임(1997년 5월 1일) 이후 첫 방문지로 아일랜드를 선택한 블레어는 19세기 중반에 영국인의 착취로 인해 100만 명의 아일랜드인이 굶어 죽은 대기근의 참사(慘事)에 대해 사과하기도 했다.

버티 어헌은 오르락내리락하는 인기와 부인과의 불화로 세간을 떠들썩하게 했지만, 2002년 재선에 성공함으로써 다시 한 번 정권을 잡았다. 지난 30년 동안 재임에 성공한 정권은 버티 어헌 정부가 처음이다. 2004년에는 잠시 유럽연합 위원회의 회장을 맡아 유럽연합의 확대를 지지하기도 했다. 버티 어헌 총리는 2007년 5월 24일 시행된 총선에서, 높은 경제 성장을 이뤄낸 점과 북아일랜드 평화협상을 중재하여 자치 정부 출범을 끌어낸 노력에 힘입어 세 번째 연임에 성공했다. 이로써 그는 1932년부터 1957년까지 7회 연속 총리를 역임한 에이먼 데 벌레라에 이어 역사상 두 번째 장수 총리가 되었다. 그는 10년 동안 집권하면서 부패와 비판이 달라붙지 않는다고 해서 '테프론 총리(Teflon Taoiseach: '테프론'은 잘 달라붙지 않는 특성 때문에 프라이팬 등에 쓰이는 코팅제를 말하며, 비판과 추문이 따라붙지 않는다고 해서 붙여진 별명)'라는 칭송을 받았다. 하지만 1990년대에 있었던 뇌물 수수 의혹이 터져 2008년 5월 갑자기 중도에 사임하면서 브라이언 카우언(Brien Cowen, 1960~)이 총리직을 물려받았다.

브라이언 카우언 총리는 유럽연합 통합 확대를 주장했으나, 총리 취임 직후 리스본 조약(Treaty of Lisbon: 2005년 프랑스·네덜란드 국민투표에서 부결된 유럽연합 헌법을 대체하기 위해 마련된 개정 조약) 비준을 위한 국민투표에서 반대표가 더 많이 나와 국내외적으로 큰 곤경을 치렀다. 이후 금융위기를 맞아 적극적인 대책을 제시했으나, 국민의 인기가 떨어져 2011년 3월 총리직에서 물러났다.

이어 2011년 2월 25일 치러진 조기 총선에서 엔다 케니(Enda Kenny, 1951~)가 이끄는 피네 게일당이 피어나 포일당을 물리치고 가장 많은 의석수를 확보함으로써 새 정부를 구성하고 엔다 케니가 총리로 취임했다. 하지만 총선 과정에서 보인 미심쩍은 행보로 다수 의석을 확보하지 못한 채 무소속 의원들과 연합한 소수 여당이라는 한계 때문에 2017년 5월 총리직과 당 대표직에서 사임했다.

그의 뒤를 이어 인도 혈통이자 동성애자인 리오 버라드커(Leo Varadker, 1979~)가 아일랜드 역사상 가장 젊은 나이(38세)에 총리가 되어 현재까지 행정부를 이끌어오고 있다. 아일랜드가 지난 30년 동안 놀라운 변화를 겪어왔지만, 이민자 출신의 성 소수자가, 그것도 보수 성향이 짙은 피네 게일당의 당원이 총리가 되었다는 사실은 변화의 정점을 찍는 사건이라 할 수 있다. 리오 버라드커는 수수께끼 같은 인물로, 카리스마가 넘치고, 직설화법을 좋아하며, 오늘날의 아일랜드처럼 진취적이지만, 한편으로는 진보주의자들이 그의 보수적 정치관을 못마땅하게 여기고 있는 것도 사실이다.

## 77. 아일랜드의 사회 변화

1950년대에 아일랜드는 유럽에서 가장 폐쇄되고 못사는 '거지의 나라'였다. 가난을 견디다 못해 먹을 것과 일자리를 찾아 해외로 떠나는 이민자의 수가 급증함에 따라 국가 경제는 폐허 그 자체였으며, 총인구는 300만 명도 채 되지 않았다. 그러나 1960년대 초반부터 아일랜드는 소외되고 못사는 농업 국가에서 탈피하여 경제 발전을 착실히 일궈가는 현대국가로 변모하기 시작했다. 우선, 무역의 장애가 되는 관세를 인하함으로써 외국인 투자자들을 끌어들였으며, 1973년에는 '유럽경제공동체'에 가입함으로써 유럽 시장을 개척했다. 이는 영국의 그늘에서 벗어나 전 유럽에 문호를 개방하는 계기가 되었다. 이제 영국은 더 이상 유일무이한 무역 상대가 아니었다. 또한, 낡은 교육제도의 혁신과 정비를 통해 젊은 세대들이 더 나은 미래를 준비할 수 있는 길도 열어주었다.

이러한 결과에 힘입어 1990년대 후반 아일랜드의 경제는 40%의 성장을 기록했고, 더블린의 자산 가치는 3배로 급상승했다. 1999년 한 해 동안 아일랜드를 찾은 관광객 수는 총 6백만 명으로, 이는 아일랜드의 인구수를 훨씬 능가하는 숫자였다. 또한, 1990년대 중반부터 이민 행렬이 멈추고, 해외로 줄줄이 떠났던 아일랜드인들(역이민자들)이 속속 되돌아오고 있다. 뿐만 아니라 일자리를 찾아 외국인들도 구름처럼 몰려오고 있다.

전통적으로 농업과 목축에 의존하던 아일랜드는 지난 반세기 동안 정보통신, 소프트웨어, 반도체, 컴퓨터, 제약, 의학, 생명공학 중심의 최첨단산업 국가로 변신하여 하루가 다르게 발전해왔다. 그리하여 1988년 1인당 국민소득 1만 달러를 달성한 이후, 1996년에 2만 달러, 2002년에 3만 달러, 2005년에는 4만 달러, 2007년에는 5만 달러를 돌파하는 기적을 이뤄냈다. 또한, 아일랜드의 국내 총생산(Gross Domestic Product, GDP)은 이른바 '켈트 호랑이'라고 불리는 경제 도약에 힘입어 유럽연합 회원국들의 평균치를 훨씬 능가했다.

하지만 2008년 9월 미국 금융회사 리먼 브라더스(Lehman Brothers Holdings, Inc.) 파산의 여파로 금융위기가 터지자, 개방·수출 경제의 부작용으로 인해 글로벌 금융위기의 희생양이 되었다. 급기야 2010년에는 국제통화기금(IMF), 유럽중앙은행(ECB), 유럽연합(EU)으로부터 총 850억 유로의 구제금융을 받는 수모를 당하기도 했다. 그랬던 아일랜드가 그로부터 3년 뒤 구제금융의 악몽을 완전히 떨쳐내고, 현재는 유럽에서 가장 높은 경제 성장률을 자랑하며 '켈트 호랑이 2.0'으로 부활하여 다시 포효하고 있다.

그럼에도 불구하고 최근 20년 동안 '경기 붐'과 '거품 붕괴'라는 롤러코스터(roller coaster)식 경제 성장을 겪어온 아일랜드는 인구의 도시집중과 함께 많은 사회적 문제를 안고 있다.

한때 아일랜드의 전 국토는 초록빛 들판과 숲들이 끝없이 펼쳐진 아름다운 전원의 나라였다. 하지만 지금은 아일랜드인들이 그토록 소중히 여겨온 국토가 산업시설 및 주거를 위한 공간으로 급격히 탈바꿈하고 있다. 이는 기상이변, 대기 오염, 수질 오염 등과 같은 환경문제를 불러일으켰고, 도시화와 더불어 촉발된 인구의 도시집중은 주택, 교통, 상하수도, 전기 등과 같은 문제로부터 빈부 격차 및 범죄의 증가에 이르기까지 각종 사회적 병폐를 낳고 있다.

또한, 아일랜드는 과거의 동질화 사회로부터 다문화 사회로 변모해 가고 있다. 더 나은 일자리와 보수를 찾아 유럽연합 회원국, 동유럽, 그리고 아시아 · 아프리카 대륙에서 몰려오는 사람들이 사회의 양상을 완전히 바꿔 놓고 있기 때문이다. 이들 중 일부는 심지어 정치 무대로까지 진출하여 영향력을 행사하고 있다. 아일랜드인들은 이러한 변화의 물결을 열린 마음으로 받아들이며, 다문화 사회로의 진입을 자축하고 있다. 하지만 사려 깊은 사람들이 국가의 정체성에 대한 진지한 고민을 시작한 것도 부인하기 힘든 사실이다.

국가의 정체성에 관한 문제는 언어 사용의 문제와도 관련이 있다. 한때 국가의 통일과 마찬가지로 아일랜드어(게일어)의 부활이 데 벌레라 총리의 지대한 관심사였고, 또한 헌법에도 국가의 제1 공용어로 명시되어 있긴 하지만, 결국 아일랜드어는 국민의 일상어로 자리 잡는 데 실패하고 말았다. 하지만 그들의 고유 언어인 아일랜드어에 대한 관심이 지금 다시 일기 시작하고 있다. 학부모의 관심과 후원으로 각급 학교에서 아일랜드어 교육이 시행되고 있을 뿐 아니라, 텔레비전 방송 또한 아일랜드어의 보급과 확산에 일조하고 있다. 게다가 1960년대부터 시작된 아일랜드 전통음악의 부활과, 이에 대한 세계인들의 높은 관심이 아일랜드어의 앞날을 밝게 해주고 있다.

지금 아일랜드는 '켈트 호랑이'의 등에 올라 유례없는 경제 호황을 누리고 있다. 그리고 이제껏 누려보지 못한 물질적 풍요에 도취되어 '먹고, 마시고, 즐기자'는 풍조가 만연해 있다. 지나칠 정도로 해외 자본에 의존함으로써 거품경제가 언제 무너질지 모른다는 걱정이 전혀 없는 것은 아니지만, 이는 새롭게 부상하고 있는 중산층에게는 그저 먼 나라의 이야기일 뿐이다. 이들에게는 최신형 자동차, 해외에서 보내는 휴가, 고급 와인, 유흥, 도박, 섹스 등만이 눈앞의 관심사이다. 급기야 이러한 소비 만능주의와 유흥 문화는 마약 및 알코올 중독, 교통사고, 각종 범죄, 건강 문제 등을 야기했을 뿐 아니라, 이혼 법정을 붐비게 했고, 피임이 10대들의 일상사가 되도록 했으며, 낙태를 공공연한 화젯거리로 만들었다. 최근에는 동유럽인과 중국인이 늘어나면서 퇴폐 노래방이나 몸을 팔려는 여자들도 등장했다. 더블린에는 '조지 바(The George)'라는 게이 바(gay bar)도 성업 중이다. 조용하던 아일랜드가 성장통(成長痛)도 함께 겪고 있는 것이다.

지난 2016년은 1916년에 있었던 '부활절 봉기' 100주년을 기념하는 해였다. 지난 1세기 동안 아일랜드는 지구촌 사람들의 상상을 뛰어넘을 정도로 부침(浮沈)을 겪어 왔다. 눈부신 경제 성장을 이뤄냈는가 하면, 수난 속에 문화의 꽃을 피워냈다. 21세기 아일랜드의 핑크빛 미래를 위해서는, 아일랜드의 어제와 오늘에 대한 성찰과 함께 역사와의 끊임없는 대화가 절실히 요구되는 시점이다. 또한, 하이테크 문명과 4차 산업혁명의 와중에도 찬란한 문화유산과 윤리적 가치들이 여전히 살아 숨 쉬는 에메랄드빛 섬을 지구촌의 등대이자 오아시스로 가꾸어가는 것은 오늘을 살아가는 아일랜드인의 책무이다.


## 78. 아일랜드의 정치

아일랜드는 성문 헌법과 양원제 의회(Oireachtas)를 두고 있는 의회 민주주의 국가이며, 상원(Seanad Eireann)은 총 60명의 의원으로 구성된다. 이 중에서 49명은 대학과 5개의 직능단체에 의해 선출되고, 11명은 총리(Taoiseach: 발음은 '티쉑')가 지명한다. 반면에 하원(Dail Eireann)은 복잡한 형태의 비례대표제에 따라 선출되는 166명의 의원으로 구성된다.

선거는 5년마다 치러지며, 주요 안건은 국민투표로 결정된다. 대통령은 7년마다 직접 선거로 선출되며, 국가의 행정에 관해서는 실권이 없다. 행정과 내각에 대한 실권은 대통령이 형식적으로 임명하는 총리에게 있다. 대통령은 단지 군 통수권자의 역할과 대사에게 신임장을 수여하는 일, 그리고 의례적인 임무만을 수행한다.

아일랜드의 정당제도는 분할 통치로 인해 내전이 시작된 1921년부터 1980년대에 이르기까지, '피어나 포일당'과 '피네 게일당'이 서로 대립하면서 주류를 형성해왔다. 이 두 정당은 그들이 지지하는 이념에 의해서가 아니라, 그들의 조상이 내전 동안 사수하려 했던 명분(아일랜드의 독립에 관한 조약을 찬성하느냐 반대하느냐의 여부)에 의해 구분된다. 하지만 가장 오래된 정당은 노동운동가였던 제임스 라킨(James Larkin, 1876~1947)의 전통을 이어가는 '노동당(The Labour Party)'이다. 1980년대 이후에는 '민주 진보당(The

Progressive Democrats)'과 '민주 좌파당(The Democratic Left)'이 출현하여, 자기들보다 의석수가 많은 정당과의 연합을 통해 연립정부를 구성해 오고 있다.


## 79. 아일랜드의 경제

2004년 영국의 경제전문지 『이코노미스트(The Economist)』가 세계 111개 나라 가운데 '세계에서 가장 살기 좋은 나라'로 선정한 곳은, 초강대국 미국도 아니고 유럽의 선진국도 아닌 유럽 변방의 작은 섬나라 아일랜드였다. 아일랜드는 정치, 경제, 사회, 문화, 복지 등 모든 분야에서 고르게 좋은 평가를 받아 삶의 질이 가장 높은 나라로 꼽혔다.

아일랜드는 전통적으로 감자 재배와 목축 등의 낙후된 산업 구조와 영국으로부터 750년 동안 식민통치를 받으면서 쇠약해질 대로 쇠약해진 국력 때문에, 늘 '서유럽의 환자'로 놀림을 받아왔다. 19세기 중반 아일랜드 인구는 대략 800만 명 정도였다. 하지만 1845년부터 7년 동안 지속된 대기근의 여파로 100만 명이 넘는 인구가 굶어 죽었고, 또 100만 명 이상은 살길을 찾아 영원히 아일랜드 땅을 떠났다. 그 이후에도 인구는 계속 줄어 1960년대에는 300만 명을 밑돌았다. 수많은 아일랜드인이 가난 때문에 일자리와 먹을 것을 찾아 해외로 이주를 했다. 또한, 아일랜드는 1970년대 초반까지 유럽에서 가장 폐쇄되고 못사는 농업 국가였다(전체 국민의 1/4이 농업에 종사함). 극심한 노사분규의 여파로 1980년대 초 실업률은 17%, 물가 상승률은 20%를 웃돌았다. 아일랜드의 수도(首都)에 있는 더블린 공항은 대학을 졸업해도 일자리를 구할 수 없어 '구직 이민'을 떠나는 젊은이들로 늘 북새통을 이뤘다.

그러나 1990년대 중반부터 이민 행렬이 멈추고, 떠났던 사람들이 속속 되돌아오고 있다. 최근의 이민자 가운데 절반가량이 역(逆)이민자들이다. 일자리를 찾아 외국인들도 몰려오고 있다. 바로 10년간의 고도성장 덕택이다. 경제 발전으로 인해 영국에게 구긴 자존심을 되찾고 있다. 한동안 '유럽의 지진아', '거지의 나라', '하얀 깜둥이의 나라' 등으로 불렸던 아일랜드가 최근 '작지만 강한 나라'로 부상했다. 더블린(Dublin) 거리를 오가는 사람들의 또렷한 눈빛과 활기찬 모습, 젊은이들이 내뿜는 에너지와 개성이 넘치는 길거리 공연, 사라진 슬럼가와 깨끗해진 주택가, 곳곳에 들어선 세련되고 다양한 최첨단 건물들, 오코넬 거리(O'Connell Street)에 우뚝 서 있는 120m 높이의 '더블린 첨탑' 등은 새롭게 도약하고 있는 아일랜드의 기상을 보여준다. 제임스 조이스의 『더블린 사람들(Dubliners)』에서 볼 수 있는 무기력(無氣力)의 분위기는 사라진 지 오래다.

아일랜드의 경제 성장은 초고속으로 진행되었다. 1988년에 1인당 국민소득 1만 달러를 달성한 이후, 1996년에 2만 달러, 2002년에 3만 달러, 2005년에는 4만 달러, 급기야 2007년에는 5만 달러를 돌파하는 기적을 이뤘다. 1987년에 유럽연합(EU) 평균치의 69%에 불과하던 1인당 국내 총생산(GDP)은 2003년에 136%로 치솟아 최고 부자(富者)의 나라가 되었다. 실업률은 1987년의 17%에서 2003년에는 4%로 떨어졌다. 국가 채무도 같은 기간 내에 GDP의 112%에서 33%로 감소했다. 경제협력개발기구(OECD)에 따르면 1990년대 10년 동안 아일랜드의 연간 GDP 성장률은 6.9%를 유지했다. 지금은 비록 1990년대의 가파른 성장세가 둔화되긴 했지만, 여전히 OECD 평균치의 2배를 웃도는 4~5%대의 경제 성장률을 이어가고 있다.

성장의 동력은 관광업(현재 관광객 수는 연간 6백 50만 명에 달함)과 무역이며, 정보통신산업을 포함한 고부가가치 산업 육성정책과, 이를 위한 적극적인 외국 자본 유치 정책이었다. 이를 위해 고급인재 육성을 위한 교육 경쟁력 강화에 힘썼으며, 법인세를 12.5%로 대폭 인하하고, EU 보조금을 활용했다. 이로 인해 오늘날 아일랜드에는 인텔(Intel), 와이스(Wyeth), 델(Dell), 컴팩(Compaq), 애플(Apple), 엑실(Xsil), 화이자(Pfizer), 글락소 스미스 클라인(Glaxo Smith Kline), 쉐링(Schering) 등과 같은 소프트웨어, 반도체, 컴퓨터, 제약, 의학, 생명공학 분야에서 1,500개를 훨씬 넘는 다국적 기업들이 진출하여 15만 명 이상의 고용을 창출하고 있다. 뿐만 아니라 외국계 기업이 아일랜드에서 창출한 일자리만도 2만여 개로 매년 최고치를 경신하고 있다.

또한, 인텔, 구글, 트위터, 애플, 페이스북, 마이크로소프트(MS), IBM, 페이팔, 이베이, 화이자, 노바티스 등 다국적 기업이 아일랜드의 수도 더블린에 유럽 본부를 두고 있다. 아일랜드 정부는 전 세계 10대 소프트웨어 회사 중 9곳을 유치했다. 전 세계 10대 제약회사 중 9곳도 아일랜드에 투자했다. 최근에는 구글의 알파벳이 더블린에 3억 유로(약 4000억 원)를 투자한다고 밝혔고, 한국의 SK바이오텍 유치에도 성공했다.

아일랜드의 경제 회생 전략은 외국 자본 유치를 통한 경제 활성화였다. 그리고 이로 인해 세계에서 가장 낮은 수준의 법인세로 글로벌 기업들을 끌어들였다. 낮은 법인세율, 유로존 내 유일한 영어 사용국, 인구의 1/3이 25세 이하일 정도로 젊고 생산성이 높은 노동력에 더해, 로열티나 특허권 이용 수익에 대해서도 법인세나 소득세를 물지 않도록 했기 때문이다. 현재 아일랜드 국민이 받는 임금의 55% 이상이 외국 기업으로부터 나오고 있으며, 수출의 70% 이상을 외국 기업이 독점하고 있다.

이러한 배경에는 노사정 대화합을 위해 1987년부터 시행된 '사회연대협약(Social Partnership)'과 '국가 재건 프로그램(Programme for National Recovery, PNR)'이라는 탄탄한 기반이 있었기 때문이며, 아일랜드 기업진흥청(Enterprise Ireland, EI)과 아일랜드 산업개발청(The Industrial Authority, IDA)이 자국 기업의 육성과 외자 유치를 위해 총력을 기울였기 때문이다.

세상 사람들은 오늘날 아일랜드인이 경제 부문에서 이룬 성공 신화를 부러워하지만, 그 바탕에는 수난의 역사를 거치면서 피워낸 찬란한 문화를 통해 세계와 소통하고, 유연하고 열린 사고방식을 체화하게 된 아일랜드인 특유의 국민 의식이 자리하고 있다는 사실을 유념해야 한다.

이른바 '켈트 호랑이'로 불리는 아일랜드 성공 신화의 비결에는 여러 가지 요인들이 있다. 그중 첫 번째는 '작은 정부 만들기'이다. 유럽중앙은행은 2006년의 OECD 국가들의 지출 개혁을 연구한 보고서에서 아일랜드를 가장 성공한 사례로 꼽았다. 찰스 호이(Charles James Haughey, 1925~2006) 총리(1979~1981, 1982.3~1982.11, 1987.3~1989.5, 1986.6~1992.1 총리 역임)가 이끄는 아일랜드 정부는 야당의 지지를 등에 업고 공무원의 숫자, 임금, 연금, 차관, 세금 등을 줄여 재정 지출과 세금을 낮추는 파격적인 정부 개혁을 단행했다. 노동 유연성 확보, 민영화 등 시장 친화적 개혁이 이어진 것도 정부의 이러한 모범이 있었기에 가능했다. 작은 정부의 역동성이 민간 부문의 활력과 삶의 질 향상으로 이어진 것이다. 또한, 1999년부터 최초의 유로화 참가국 중 하나가 됨으로써 누리게 된 낮은 이자율도 아일랜드의 경제 성장에 한몫을 톡톡히 했다.

두 번째는 노사정(勞使政) 대화합이다. 아일랜드는 1970년대부터 1980년 대까지 이른바 '노조 공화국'이었다. 금융회사, 철도, 항만, 교원노조 할 것 없이 모두가 투쟁 일변도였다. 무려 한해 파업 건수가 200여 건에 달했다. 공장이 돌아가지 않는 날이 더 많았다. 아일랜드 경제의 종언(終焉)이 예고 되었다. 외국 기업들이 속속 아일랜드 땅을 떠났다. 1970년대 초에는 석유 파동까지 겹치자 경제는 완전히 망가졌다. 물가 상승률은 20%대까지 치 솟고, 실업률은 17%에 달했다. 급기야 1987년에는 국가 채무가 GDP의 120%에 이르면서 국제통화기금(International Monetary Fund, IMF)으로부터 구제금융 지원까지 받았다.

마침내 위기의식을 공유한 노사정이 한자리에 모였다. 총리실 산하의 국가경제사회위원회(Nation Economic Social Council, NESC)가 총대를 맸다. NESC는 임금 인상률을 3년간 2.5%대로 묶고, 법인세 감면 폭을 대폭 확 대하는 것을 골자로 하는 '국가 재건 프로그램'을 내놓았다. 노조도 적극 지 지하고 나섰다. 또한, 정치권도 동참했다. 드디어 지금까지 구국의 결단으 로 칭송되고 있는 제1차 '사회연대협약(Social Partnership)'이 1987년 10월 에 체결되었다.

노사정이 공동의 이익을 위해 손을 잡은 후, 아일랜드 경제는 급속히 살 아나기 시작했다. 1988년에는 1인당 국민소득 1만 달러를 돌파했고, 9년 뒤엔 2만 달러, 15년 뒤엔 3만 달러, 2000년대 중반에는 5만 달러를 넘어 서는 국가로 도약했다. 아일랜드 경제가 이처럼 짧은 기간 내에 성장할 수 있었던 것은, 한두 명의 정치인이나 관료가 영웅적 리더십을 발휘해서가 아니라, 위기의식을 공유한 노사정이 양보의 미덕으로 집단의 리더십을 발 휘했기 때문이다.

2007년은 아일랜드를 살려낸 '사회연대협약'이 출범한 지 20주년이 되는 해이자 협약이 일곱 번째로 갱신된 해(협약은 3년마다 갱신됨)였다. 이제 아일랜드의 노사정은 해를 거듭할수록 더욱 탄탄한 신뢰를 쌓아가는 파트너로 거듭나고 있다. 재계 단체 경제인연합회의 오브라이언(O'Brien) 박사는, "이제 임금 인상뿐 아니라 10년 이상 장기적 영향을 미치는 주택, 환경, 노인복지, 사회간접자본 확충 같은 국가적 이슈도 노사정이 함께 논의할 수 있는 의제가 됐다"라고 말했다.

세 번째는 유럽연합(EU)의 보조금과 EU 단일 시장의 참여이다. 아일랜드는 1973년에 '유럽경제공동체(The European Economic Community, EEC: EU의 전신)'에 가입한 직후부터 보조금을 받아왔으나 이렇다 할 효과는 보지 못했다. 그러나 '마스트리히트 조약(Maastricht Treaty)'에 따라 1992년부터 확대 시행된 EU의 구조조정 기금(300억 유로)은 연구, 교육, 훈련, 산업 발전, 인프라 확충, 재정의 건전성 유지, 통화 안정, 개방화 등에 많은 도움이 되었다. 이 보조금은 아일랜드 GDP의 채 5%도 되지 않았지만, 1990년대에 아일랜드의 경제 성장률을 매년 0.5%씩 높여 주는 효과가 있었다. 또한, EU 단일 시장의 참여는 아일랜드의 내부 투자를 늘리고 수출의 활로를 개척하는데 아주 효과적이었다.

네 번째는 개방화와 외자 유치이다. IDA 홍보 담당관 브렌던 할핀이 "글로벌 경제시대에 작은 나라가 경쟁력을 가지려면 유연하고 개방적이며, 실용적 사고방식을 갖춰야 한다"라고 강조한 것처럼, 아일랜드의 경제는 지금 세계에서 가장 개방화된 경제로 평가되며, 국민 대다수가 세계화는 위협이 아니라 기회라고 믿고 있다. 하지만 아일랜드는 1960년대까지만 해도 외국 기업 진출금지 법안을 만들 정도로 상당히 보수적인 나라였다. 그러나 "보호에서 개방으로 나아가라"라는 ADL 컨설팅업체의 보고서가 국가의 노선을 바꾸었다. 아일랜드 정부는 ADL의 권고를 받아들여 IDA와 같은 외자 유치 전담기관을 세우고, 적극적인 외자 유치에 나섰다.

초창기에는 파격적인 대우를 했다. 외국 기업들에게 법인세를 면제해 주고, 고용 직원에 대한 훈련 보조금을 100%나 주었다. 또한, 빌딩을 5~10년 동안 무료로 사용하도록 했다. 이러한 노력에 힘입어 외국 기업이 속속 아일랜드로 몰려들었다.

지금은 혜택 요건이 많이 완화되긴 했지만, 아직까지 유럽에서는 가장 낮은 수준의 법인세, 25세 미만의 인구가 40%를 차지하는 젊은 노동력, 스위스 국제경영개발원(International Institute for Management Development, IMD)이 세계 최고라고 인정한 교육 시스템, 노사분규가 없는 정치·사회적 안정, 영어 사용국 등의 장점 때문에 여전히 투자의 매력을 유지하고 있다.

여기에 공무원의 철저한 사명의식이 한몫했다. IDA 관계자는 "외국 기업이 스코틀랜드를 비롯한 유럽 다른 지역을 선택해도 관계가 없지만, 만일 내가 충분한 정보를 전달하는 데 소홀했다는 사실이 밝혀지면 문책을 받는다"라고 말한 바 있다. IDA의 '원스톱 서비스'는 이미 고전이 되었다. 투자 신고부터 공장용지의 선정, 자금 조달, 자녀의 학교 문제 등 아일랜드에 진출하는 모든 외국 기업들을 적극적으로 지원해주기 때문이다.

또한, 아일랜드는 해외 금융자본의 유치에도 눈길을 돌렸다. 목표는 런던의 세계적 금융가인 '시티(City)'를 따라잡자는 것이다. 더블린 동쪽 리피 강변에 있는 '국제금융서비스센터(International Financial Services Center, IFSC)' 건물에는 메릴린치, 시티뱅크, JP모건, 스미토모 은행 등 전 세계 금융기관 400여 개가 입주하여 고객들에게 서비스를 제공하고 있다. 금융센터이지만 호텔, 레스토랑, 공연장 등도 함께 갖추고 있어 건물 자체가 금융 허브 구실을 하고 있다. 한편, 아일랜드 증권거래소(The Irish Stock Exchange, ISE)도 1995년 런던으로부터 독립했다.

최근에는 해외 유학생 유치에도 적극적으로 나서고 있다. 어학 연수생들로부터 매년 3억 유로를 벌어들이고 있는 아일랜드는, 대학생의 15%인 2만 4천여 명의 해외 유학생을 유치함으로써, 매년 1억 4,000만 유로를 추가로 벌어들이고 있다.

다섯 번째는 자국 기업의 육성이다. 아일랜드 산업개발청(IDA)이 외자 유치에 초점을 맞추고 있다면 아일랜드 기업진흥청(EI)은 아일랜드 자국 기업의 육성과 해외 교류를 지원하기 위해 설립된 정부 기관이다. EI는 특히 대학과의 산학(産學) 협동을 중시한다. 뿐만 아니라 자국 기업의 육성을 위한 창업지원 프로그램도 강화하고 있다. 현재 아일랜드에는 19개 대학에 '교내 기업 양성소(Campus Incubation)'가 있는데, 이는 EI와 대학이 연계한 아일랜드식 산학협력기관이다. 주로 IT(Information Technology, 정보 기술)와 BT(Bio Technology, 생명공학 기술)를 다루는 1~10명 규모의 미니 벤처들이 대학 당 20~30개씩 입주해 있다. 대학은 약간의 임대료를 받고 연구·개발 지원을 해주고, 학생들은 이곳에서 프로젝트를 수행하거나 창업을 하기도 한다. '아이오나 테크놀로지(IONA Technologies)'는 지난 1991년 트리니티대학 컴퓨터학부 학생들이 세운 벤처업체였으나, 지금은 7천 400만 달러의 매출을 자랑하는 세계적 소프트웨어업체로 성장했다. 이들은 미국 보잉사의 조립·구매·판매 프로그램을 한꺼번에 연결해주는 소프트웨어를 개발하여 일약 스타 기업으로 떠올랐고, 나스닥에 상장되기도 했다.

하지만 잘 나가던 아일랜드의 경제는 2002~2003년 잠시 주춤했다.

9 · 11 테러 이후 주력 업종인 IT 경기가 침체한데다가 갑작스러운 고성장 때문에 고임금 · 고비용 구조가 발목을 잡기 시작한 것이다. 때마침 인건비가 아일랜드의 10분의 1 수준인 동유럽이 속속 시장 개방을 단행하면서 외국 공장들을 빨아들였다. 네트워크 장비업체인 쓰리콤(3COM)은 R&D(Research and Development, 연구 및 개발) 기지만을 남기고 아일랜드에서 공장을 철수했고, 전자부품업체인 프랑스 슈나이더도 26년 동안 운영하던 공장을 체코로 이전했다.

이처럼 외국 자본이 빠져나가면서 경제가 잠시 흔들리자, 외부에서는 "자기 산업도 없이 외자 유치에만 주력하더니 역시"라며 비아냥거렸다. 그러나 아일랜드는 이를 코웃음 치듯 다시 급상승 커브를 그렸다. 영국의 『이코노미스트』 지(誌)는 이를 두고 '타이거리시(Tigerish)'라는 새로운 표현을 썼다. 아일랜드가 슬럼프에서 쉽게 벗어날 수 있었던 것은, 투자유치 대상을 '가능한 한 모든 외국 기업'에서 '고부가가치 첨단 외국 기업'으로 수정하고, 집중적인 지원책을 일관되게 폈기 때문이다.

여섯 번째는 실용적이고 유연한 교육개혁이다. 아일랜드 경제 발전의 저력은 1960년대부터 시작된 실사구시(實事求是)형 교육에 있으며, 만 15세 '예비 노동자'를 대상으로 한 '전환학년제(Transition Year System: 중등학교 3학년 과정을 마친 학생들이 곧바로 4학년으로 진입하는 대신 1년 동안 갖는 진로 탐색 기간)'만 보아도 그 지향점을 알 수 있다. 아일랜드는 정부, 교육기관, 학부모들이 참여하는 '아일랜드 포럼'을 구성하여 전반적인 교육정책을 논의하며, 기업체의 인력 수요를 결정하고, 대학의 학과 신설과 정원 문제를 협의한다. 아일랜드의 마틴 산업부 장관은, "21세기에는 기술력과 세일즈 · 마케팅 능력을 겸비한 인재가 국가의 재원"이라면서, 아일랜드 교육의 가장 큰 특징은 '수

요자 중심의 대학 교육'이라고 말한 바 있다. 즉, 정부가 돈을 대면 대학과 기업이 머리를 맞대고 연구하여 일자리를 창출한다는 것이다. 가장 대표적인 것이 '교내 기업 양성소'이다. 이는 2000년 이후 전국 주요 19개 대학이 앞장서서 만든 벤처 육성기관으로, '제2의 구글(미국의 벤처기업)'을 꿈꾸는 학생들의 연구 · 개발과 창업을 지원한다.

한편, '아일랜드 과학 재단(Science Foundation Ireland, SFI)'은 6억 3,500백만 유로의 정부 예산을 투입하여 생명공학 기술(BT)과 정보통신 기술(ICT) 분야의 연구를 주도하고 있다. 뿐만 아니라 과학과 공학 분야의 박사 학위 소지자를 두 배로 늘리는 캠페인도 벌이고 있으며, 훌륭한 외국 과학자와 연구자가 아일랜드에 와서 연구할 수 있도록 기금을 조성하고 있다. 빌 해리스(Bill Harris) 재단 이사장은, "아일랜드가 과학 및 과학자 친화적으로 되도록 하는 것이 재단의 목적"이라고 말한 바 있다.

일곱 번째는 많은 수의 젊고 유능하며 영어를 말할 수 있는 노동 인구이다. 아일랜드는 여타의 유럽 국가들보다 베이비 붐(Baby Boom)이 오랫동안 지속되었다. 하지만 1950년대부터 1960년대까지 이어진 해외 이민으로 인해 연금을 받는 노령 인구가 극히 적은 것이 특징이다. 25세 미만의 인구가 40%로 EU 국가들의 29~32%보다 훨씬 높은 편이다. 한편, 아일랜드로의 인구 유입은 그동안 꾸준히 증가하여 지금은 전체 인구가 460만 명에 달한다. 이 중에서 70%나 되는 많은 수의 사람들이 노동 시장에서 일하고 있다.

여덟 번째는 낮은 세금이다. 아일랜드는 1960년대와 1970년대의 과중한 세금 탓에 소비가 위축되고 가계에 큰 부담이 되었다. 하지만 1990년대 초부터는 세금이 획기적으로 낮아짐으로써 경제 활성화에 큰 도움이 되었다.

이러한 요인(要因)들로 인해 서유럽의 끝자락에 붙어 있는 작은 섬나라 아일랜드는 2008년 9월 미국 발(發) 글로벌 금융위기 이전까지 '켈트 호랑이'로 불렸다. 1973년 '유럽경제공동체'에 가입하면서 성장의 발판을 마련했고, 1990년대 중반부터 부동산 거품이 꺼지기 직전인 2007년까지 글로벌 저(低)금리 시대의 도래와 세계적 유동성 과잉에 힘입어 12년간 연평균 7%씩 경제가 성장했다. 금융 산업을 육성하고 낮은 법인세로 1,500여 개 이상의 해외 기업을 유치한 덕분이었다. 1인당 GDP는 한때 유럽에서 2위까지 올랐으며, 1인당 국민소득은 5만 달러를 뛰어넘었다.

하지만 2008년 미국 금융회사 리먼 브라더스(Lehman Brothers Holdings Inc.) 파산의 여파로 금융위기가 터지자, 자금이 순식간에 빠져나갔다. 부동산 거품이 꺼지고 남은 것은 채무뿐이었다. 2010년 아일랜드의 GDP 대비 재정적자 비율은 30%를 웃돌았고, 아일랜드 은행 역시 거의 파산 지경에 내몰려 그해 11월 국제통화기금(IMF), 유럽중앙은행(ECB), 유럽연합(EU) 등 국제 채권단으로부터 850억 유로(약 122조 원)의 구제금융을 받았으며, 2011부터 2014년까지 4년간 재정 긴축을 통해 150억 유로를 감축한다는 약속을 했다. 유럽 국가 중 가장 먼저 불황의 늪에 빠진 것이다. 전 세계적으로 '아일랜드 따라 배우기' 열풍을 몰고 왔던 유럽의 '경제 모범생', '작지만 강한 나라', '유럽 최고의 성장 국가' 등으로 칭송받던 아일랜드가 몇 년간의 방심과 금융위기 한방에 이빨 빠진 호랑이 신세로 전락하여, 다시금 1980년대의 암울한 시절로 회귀하는 비극을 자초했다. 유럽의 최빈(貧)국이었던 아일랜드가 우등생으로 급부상했다가 다시금 문제아로 전락한 것이다.

아일랜드 경제의 발목을 잡은 것은 부동산 투기였다. 경제 호황이 이어지자 2000년대 들어 저금리와 대출 규제 완화로 부동산 광풍(狂風)이 불었다. 부동산 광풍은 아일랜드의 수출이 정체 조짐을 보인 2001년부터 시작되었다. 은행은 주택 매입자금의 100%를 저리(低利)로 대출해주고, 정부도 인센티브를 제공함으로써 부동산 개발을 부추겼다. 1년에 건설되는 주택의 숫자가 아일랜드보다 인구가 15배나 많은 영국과 비슷할 정도였다. 건설업이 GDP에서 차지하는 비중이 한때 20%에 육박했고, 건설업 고용이 전체 고용 인구의 15%까지 치솟았다. 제조업에서 건설업으로 인력이 대거 이동했고, 모든 산업의 임금 수준이 급격히 올라가면서 전체 산업의 경쟁력을 떨어뜨렸다.

그러나 2008년 글로벌 금융위기로 아일랜드의 부동산 시장도 침몰했다. 10여 년 동안 3배로 급등했던 부동산 가격은 2008년 이후 정확히 반 토막이 났다. '묻지 마 대출'을 일삼던 아일랜드의 은행들은 파산 선고를 받았다. 부동산 담보대출이 전체 대출의 60%를 차지하는 금융권의 주가는 90% 이상 폭락했고, 실업률은 10%대에 근접했다. 아일랜드 정부는 은행들의 파산을 막기 위해 350억 유로를 긴급 투입했다. 건설업이 붕괴되면서 세수(稅收)마저 급감하여, 줄곧 흑자를 내던 정부 재정이 적자로 돌아섰고, 정부가 파산 위기에 몰렸다. 민간의 위기가 정부의 위기로 전이(轉移)되었기 때문이다. 이처럼 아일랜드의 성과 지수가 최하위권으로 떨어진 것은 부동산 거품 및 이로 인한 금융권의 부실 때문이었다. 아일랜드는 1999년 출범한 유로화를 도입하면서 금융 산업에 지나치게 의존했고, 그 결과 주택시장의 대출 부실로 촉발된 미국발(發) 금융위기에 고스란히 노출되었다. 따라서 위기 발생 이후 주가와 국채 수익률이 큰 폭으로 오르내리면서 극심한 금융시장의 불안정에 시달렸다.

한편, 2008년 이후 지속된 경기 침체와 높은 실업률 등의 경제 위기는 아일랜드인들의 어두운 이민사, 즉 '아일랜드 엑소더스(Irish Exodus)'를 재연시켰다. 2008년부터 2011년까지 아일랜드 인구의 3%가 넘는 15만 명 이상이, 이후에는 해마다 평균 4만 명이 해외로 이민을 떠났다. 특히 젊은 층이 많이 나갔다. 경기 침체로 일자리가 줄어들고, 호황 때 4%까지 낮아졌던 실업률이 갑자기 14.45%로 치솟았기 때문이다. 19세기 중반 주식(主食) 작물인 감자 대기근으로 100만 명 이상이 아일랜드를 떠난 상황과 비슷하다는 흉흉한 이야기도 나돌았다.

하지만 2008년 글로벌 금융위기의 여파로 휘청대던 아일랜드의 경제가 다시 회복 조짐을 보이기 시작했다. 2010년대 말 IMF 구제금융을 받은 이후 원칙을 지킨 경제정책, 강력한 긴축재정, 구조조정, 제조업 경쟁력 제고, 개방화, 다국적 기업 및 투자유치, 규제 완화 등의 정책을 펼치면서 복지혜택 축소, 공무원 임금과 연금 삭감, 공무원 감축 등과 같은 고통을 감내해온 아일랜드가, 마침내 2013년 12월 15일 재정 위기 이후 구제금융을 받던 유로존(Eurozone: 유로화를 쓰는 19개국) 4개국(아일랜드, 스페인, 그리스, 포르투갈) 가운데 처음으로 '구제금융 딱지'를 떼고 '깨끗한 졸업'을 했다.

몇 년간의 고통 끝에 구제금융 위기에서 벗어난 아일랜드는 현재 유럽에서 가장 높은 경제 성장률(7.8%)을 자랑하고 있다. 아일랜드의 경제 가치는 '켈트 호랑이'로 불렸던 2007년보다 56% 증가한 3000억 유로(약 384조 원)에 달한다. 16%까지 치솟았던 실업률도 현재에는 4~5%로 2008년 5월(5.9%) 이후 가장 낮은 수치이다. 한때 금융위기에 내몰렸던 아일랜드가 8년 만에 선진국 중 가장 빠른 성장세를 보이며 '켈트 호랑이 2.0'으로 부활하여 다시 포효하고 있다. 요즈음 아일랜드의 경제 성장은 2008~2010년 당시 건설 경기가 주도했던 붐과는 질적으로 다르다는 분석이 나온다. 블룸버그통신은 "부동산과 금융의 허브 대신 제조업과 정보 기술(IT)의 허브로 산업 구조를 바꾸면서 경제의 펀더멘털(토대)이 튼튼해졌다"고 평가했다.

요즈음 아일랜드는 제2의 도약을 꿈꾸고 있다. 더블린의 그래프톤 거리(Grafton Street)는 연일 붐비고, 식당에는 지역 사람과 관광객들로 넘쳐나 빈자리를 찾기가 어렵다. 백화점과 상점 점원들은 밀려드는 손님을 응대하느라 정신이 없다. 또한, 2010년 구제금융을 받은 이후 2014년까지 30만 명이 해외로 이민을 떠났지만, 지금은 해외로 나갔던 젊은이들이 고국으로 속속 유턴하고 있다. 하지만 일부 외신들은 아일랜드인들에게 과거의 교훈을 잊지 말 것을 조언한다. 최근 20년 동안 '경기 붐'과 '갑작스러운 거품 붕괴'의 온탕과 냉탕을 오가는 악순환을 경험한 나라이기 때문이다. 뿐만 아니라 아일랜드는 브렉시트(Brexit: 영국의 유럽연합 탈퇴)의 도전을 눈앞에 두고 있다. 최대 수출국인 영국이 브렉시트 이후 힘들어지면 아일랜드의 경제도 흔들릴 것이라는 우려가 있다. 이러한 우려들을 잠재우기 위해서는 아일랜드 경제가 안고 있는 다음과 같은 구조적인 문제들을 극복할 필요가 있다.

첫 번째는 거시 경제적인 측면에서 재정의 건전성을 유지하는 문제이다. 아일랜드에서는 현재 IT 인프라가 빠르게 구축되는 반면, 교통 · 통신 시설과 같은 인프라는 아직도 열악한 실정이다. 아일랜드에는 고속도로인 'M' 도로가 더블린 주변에만 짧게 놓여 있을 뿐, 조금만 시골로 가면 왕복 2차선 도로가 대부분이다. 따라서 아일랜드 정부는 재정의 건전성을 해치지 않으면서도 사회간접자본을 확충하는 방안을 찾기 위해 진지하게 고민을 해야 한다.

두 번째는 효율적인 통화정책의 운용이다. 아일랜드는 지금 낮은 이자율과 높은 경제 성장에 따른 인플레이션으로 인해 임금 인상, 경쟁력 약화, 부동산값 폭등 등 갖가지 성장의 병폐가 드러나고 있다. 이를 극복하기 위해서는 적절한 통화정책의 운용이 요구된다.

세 번째는 자국 산업 기반의 취약성이다. 아일랜드의 경제는 전통적인 농업사회에서 산업화의 과정을 거치지 않고 곧바로 하이테크 사회로 진입하였다. 이 경우 외국 자본과 투자가 경제 성장의 버팀목이었다. 그 결과 아일랜드 경제는 외국 자본(특히 미국 자본)에 대한 의존도가 특히 심해서 대외 경제의 여건에 따라 쉽게 영향을 받는 경향이 있다. 따라서 자국 기업의 견실한 육성과 생산성 향상이 경제 발전을 지속시키는 주요 수단이 되어야 한다.

네 번째는 선진사회 증후군이다. 아일랜드는 오늘날의 경제 발전을 이루기까지 EU 보조금, 유로화 사용국으로서 누리게 된 낮은 이자율, 풍부한 젊은 노동력 등의 혜택을 충분히 활용했다. 그러나 이미 선진국 대열에 올랐기 때문에, 앞으로 두 번 다시 이러한 혜택을 누릴 수 있다는 보장이 없다. 또한, 선진국 증후군인 출산율의 감소와 노령 인구의 증가는 미래의 아일랜드 경제에 먹구름을 드리울 것이다.

다섯 번째는 도시의 인구집중으로 인해 발생하는 교통, 주택, 상하수도, 범죄, 환경오염 등의 문제이다. 아일랜드 전체 인구의 1/3이 살고 있는 수도 더블린은 이미 포화 상태로 GDP의 40%를 떠안고 있다. 환경오염, 교통 체증, 주택 부족 등은 이미 심각한 수준에 이르렀다. 따라서 지방 분권화를 통한 국토의 균형 발전이 절실한 상황이다.

여섯 번째는 시골과 도시, 못사는 사람과 잘사는 사람 간에 벌어지고 있는 양극화와 빈부 격차이다. 아일랜드가 이룩한 급격한 경제 성장은 독일,

네덜란드 등과 같은 유럽 국가들보다 빈부 격차의 골을 더 깊게 했다. 그렇기 때문에 부의 공정한 분배를 통해 사회정의를 실현하는 것이 무엇보다도 시급하다.

일곱 번째는 다인종 · 다문화 사회로 편입됨으로써 겪게 되는 문화 충격과 적응의 문제이다. 아일랜드는 최근까지 비교적 동질화 사회였다. 하지만 급격한 경제 성장으로 인해 해외로부터 많은 수의 이민자, 노동자, 난민(難民)들이 몰려옴으로써 사회 양상이 급격히 변모되고 있다. 따라서 열린 마음으로 개방화 사회에 적응하면서 성장통(成長痛)도 함께 극복해 내려는 노력이 그 어느 때보다도 절실한 실정이다.

## 80. 전환학년제

아일랜드의 학제는 유치원 2년→초등학교 6년→중등학교 5년이다. 아일랜드의 학생들은 중등 3학년 과정을 마치고 한국의 연합고사에 해당하는 '중등학력인증시험'을 친다. 하지만 곧바로 중등학교 4학년이 되는 대신 1년 동안 다양한 실습과 직업체험을 통해 학생 스스로 앞길을 정하는 것이 '전환학년제(Transition Year System)'이다. 5년이면 졸업할 중등학교를 6년에 걸쳐 마치는 대신, 서른이 다 돼서도 "내가 도대체 뭘 하고 싶은지 나도 잘 모르겠다"라고 헤매는 상황을 줄일 수 있다는 장점이 있다. 아일랜드는 이 제도를 1974년에 처음 도입했다. 첫 20년 동안은 참가자가 10% 안팎에 머물렀다. 하지만 최근 들어 전환학년을 거친 학생들이 그렇지 않은 학생들보다 대학도 잘 가고 사회 적응도 잘한다는 연구 결과가 속속 나오고 있다. 현재는 10명 중 7명이 전환학년 프로그램을 선택한다. 이 전환학년제 프로그램은 2000년부터 아일랜드의 교육부가 전담 부서를 두고 운영해오고 있다.

**아일랜드의 학생들은 어떻게 진로를 정하나?**

중등학교 3학년 과정을 마친 뒤 → 전환학년 선택 가능

① 정규 과목은 필수과목만 토론식 수업

② 다양한 미니 강좌

   - 요리, 목공, 광고 제작, 창업 등 실습

   - 저개발국, 빈민촌 봉사 등

   - 뮤지컬 제작 등 예체능 강좌

③ 1년간 두 차례 이상 직업 체험

중등학교 4~5학년 마친 뒤 → 대학 진학

2016년도부터 시행되고 있는 우리나라의 '자유학기제'는 아일랜드의 '전환학년제'를 벤치마킹한 것이다. 이는 학생들이 중학교 때 한 학기 동안만이라도 시험에 대한 부담 없이 자신의 꿈과 끼를 찾는 진로 탐색의 기회를 가져야 한다는 취지에서 마련된 정책이다. 이는 1974년 당시 아일랜드의 교육부 장관이 "시험의 압박으로부터 학생들을 해방시키고 폭넓은 학습경험을 유도하겠다"는 취지로 도입한 아일랜드의 전환학년제와 아주 비슷한 제도이다. 다만 우리나라의 자유학기제가 중학교 6개 학기 중 단지 한 학기만 운영되는 정규 교육과정인 반면, 전환학년제는 진로 탐색을 위해 학생들이 추가로 1년을 학교에 더 다니게 한다는 점에서 차이가 있다. 2016년

도부터 우리나라 전국 3,210개 중학교 1학년(일부 2학년) 학생들은 한 학기 동안 중간·기말시험을 치지 않고, 직업체험, 예술, 과학, 실험 등의 다양한 활동을 하는 자유학기제를 체험하고 있다.

# 제10장
# 북아일랜드 역사

IRELAND

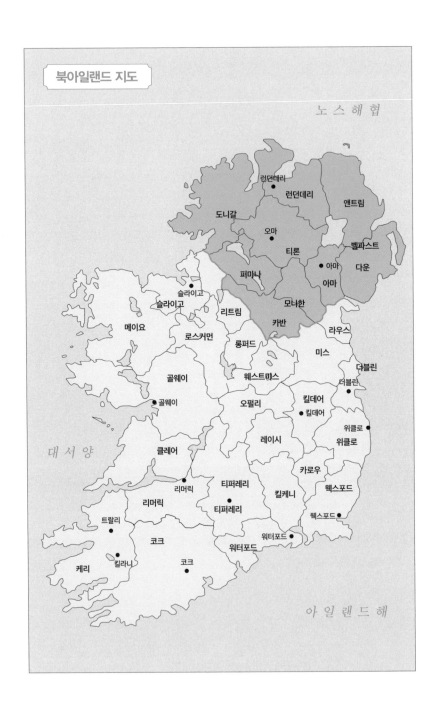

북아일랜드 지도

노 스 해 협

런던데리
런던데리
앤트림
도니갈
오마
티론
벨파스트
다운
퍼마나
아마
아마
모나한
슬라이고
리트림
카반
슬라이고
라우스
메이요
로스커먼
롱퍼드
미스
더블린
골웨이
웨스트미스
더블린
골웨이
오펄리
킬데어
킬데어
위클로
레이시
위클로
클레어
대 서 양
카로우
리머릭
티퍼레리
킬케니
웩스포드
리머릭
티퍼레리
트랄리
웩스포드
워터포드
코크
워터포드
킬라니
케리
코크

아 일 랜 드 해

| 공식 명칭 | Northern Ireland, North of Ireland, 얼스터(Ulster) |
|---|---|
| 면적 | 14,139km$^2$ |
| 인구 | 180만 명 |
| 주도(主都) | 벨파스트(Belfast) |
| 지역 | 앤트림(Antrim), 다운(Down), 아마(Armagh), 티론(Tyrone), 퍼마나(Fermanagh), 런던데리(Londonderry)의 6개 주 |
| 주요 도시 | 벨파스트(Belfast), 런던데리(Londonderry), 오마(Omagh) |
| 기후 | 온화함 |
| 종교 | 신교 45%, 가톨릭 40%, 기타 5%, 무종교 10% |
| 공용어 | 영어 |
| 가족 규모 | 2.1명 |
| 통화 | 파운드 스털링(Pound Sterling) |
| 인종 | 켈트족(99%), 인도인, 중국인 등의 소수 민족(1%) |
| 정부 | 영국(UK)의 속국으로 17명의 영국 의회 의원을 선출하며, 스토몬트(Stormont)에 독립적인 자치의회를 두고 있음 |
| 국제전화 코드 | 00 44(영국과 동일) |
| 주요공항 및 항구 | 벨파스트(Belfast) 국제공항, 벨파스트(Belfast) 항 |
| 시차 | 우리나라보다 9시간이 늦음 |
| 전기 | 240볼트로 영국과 동일함 |
| 방송 매체 | BBC TV, BBC Radio, Ulster Television(상업 방송) |
| 주요 신문 | 『벨파스트 텔레그래프(*The Belfast Telegraph*)』<br>『뉴스레터(*The Newsletter*)』<br>『아이리시 뉴스(*The Irish News*)』 |
| 주요 거리 | 폴스 로드(The Falls Road): 가톨릭교도 거주 지역<br>샨킬 로드(The Shankill Road): 신교도 거주 지역 |

# 북아일랜드 역사

## 81. 애수의 땅 북아일랜드

'얼스터(Ulster: 북아일랜드의 옛 명칭)', '북부(The North)', '6개 주(Six Counties)' 등으로도 불리는 북아일랜드(Northern Ireland)는 앤트림(Antrim), 다운(Down), 아마(Armagh), 티론(Tyrone), 퍼마나(Fermanagh), 런던데리(Londonderry)의 6개 주로 구성되어 있으며, 북아일랜드 정부는 이를 다시 26개 지구로 구분하고 있다. 북아일랜드는 북쪽에서 동쪽으로 바다에 의해 둘러싸여 있고, 서쪽에서 남쪽으로는 남아일랜드 공화국의 도니갈(Donegal), 카반(Cavan), 모나간(Monaghan) 등의 주들에 의해 둘러싸여 있다. 전체 면적은 아일랜드 공화국의 20.1%인 14,139km²이고, 인구는 아일랜드 공화국의 39.1%인 180만 명이며, 주도(主都)는 벨파스트(Belfast)이다.

북아일랜드는 스코틀랜드와 단지 24km(가장 인접한 지역) 정도 떨어져 있어 아일랜드 문화와 스코틀랜드 문화가 혼재한 곳이다. 동부 지역은 스코틀랜드 문화의 영향을 많이 받은 신교 연합론자들(Unionists, 45%)이 사는 지역이고, 서부와 남부는 가톨릭 자치론자들(Nationalists, 40%)이 사는 지역이다. 따라서 북아일랜드 사람들은 자신들을 영국인으로 생각하는 연합론자와 아일랜드인으로 생각하는 자치론자로 구분하며, 종교적으로는 신교와 가톨릭으로 양분된다. 뿐만 아니라 그들이 쓰는 언어조차도 악센트와 발음이 남아일랜드와 크게 다르다. 북아일랜드 사람들은 여권도 그들의 취향에 따라 영국 여권이나 아일랜드 여권 중 하나를 선택할 수 있다.

1960년대부터 '북아일랜드 분쟁(The Troubles)'에 의해 야기된 소요사태나 폭력의 장면을 목격한 사람들은 북아일랜드가 하나의 전쟁터를 방불케 하는 곳으로 생각하기 쉽지만, 오늘날의 북아일랜드에 대한 인식은 전혀 그렇지 않다. 벨파스트의 일부 거리들(Falls Road, Shankill Road)을 제외한 여타의 지역들은 매우 평화롭고 안전하며 과거의 상처를 점차 치유해 가고 있다.

북아일랜드는 남아일랜드(아일랜드 공화국)보다 산지가 많으나 남아일랜드와 마찬가지로 높은 산은 거의 없다. 그중에 가장 높은 산은 스리브 도나드산(Slieve Donard: 해발 850m)이다. 북부지역은 화산 지형으로 이루어져 있으며, 그 일부인 자이언츠 코즈웨이(The Giant's Causeway)는 세계적인 명소이다. 또한, 북아일랜드의 중심에 있는 네이호(Lough Neagh)는 아일랜드와 영국에서 가장 큰 호수(396km²)로 멀리 수평선까지도 보일 정도이다.

자이언츠 코즈웨이는 지금으로부터 약 6천 만 년 전에 화산 분출로 인해 북아일랜드 앤트림 고원의 가장자리 해안에 6각 기둥 모양의 현무암 주상

자이언츠 코즈웨이

절리(柱狀節理)가 성냥갑을 쌓아놓은 듯이 형성된 지형이다. 민간전승에 의하면 아일랜드의 거인 핀 맥쿨(Fin MacCool)이 스코틀랜드의 거인 베난도너(Benandonner)와 결투를 벌이려고 바다 건너 스코틀랜드의 스태퍼섬(Staffa Island)으로 가기 위해 만든 길이라는 뜻에서 '자이언츠 코즈웨이(거인의 둑길)'라는 이름이 붙여졌다고 한다. 이곳에는 약 4만 개의 검은색 현무암 6각 기둥이 바다에서 솟아난 계단처럼 층을 이루며 죽 늘어서 있다. 1986년 유네스코(UNESCO)에 의해 세계 자연유산으로 지정되었으며, 북아일랜드의 유일한 세계유산 지역이다.

북아일랜드는 벨파스트를 제외하고는 아일랜드의 여타 지역들과 마찬가지로 대부분이 농업 지역이기 때문에, 비옥한 초록의 대지가 끝없이 펼쳐져 있어, 섀넌강(Shannon River) 서쪽에 있는 황무지와 뚜렷이 대조된다. 비옥한 농토, 충분한 수량(水量), 습한 기후 등을 보면 17세기에 플랜테이션 [Plantation, 식민(植民)]이 북아일랜드에 집중되었던 이유를 짐작할 수 있다. 이곳의 뛰어난 자연 풍광은 동부의 앤트림 계곡(Glens of Antrim)에서 볼 수 있다. 초록의 숲들로 우거진 앤트림 계곡은 강, 폭포, 야생화, 새들과 함께 어우러져 늘 더없이 아름다운 풍광을 연출하고 있다. 이밖에도 영국의 지배를 받기 시작한 이후에 세워진 그랜드 오페라 하우스(Grand Opera House: 1894년에 개장한 벨파스트 문화공연의 중심지), 벨파스트 시청사(Belfast City Hall: 1906년에 완공된 르네상스 양식 건물), 앨버트 기념 시계탑(Albert Memorial Clock Tower), 세인트 앤 성당(St. Ann's Cathedral), 벨파스트 성(Belfast Castle), 세인트 베드로 성당(St. Peter's Cathedral, Belfast), 캐릭퍼거스 성(Carrickfergus Castle) 등 수많은 유적지도 좋은 볼거리들이다.

북아일랜드의 경제는 남아일랜드보다는 영국과 밀접한 관련이 있다. 1960년대부터 시작된 '북아일랜드 분쟁'으로 인해 북아일랜드의 경제는 과거의 영광을 되찾지 못한 채 남아일랜드의 경제보다 뒤처진 면이 있다. 하지만 영국과 유럽연합으로부터 보조금을 받고 있다. 예전에는 농업과 목축, 조선과 리넨(linen: 아마 섬유로 짠 얇은 직물) 산업이 주류를 이루었으나, 오늘날은 정보통신산업이 대세를 이루고 있다.


## 82. 벨파스트

1177년에 세워진 아일랜드 제2의 도시 벨파스트(Belfast)는 북아일랜드의 주도가 된 이후 빠르게 성장하고 있는 도시이다. 벨파스트는 18~19세기를 거쳐 아일랜드에서 유일하게 산업혁명의 본거지였던 도시로, 더블린에서 북쪽으로 145km 지점에 있으며, 노스 해협의 벨파스트만(灣) 연안에 위치한다. 중심부에서 서쪽으로 뻗은 폴스 로드(The Falls Road) 양쪽으로 펼쳐진 지역이 가톨릭교도 거주지역이고, 중심부에서 동쪽으로 이어진 샨킬 로드(The Shankill Road) 양쪽의 지역이 신교도 거주지역이다. 그리고 이 두 지역을 나누기 위해 경계지역에 '벨파스트 평화의 벽(Peace Wall Belfast)'이 세워져 있다.

'평화의 벽'은 명칭과는 다르게 가톨릭교도와 신교도 거주 지역을 분리하는 장벽이다. 가장 긴 장벽은 길이가 5km, 높이는 최대 8m에 이른다. 출입문은 낮에만 열리고 밤에는 폐쇄되는데 심지어는 경찰이 지키기도 한다. 1969년 양측의 충돌을 막기 위해 설치된 이 장벽은 오늘까지도 존재하고 있다.

또한, 시내 곳곳에는 벽화(mural)들이 수두룩하다. 건물이나 벽에 그려져 있는 각 진영(신교 연합론자, 가톨릭 공화주의자)의 벽화들은 파란만장한 북아일랜드의 역사와 정치, 특히 독립운동의 순교자나 영웅들에 대한 산증인 역할을 하고 있다. 각 진영은 자신들의 세력과 정치적 주장을 표현하고, 역사적 사건을 기념하거나 테러를 지지하기 위해 벽화를 이용했다. 따라서 형형색색의 벽화들을 통해 이 도시를 둘로 갈라놓은 갈등과 긴장의 양상을 엿볼 수 있다. 또한, 평화 협정이 체결된 지 20여 년이 지난 지금도 양측 간의 갈등은 아직도 가시지 않은 채 여전히 불씨를 안고 있다.

벨파스트는 오늘날 북아일랜드 전체 인구의 1/3이 사는 인구 30만 명의 거대 도시로 발돋움했지만, 17세기까지만 해도 작은 마을에 불과했다. 하

북아일랜드 분쟁지역의 벽에 그려져 있는 벽화

지만 영국의 식민정책, 스코틀랜드 장로교도 이주의 여파, 산업혁명, 그리고 19세기에 리넨, 밧줄 제조, 기계공업, 담배, 조선, 해상 무역 등과 같은 산업들이 발전하면서 10년마다 두 배의 크기로 성장했고, 1939년 무렵에는 더블린보다 인구가 많았다. 리넨이 이 도시의 대표적 제품으로 알려졌지만, 과거에는 조선업으로 세계 정상을 달렸던 곳이기도 하다.

　벨파스트는 라간강(Lagan River)이 기다란 만(灣)으로 흘러드는 곳이라 수면(水面)이 잔잔하고, 케이브힐(Cavehill)을 비롯한 여러 개의 언덕이 바람을 막아주고 있어 대형 선박을 제조하기에 적합한 곳이다. 처녀 출항 중에 좌초한 호화 원양여객선 '타이태닉(Titanic)호'가 건조된 곳도 바로 이곳이다 (정확한 장소는 Harland & Woolff 조선소).

오늘날에는 라간강 동쪽 면을 따라 타이태닉호가 탄생한 벨파스트의 옛 조선소와 '삼손과 골리앗'으로 불리는 거대한 노란색 크레인 한 쌍이 어우러져 '타이태닉 지구(Titanic Quarter)'를 형성하고 있다. '타이태닉 지구'의 중심에는 별 모양의 경이로운 박물관 '타이태닉 벨파스트(Titanic Belfast)'가 있다. 타이태닉호 침몰 100주년을 맞아 2012년에 세워진 이곳은 완공되자마자 벨파스트 최고의 관광 명소로 자리 잡았다.

한편, 1840년대에 유리로 만들어져 100년 이상 된 열대 식물들이 자라고 있는 '팜 하우스(Palm House)'와 1845년에 세워진 '퀸스대학교(Queen's University of Belfast)', 1849년에 문을 연 '크라운 리쿼 살롱(Crown Liquor Saloon: 아일랜드 전역에서 유일하게 문화재로 지정된 펍)'도 이 도시의 명물 목록에 들어간다. 그 외에 런던데리(Londonderry)와 리즈번(Lisburn)도 인구가 10만 명이 넘는 지구(地區)이다.

타이태닉호 출생지 벨파스트는 2012년 타이태닉호 재난 100주년을 맞아 관광객 유치와 투자유치에 발 벗고 나섰다. 한때 북아일랜드는 분쟁과 소요사태로 방문객들이 기피하는 도시였으나, 오늘날에는 총탄과 폭탄이 난무하던 과거의 모습을 깨끗이 털어내고 첨단 기술 중심의 도시로 변모하여 제2의 전성기를 누리고 있다. 또한, 아름답게 복원된 빅토리아풍 건축물, 현대 미술작품이 늘어선 찬란한 해변, 세련된 호텔과 흥겨운 파티, 급성장하고 있는 음식문화, 음악이 가득한 펍 등이 문예부흥(Literary Renaissance)을 주도하며 매혹적인 도시로 거듭나고 있다.

타이태닉호 침몰 장면

## 83. 벨파스트의 타이태닉호 유산

역사상 가장 유명한 타이태닉호는 영국의 화이트 스타 라인(White Star Line: 1845년에 창업한 영국의 해운 기업) 사(社)가 벨파스트의 할랜드 앤 울프 (Harland & Woolff) 조선소에서 건조한 호화 원양 여객선이다. 화이트 스타 라인 사(社)는 타이태닉호를 세계에서 가장 크고 호화로운 원양여객선 ('떠 있는 궁전'으로 불림)으로 홍보하는 동시에 절대로 '가라앉지 않는 배(An Unsinkable Ship)'라서 '신도 이 배를 침몰시킬 수 없다(God himself could not sink this ship.)'라는 문구를 넣어 광고하기까지 했다.

타이태닉호는 1909년 건조를 시작하여 1911년 5월 31일 할랜드 앤드 울프 조선소에 있는 3번 조선대에서 진수되었다. 이후 1년 여간 인근의 톰슨 그레이빙 독(dock)에서 필요한 기자재와 설비를 갖추고, 1912년 4월 10일 영국의 사우샘프턴(Southampton)을 떠나 마지막으로 아일랜드의 코브 항에 들른 뒤 미국 뉴욕으로 처녀출항에 나섰다. 그러나 불행하게도 타이태닉호는 1912년 4월 14일 오후 11시 40분 북대서양에서 부류(浮流) 중이던 빙산과 충돌한 후, 2시간 40분 만에(1912년 4월 15일 새벽 2시 18분) 선체가 두 동강이 나면서 해저 3,821m 아래로 침몰하여, 승선 인원 총 2,260명 가운데 716명만이 살아남은 최악의 대형 참사로 기록되었다.


## 84. 종교개혁과 식민


앵글로-아이리시 관계의 역사는 12세기에 영국 왕 헨리 2세(Henry II)의 영도하에 노르만족에 의한 아일랜드의 식민지 개척과 더불어 시작된다. 이후 2세기에 걸쳐 노르만 정착민들은 토착 아일랜드인들보다 더 아일랜드화 되어 갔으며, 이러한 상태가 지속되었다면 아마도 아일랜드는 영국 왕의 통치를 받으면서도 만족스러운 앵글로-아이리시 사회를 형성했는지도 모른다.

하지만 16세기에 영국의 왕 헨리 8세(Henry VIII)는 캐서린 왕비(Catherine of Aragon)와의 이혼을 구실로 로마 가톨릭과 결별하고 '영국 국교회(The Church of England, The Anglican Church, 성공회)'를 세웠으며, 이를 계기로 아일랜드의 가톨릭교도를 영국 국교도로 개종시키고자 했다. 가톨릭을 신봉하는 아일랜드가 영국에게는 성가신 존재였기 때문이다. 따라서 헨리는 아일랜드인을 이교도로 규정했으며, 아일랜드 교회가 타락했다는 점을 강하게 제기함으로써 종교개혁을 정당화했다.

> 아일랜드인을 거칠고, 야수 같고, 무식하고, 잔인하고, 통치할 수 없는
>   이교도에서
> 문명화되고, 합리적이며, 참을성 있고, 겸손하며, 잘 통치할 수 있는
>   국교도로 개종시켰으니,
> 이는 지배하거나 국고 수입을 늘리기 위한 목적이 아니라
> 단지 하느님의 영광과 기독교인의 평화를 위해서였다.
>
>   Lydon James, 『The Making of Ireland: From Ancient Times to the Present』, 133

이때 아일랜드 가톨릭교도들의 저항이 매우 집요했지만, 헨리는 무력을 이용해서 이들을 영국 국교도로 개종시키고자 했으며, 수도원을 폐쇄하고, 아일랜드 토착민들의 땅을 강제로 몰수했다. 헨리에 의해 이처럼 무리하게 추진된 종교개혁은 아일랜드인들의 반발을 불러일으켰지만, 그것은 종교적 이유라기보다는 영국계 아일랜드인 지주들에게 수도원의 재산과 토지를 나누어주기 위해서였다. 따라서 종교적 문제가 정치적 이해관계와 맞물리면서 이 두 가지 요소는 향후 앵글로-아이리시 관계에서 분리할 수 없는 문제가 되었으며, 토지와 종교에 관한 영구적 문제의 씨앗을 뿌렸다.

헨리가 시작한 일은 그의 딸 엘리자베스 1세(Elizabeth I)에 의해서도 지속되었다. 얼스터는 그녀가 통치하기에 특히 어려운 지역이었다. 얼스터 지역의 군인들은 엘리자베스의 군대와 맞서 1603년까지는 잘 싸웠으나, 결국

1607년 패했다. 이때부터 얼스터 지역에 식민(植民)의 역사가 시작되었다.

잉글랜드의 얼스터 식민지 건설계획은 먼저 지적도를 작성한 다음, 땅을 구획해서 토착민들을 제외한 사람들에게 경작토록 하고, 새로 유입된 정착민들을 중간관리자로 임명하는 것이었다. 이와 같은 식민지 건설 작업은 잉글랜드와 스코틀랜드로부터 정착민들을 받아들이기 위한 것으로, 얼스터는 이제 새로운 도시(23개 도시가 새로 세워짐)와 경작지가 늘어나면서 경제가 발전하게 되었고, 정치·종교적으로 급진적인 스코틀랜드 장로교파 신도들이 대거 유입되었다(17만 명). 따라서 땅을 잃은 가톨릭교도들은 힘이 없는 하층민으로 전락했다. 그리고 이러한 식민정책은 곧 얼스터 지역의 사회구조를 변화시켰다.

이후 종교적 이유로 인해 토착 아일랜드인들과 이주해온 정착민들 사이에 균열이 생기기 시작했다. 스코틀랜드에서 건너온 이주자들은 대부분 신교의 한 분파인 장로교도였으므로 가톨릭교도에 대해 깊은 불신을 품고 있었다. 하지만 이러한 상호 불신과 반감은 종교적인 것이라기보다는 토지정책을 둘러싼 이해관계에서 비롯된 측면이 더욱 강했다고 볼 수 있다.

한편, 이들은 얼스터로 건너올 때 토지와 관련된 각종 법 제도와 관습을 가지고 왔는데, 이는 얼스터 지역의 안정과 경제 발전에 많은 도움이 되었다. 특히, 이들 정착민은 교육과 근면을 중시했으며 사업적 수완이 능했다. 이 모두는 19세기 동안 얼스터 지역의 산업화에 초석이 되었으며, 얼스터 지역이 아일랜드의 나머지 지역들과 차별화되는 계기가 되었다.

## 85. 올리버 크롬웰과 오렌지공 윌리엄

1640년대 영국의 내전 기간에 아일랜드 사태는 더욱 악화되었다. 당시 아일랜드에서는 찰스 1세(Charles I)를 지원하기 위한 가톨릭 군대가 결성되었는데, 이는 2만 명에 달하는 막강한 크롬웰(Oliver Cromwell)의 청교도(신교의 한 분파) 군대와는 비교가 되지 않았다. 크롬웰의 청교도 군대는 찰스 1세의 가톨릭 군대를 손쉽게 파멸시킨 뒤, 아일랜드 국토 전역을 짓밟으면서 민간인들을 대량학살했다. 이 사건은 가톨릭과 신교, 그리고 토착민들과 이주민들 사이에 적개심이 자리하는 실마리가 되었으며, 아일랜드인들의 가슴 속에 영원히 지워지지 않는 큰 상처로 각인되었다.

크롬웰은 그의 짧은 집권기에 이른바 영국 문화제국주의의 야만적인 정책들을 시행했다. 그는 드로그헤다와 웩스포드에서 끔찍한 보복행위들을 자행했으며, 토지의 주 소유계층을 가톨릭교도로부터 신교도로 완전히 바꾸어 놓았다. 따라서 1660년 무렵 가톨릭교도가 소유할 수 있는 땅은 고작해야 코노트와 클레어 주(州)의 섀넌강 서쪽 지역뿐이었다. 코노트와 얼스터 사이에 정착한 새로운 지주들은 모두 독실한 신교도들이었으며, 그들 중 많은 수는 크롬웰의 정권 장악을 도와 그와 함께 싸웠던 사람들이었다.

1658년 크롬웰이 죽자 그의 아들 리처드 크롬웰(Richard Cromwell)이 후계자(1658~1659)가 되었다. 하지만 의회는 1660년 리처드를 실각시킨 뒤, 당시 프랑스로 망명해 있던 찰스 왕자를 불러들여 찰스 2세(Charles II, 1660~1685)로 즉위케 함으로써 왕정을 복구했다.

1685년 찰스 2세가 후사 없이 세상을 떠나자 그의 동생 제임스 2세(James II, 1685~1689)가 왕이 되었다. 제임스 2세는 의회를 무시하고 세금을 부과했으며, 절대군주제를 복원하고 가톨릭 옹호 정책을 폈다. 그러자 이에 위협을 느낀 신교도 세력은 1688년 제임스 2세를 축출하고, 네덜란드로 출가(出嫁)한 제임스의 신교도 딸 메리(Mary)와 그녀의 남편 오렌지 공 윌리엄(William, Prince of Orange)을 추대하여 메리 2세(Mary II, 1689~1694)와 윌리엄 3세(William III, 1689~1702)로 공동 왕위를 잇도록 했다. 이 사건은 피한 방울 흘리지 않은 채 왕권교체를 이루었다 하여 '무혈혁명(The Bloodless Revolution)' 또는 '명예혁명(The Glorious Revolution)'이라 불린다.

한편, 가톨릭을 신봉하다 폐위된 제임스 2세(James II)를 돕기 위해 또다시 아일랜드에서 지원군이 결성되었다. 곧이어 제임스가 이끄는 아일랜드의 가톨릭 군대(2만 5,000명)와 윌리엄이 이끄는 잉글랜드의 신교도 군대(3만 6,000명)가 1690년 7월 12일 보인강에서 '보인 전투'를 벌였다. 이 전쟁은 왕들의 전쟁인 동시에, 제임스가 가톨릭을 지지하고 윌리엄이 신교를 지지함으로써 종교전쟁의 성격도 띠었다. 치열한 전투 끝에 결국 제임스가 패배하고 윌리엄이 승리함으로써 가톨릭교도들은 또다시 차별을 받게 되었고, 그들이 소유한 토지가 급속히 줄어들면서 사회적 신분이 전락했지만, 신교도들은 토지, 정부 요직, 교육, 무역 등을 독점하면서 아일랜드는 거의 신교 국가가 되다시피 했다.


## 86. 대기근

아일랜드의 역사에서 1845년부터 1951년까지 지속된 대기근(The Great Famine)보다 아일랜드인들의 국민 정서에 더 큰 영향을 미친 사건은 없다.

19세기에 아일랜드의 근간 산업은 농업이었으며, 대부분의 농가는 주식으로 감자를 재배했다. 감자는 가톨릭 국가의 특성상 급격히 늘어난 빈민층이 주로 먹었던 식량이었다. 한편, 이들은 거의 모두가 작은 땅덩어리에 의존해서 생계를 연명하는 가난한 소작인들로 가혹한 형법이 시행되면서 지주들에게 높은 소작료를 내야만 했다. 그런데 7년 연속 감자 흉작이 잇따르자 곡물 가격이 치솟으면서 대기근이 발생한 것이다.

대기근의 결과는 실로 참혹했다. 당시 대기근의 여파로 100만 명이 굶어 죽었고, 또 다른 100만 명이 영국, 호주, 뉴질랜드, 캐나다, 미국 등지로 이민을 떠났다. 재난에 대응하는 영국의 안일한 태도 및 지주와 소작인들 사이의 반목과 대립이 주된 이유였다. 영국 정부는 대기근 동안 이들을 위한 적절한 조처를 하지 않았기 때문에, 이 사건은 이후로 아일랜드인의 가슴속에 영국 정부에 대해 적대감, 증오심, 그리고 한(恨)이 자리하는 계기가 되었다.


## 87. 2개 국가의 운명

아일랜드는 대기근이 발생한 시점부터 2개 국가의 길을 걷기 시작했다. 19세기 동안 얼스터, 특히 벨파스트는 영국의 북부와 비슷한 방법으로 산업화가 이루어졌다. 발전된 산업경제 덕택에 얼스터는 농업에만 전적으로 의존하는 아일랜드의 여타 지역과 다르게 대기근의 영향을 별로 받지 않았다. 이곳에서는 토지와 관련된 법규도 다른 지역들보다 비교적 공정한 편이었다. 따라서 남아일랜드 사람들은 그들이 받는 가난과 고통에 대해 영국 정부를 비난했지만, 얼스터 사람들은 영국과의 합병이 오히려 그들에게 번영뿐만 아니라 그들의 산업제품을 판매할 수 있는 시장을 제공해 준다고 생각했다.

1892년부터 1914년까지 아일랜드의 자치(Home Rule: 국내 문제에 국한된 독립)를 쟁취하기 위한 온갖 노력이 진행되는 동안, 얼스터 사람들은 이에 완강히 반대했으며, 영국과의 합병을 포기하기보다는 합병을 위해 끝까지 싸우겠다고 나섰다.


## 88. 분할

1921년이 되자 아일랜드의 독립을 쟁취하기 위한 열망이 현실로 다가왔다. 오랜 기간에 걸친 격렬한 저항과 투쟁 끝에, 영국과의 합병을 주장하는 얼스터 6개 주를 제외한 나머지 26개 주에서 선출된 의원들은 임시정부를 수립하고, 영국 총독부의 권한을 이양받았다. 그리하여 아일랜드의 남부는 1921년 '아일랜드 자유국가(The Irish Free State)'가 되었고, 얼스터는 '연합왕국(The United Kingdom of Great Britain and Northern Ireland)'의 일부로 남게 되었다. 이와 같은 아일랜드의 분단은 일반적으로 '분할(partition) 통치'로 알려져 있다.

'아일랜드 자유국가'는 마침내 1949년 공화국임을 선포했고, 이후로 '아일랜드 공화국(The Republic of Ireland, The Irish Republic)', '아일랜드(Ireland)', '에이레(Eire, 아일랜드의 옛 명칭)' 등의 이름으로 불리고 있다. 오늘날 '아일랜드 공화국'은 영국 및 북아일랜드로부터 완전히 독립을 이뤄 행

벨파스트 스토몬트에 있는 의회 건물

정부를 수도 더블린에 두고 있다.

　1949년부터 북아일랜드도 벨파스트 스토몬트(Stormont: 벨파스트 교외지역) 에 의회와 수상을 두고 있다. 하지만 이들은 외치(外治)가 배제된 내치(內治) 에만 관여할 뿐이며, 북아일랜드는 여전히 '연합왕국'의 일부로 남아있다. 한편, 스토몬트 의회는 법령을 제정하고, 영국 법을 따르며, 영국 의회에서 북아일랜드의 6개 주를 대표하는 역할을 한다.

### 89. 갈등

　북아일랜드는 막강한 왕립 얼스터 보안대(Royal Ulster Constabulary,

RUC)와 특수 의용군(B-Specials Militia)의 지원을 받는 얼스터 통합당(Ulster Unionist Party, 신교 다수파)이 통치했으며, 스토몬트 의회는 처음부터 신교도들에 의해 좌지우지되었다. 소수로 전락한 북아일랜드 가톨릭교도들은 고용과 주거문제에 있어 신교도들과 대등한 관계를 누리지 못했다. 차별을 둔 경제 지원과 주택 공급 정책, 만연한 선거구 조작으로 북아일랜드는 사실상 아파르트헤이트(apartheid: 원래 남아프리카 공화국의 인종차별정책에서 유래한 말로 차별과 격리를 뜻함) 상태였고, 인구의 약 40%를 차지하는 가톨릭교도와 민족주의자는 소외될 수밖에 없었다. 따라서 이들은 정치 · 종교적 갈등으로 원수지간처럼 반목과 대립을 지속해오고 있었다. 신교도와 가톨릭교도의 갈등은 심지어 상호 결혼까지 차단된 상태였으며, 어떤 곳에서는 교육과 주거 지역도 분리된 실정이었다. 정치 · 경제적으로 불리한 처지에 있던 가톨릭교도들은 직업과 주거의 차별, 불공정한 법규의 철폐, 직업 선택의 동등한 기회, 투표권 등을 주장했으며, 이에 맞서 신교도들 측에서도 가톨릭교도들의 국가 사회에 대한 비협조적 태도를 비난해오고 있었다.

1960년대에 접어들자, 가톨릭교도들에 대한 심각한 탄압과 차별 행위는 마침내 얼스터 통합당 정권에 대항하는 민권운동(Civil Rights Movement)으로 발전하여 새로운 전환점을 맞게 되었다. 1967년부터 시작된 이 운동은 미국에서 흑인들에 의해 촉발된 민권운동의 영향을 받았다. 하지만 마틴 루터 킹(Martin Luther King, 1929~1968)이나 데스먼드 투투(Desmond Tutu, 1931~) 대주교 같은 지도자들이 없었기 때문에, 북아일랜드의 60년대는 소수파인 가톨릭교도들과 다수파인 신교도들 사이에 이른바 '분쟁(Troubles)'으로 얼룩진 시기였다.

민권운동은 처음에는 평화적 압력단체로서 목소리를 내는 데 그쳤으나,

점차 적극적 시위 양상으로 변모해 갔다. 1960년대 런던데리(Londonderry) 주(州)의 인구는 대략 가톨릭교도 60%와 신교도 40%로 구성되어 있었다. 그러나 조작된 선거구와 제한된 투표권 때문에 시 의회는 늘 신교도가 다수를 점했다. 가톨릭교도와 신교도의 해묵은 갈등은 1960년대 후반부터는 유혈사태로 폭발했다.

1968년 10월, 데리에서 아일랜드 공화군이 행진 참가자들을 경호해주었다는 소문이 나도는 가운데 민권을 위한 가톨릭교도들의 행진이 신교도 경찰력인 '왕립 얼스터 보안대(The Royal Ulster Constabulary, RUC)'의 개입으로 좌절되자 본격적인 시위로 번져갔다. 더욱이 온건파 정당 사회민주노동당(The Social Democratic and Labour Party, SDLP)의 지도자 존 흄(John Hume)과 게리 피트(Gerry Fitt), 그리고 3명의 웨스트민스터 노동당 하원 의원 등이 가세한 시위대가 경찰력에 의해 무차별적으로 폭행을 당하자 조용하게 시작되었던 민권운동이 곧바로 폭력적 투쟁으로 변질되었다. 더욱이 이 사건이 영화와 방송으로 전 세계에 알려지면서 이후 발생한 북아일랜드 사태의 도화선이 되었다. 당시만 해도 이러한 사태가 북아일랜드 분쟁의 시발점이 되리라고 믿은 사람은 거의 없었다.

그럼에도 불구하고 분쟁은 빠른 속도로 확산되었다. 양 진영이 충돌하는 횟수가 점차 늘어났고, 경찰은 노골적으로 연합주의자(왕당파) 편을 들었다. 이에 민족주의자(공화파)가 점차 무력 투쟁 노선을 택하면서 오랫동안 휴면상태에 있던 아일랜드 공화군이 활동을 재개했다.

1969년 1월, 벨파스트에서 데리까지 민권을 위한 또 다른 행진이 있었는데, 목적지 인근에서 신교도의 공격과 불공정한 경찰의 개입으로 많은 부상자가 속출했다. 경찰이 중립을 지키지 못하고 점점 더 가혹한 폭력을

벨파스트 샨킬 로드에 있는 문구 '항복은 없다'

행사하자, 항의 시위와 폭력의 난무로 무법천지가 되었다. 마침내 1969년 8월, 보다 못한 영국의 노동당 정부는 치안과 질서유지를 명분으로 데리와 벨파스트에 군대를 파견했다. 처음에 이들은 방화 및 폭력에 시달리던 데리와 벨파스트의 가톨릭 거주 지역 사람들에게 신교도들로부터 자기들을 지켜주고 보호해줄 사람들로 환영을 받았다. 하지만 이내 무장한 사람들을 색출하기 위해 가가호호(家家戶戶) 가택 수색을 일삼고 점령군처럼 행동하자 가톨릭교도들은 영국군의 태도에 분노하고 적대시하기 시작했으며, 이들은 신교도의 대변인으로 낙인이 찍혀 가톨릭교도들로부터 원한을 사게 되었다.

1972년 1월 30일, 데리 시민들은 또다시 민권을 위한 평화적 시위를 벌이려 하였으나, 영국 정부가 이를 불법 집회로 간주하여 공수부대를 투입하고, 시위를 진압하는 과정에서 발포하여, 민간인 가톨릭교도 14명(부상자 중 죽은 사람 1명을 포함하여)이 사망하고 13명이 부상함으로써 도시 전체가 피로 물드는 이른바 '피의 일요일(Bloody Sunday)' 사건이 발생했다. 물론 영국군 희생자도 상당수에 달했다. 이 사건은 이후 20년 동안 이어진 폭력, 살인, 보복 공격의 서막이었다. 또한, 북아일랜드에서는 폭력과 살상이 일상화되었고, 영국 본토에서도 간간이 보복성 테러가 발생했다.

같은 해 벨파스트에서는 아일랜드 공화군이, 더블린에서는 연합론자들이 폭력 사태를 일으켰으며, 아일랜드 공화군은 폭탄 테러로 9명을 숨지게 한 '피의 금요일' 사태로 보복했다. 또한, 1974년 5월 17일에는 더블린 시내 번화가에서 세 차례의 폭발사고가 발생하여 24명의 시민이 숨지고 100여 명이 부상을 당했다.

이러한 사건들이 있고 난 뒤, 국경선의 경계는 더욱 삼엄해졌고, 도로와 교량이 폐쇄되었으며, 지금까지 잠잠했던 아일랜드 공화군(The Irish Republican Army, IRA)이 본격적으로 활동을 재개했다. 그들은 가톨릭 세력이 지원을 요청해옴에 따라 각자의 고향에서 가톨릭교도를 보호할 유일한 세력임을 자처했다. 처음에 그들의 활동은 평화유지라는 미미한 수준에 그쳤으나, 여기저기에서 전우들이 죽어가는 것을 목격하면서 점차 과격해졌다. 후에 그들은 활동무대를 영국 본토로까지 넓혀서 방화, 살인, 폭행, 구금, 구타, 테러 등을 일삼았기 때문에, 각계각층의 시민들과 정파의 사람들로부터 비난을 받았다.

당시 정치적 테러 행위로 벨파스트 인근에 있는 메이즈 왕립 교도소(Her

Majesty's Prison Maze, HM Maze Prison, Long Kesh)에 수감된 공화파 죄수들은 정치범으로 대우받기를 원했다. 그들은 일반 교도소 법을 따르지 않고 정치적 수감자의 지위를 얻기 위해 여러 차례 항의를 계속했다. 이러한 일련의 저항들은 1976년 '담요 항의'로부터 시작되었다. 수감자들은 죄수복 착용과 교도소 규칙의 준수를 거부하고 몸에 담요를 걸쳤다. 하지만 교도소 측은 이에 강력히 맞대응했고, 이에 격분한 수감자들은 1978년 '불결한 시위(Dirty Protest)'를 시도했다. 즉, 그들은 수감된 감방의 벽면을 자신들의 배설물로 덧칠한 채로 방치했다.

당시 바비 샌즈(Bobby Sands, 1954~1981)는 아일랜드 공화군 소속으로, 불법무기를 소지하고 테러에 가담했다는 이유로 14년형을 받은 뒤 메이즈 교도소에 수감되었다. 이곳에서 샌즈는 영국 정부에 대한 저항을 계획했는데, 이것이 바로 단식 투쟁(Hunger Strike)이었다. 1981년 3월 1일, 샌즈는 자신을 테러범이 아닌 정치범으로 취급해 달라고 요구하며 단식을 선언했다. 하지만 당시 영국의 마거릿 대처(Margaret Thatcher) 수상은 전혀 양보의 뜻을 보이지 않았다. 샌즈를 정치범으로 취급한다는 것은 아일랜드 공화군(IRA)을 합법적 단체로 인정한다는 것을 의미했기 때문이다.

이 투쟁은 1981년 5월 극에 달했다. 단식 66일째 되던 날 샌즈가 교도소 안에서 숨을 거두었기 때문이다(1981. 5. 5). 이때 샌즈의 나이는 겨우 27세였다. 샌즈의 죽음에 자극을 받은 IRA 동료들은 연이어 단식 투쟁에 가담했고, 이후 아홉 명의 수감자들이 추가로 목숨을 잃었다. 영국 정부는 총 10명의 아사자(餓死者)가 발생할 때까지 사실상 방치했다. 특히, 바비 샌즈는 단식 중 사망했을 뿐 아니라, 죽기 직전에 퍼마나(Fermanagh)와 남부 티론(South Tyrone)의 지역구에서 최연소 하원 의원으로 선출(1981. 4. 9)됨으로써 전 세계인의 이목을 집중시켰다. 샌즈의 단식은 끝까지 마거릿 대처의 마음을 움직이지는 못했으나, IRA의 정치력은 크게 강화시켰다. 또한, 샌즈의 장례식에는 수많은 군중(10만 명 이상)이 운집함으로써 국내(아일랜드 공화군 지원자 모집에 일조함)뿐 아니라 해외(테헤란과 파리에는 바비 샌즈를 기리는 거리 명칭이 생겨남)에도 많은 영향을 미쳤다. 지금도 이란의 수도 테헤란에 있는 영국 대사관 옆길은 바비 샌즈의 이름을 본떠 '바비 샌즈 거리'로 불리기도 한다. 하지만 이 투쟁은 영국의 대처 행정부에는 별로 영향을 미치지 못했고 10여 명의 희생자만 낸 채, 1981년 10월에 막을 내렸다.

한편, 이 시기에 가톨릭과 신교 양 진영에서 불법적 비밀군대가 활약하고 있었는데, 가톨릭 측에서는 폭력적 수단을 이용하여 아일랜드의 통일을 이루려는 공화파 군대(Republican Paramilitary Group, 가톨릭계 민병대)인 아일랜드 공화군과 아일랜드 민족 해방군(The Irish National Liberation Army, INLA)이, 그리고 신교 측에서는 연합파 군대(Loyalist Paramilitary Group, 신교계 민병대)인 얼스터 방위 연맹(The Ulster Defence Association, UDA)과 얼스터 의용군(The Ulster Volunteer Force, UVF)이 활약하고 있었다.


## 90. 피의 일요일 사건

1960년대 중엽 미국에서 있었던 '흑인차별 철폐를 위한 비폭력적 시위 운동', '프라하의 봄(Prague Spring, 1968년 체코슬로바키아에서 있었던 민주자유화운동)', '프랑스 파리 대학생 5월 혁명(1968년)' 등에 자극받아 북아일랜드에서도 민권운동이 한창이었다. 당시 정치·경제적으로 불리한 처지에 있던 북아일랜드의 소수파 가톨릭교도는 영국계 신교도 이주민보다 고용, 주택, 선거권 등에서 차별을 받게 되자, 직업과 주거의 차별, 불공정한 법규와 투표권 등을 개선하기 위해 1960년대부터 시위에 적극적으로 나섰다. 따라서 긴장과 충돌이 고조되면서, 급기야 질서와 치안을 명분으로 영국군이 개입했다.

1972년 1월 30일, 북아일랜드 런던데리에서 영국계 신교도와 동등한 권리를 요구하며 행진을 하던 비무장 가톨릭교도를 향해 영국 공수부대가 무차별 총격을 가함으로써 14명이 사망하고(사망자 중 7명이 10대 청소년이었음), 13명이 중상을 당하는 이른바 '피의 일요일' 사건이 발생했다. 당시 영국 정부는 시위대를 무장 폭도라 칭하며, 무장 폭도들의 선제 발포에 군이 응사하면서 우발적인 총격전이 벌어진 것이라고 사건을 조작하고 무마했다. 이후 '피의 일요일' 사건은 아일랜드 공화군이 본격적으로 무장 투쟁에 나서는 계기가 되었다.

1998년 영국의 토니 블레어(Tony Blair) 총리는 '피의 일요일' 사건에 대한 철저한 재조사를 약속했고, 12년 뒤인 2010년 6월 15일에는 재조사 결과를 담은 '새빌 보고서(Saville Report)'가 나왔다. 이 보고서에 의하면 발포는 영국군이 먼저 했고, 발포 과정에서 아무런 사전 경고도 없었으며, 사망자 대부분은 달아나다가 혹은 부상자를 돕다가 총탄에 맞고 숨진 것으로 밝혀졌다. 이에 따라 데이비드 캐머런(David Cameron) 영국 총리는 영국군의 발포는 "정당화될 수 없는 일이고, 이 사건의 책임은 궁극적으로 영국 정부에 있다"라고 하면서 공식적으로 사과했다. 이는 사건 직후 "일부 시위대가 먼저 영국군에게 발포하여 응사한 것"이라고 발표했던 내용을 완전히 뒤집은 것이었다.

이 사건은 재조사에만 12년이 걸렸고, 비용으로 우리 돈 3천 6백억 원이 쓰였다. 뿐만 아니라 사건이 발생한 지 38년이 지나서야 북아일랜드인의 가슴속에 깊은 상처로 응어리졌던 '피의 일요일' 사건의 진상이 만천하에 드러나게 된 것이다.

이후 2012년에도 영국 정부는 '피의 일요일' 사건을 살인 사건으로 간주하여 살인혐의에 대한 조사에 착수했고, 2015년 11월에는 민간인에게 발포한 66세의 전직 군인 남성을 살인 혐의로 체포했으며, 지금도 살인자들을 찾아 법의 심판대에 세우고 있다.

영화 「블러디 선데이(Bloody Sunday)」는 우리나라의 '5.18 민주화 운동'과 유사한 '피의 일요일' 사건을 다큐멘터리 형식으로 다룬 영화이다.

## 91. 해결책을 위한 탐색

1969년 이래로 북아일랜드 문제의 정치적 해결을 위한 많은 시도가 있었다. 1972년부터 영국 정부는 가톨릭교도에게 동등한 권리를 주는 데 실패한 스토몬트 의회의 권능을 중지시키고, 웨스트민스터로부터 직접 통치를 시작했다. 1973년에는 영국 정부, 가톨릭 자치론자(Nationalist, 민족주의자, 공화주의자: 아일랜드의 통일을 원하는 사람들), 신교도 연합론자(Unionist, Loyalist, 통합론자: 북아일랜드가 영국의 일부로 남기를 원하는 사람들)들 사이에 이른바 '선잉데일 협약(Sunningdale Agreement)'이라고 알려진 협정이 있었다. 하지만 연합론자들은 이 협약이 얼스터의 가톨릭 소수파에게 너무나 많은 권한을 준다고 해서 반대했다. 결국, 1974년 5월 얼스터 신교도 노동자들에 의한 총파업

(Protestant Ulster Workers' Strike)이 일어나자 이 협약은 무산되었다.

1975년 북아일랜드 문제의 정치적 해결을 위한 또 다른 시도로 '헌법 의회(Constitutional Convention)'가 구성되었다. 이는 영국 행정부에 조언하고, 자신들의 정치 개혁에 대한 의견을 피력하기 위해, 투표로 선출된 북아일랜드 출신의 대표들로 구성된 의회였다. 그러나 이 의회는 실권이 없었을 뿐 아니라, 의회 내의 가톨릭 자치론자와 신교도 연합론자 사이에 의견이 상충했기 때문에 결국 실패로 끝나고 말았다.

이후 5년 동안 어떠한 새로운 정치적 시도도 이루어지지 않았다. 하지만 마침내 1980년 아일랜드 정부는 영국 정부와 물밑대화를 시작했다. 중도에 많은 문제가 없었던 것은 아니지만, 두 정부 간의 대화는 결국 1985년 '앵글로-아이리시 협정(The Anglo-Irish Agreement)'을 끌어내는 데 성공했다.


## 92. 앵글로-아이리시 협정

1985년 11월 15일, 아일랜드 정부와 영국 정부는 북아일랜드 문제에 대한 새로운 정치적 협상안을 만들었다. '앵글로-아이리시 협정서'로 알려진 이 협상안은, 벨파스트 인근 힐즈보루 성(Hillsborough Castle)에서 영국의 마가렛 대처 수상과 아일랜드의 개럿 핏츠제럴드(Garret Fitzgerald) 총리에 의해 서명되었다.

이 협정에 의하면, 아일랜드 공화국은 북아일랜드의 행정에 관해 목소리를 낼 수 있고, 아일랜드는 북아일랜드인의 다수가 동의할 때에만 통일을 이룰 수 있도록 했다. 또한, 두 정부는 남아일랜드와 북아일랜드의 경찰이 남북 경계지역을 보다 안전하게 관리할 수 있도록 공동으로 노력할 것도 약속했다. 그리고 두 정부는 아일랜드 공화군이 북아일랜드에서 테러를 자행한 뒤에 남아일랜드로 은신하는 것도 막기로 했다.

이 협정은 영국의 모든 정당, 그리고 미국과 같이 아일랜드 출신의 이민자가 많은 나라에서는 환영을 받았지만, 북아일랜드에서는 지지를 받지 못했다. 왜냐하면 '민주연합당(The Democratic Unionist Party)'의 지도자였던 이언 페이슬리(Ian Paisley)를 위시한 많은 신교 지도자들뿐 아니라, 아일랜드 공화군과 밀접한 관련이 있는 신페인당의 당수 게리 애덤스(Gerry Adams)도 이 협상안을 거부했기 때문이다. 하지만 이는 극단의 경우이고, 다수의 온건 가톨릭교도와 신교도는 이 협상안을 일단 시행에 옮겨보기로 했다. 비록 이 협상안의 이행 과정에서 상호 불신과 어려움이 없었던 것은 아니지만, 두 정부는 해결책을 위해 인내심을 갖고 함께 노력했다.


## 93. 성 금요일 협정

1990년대에 이르러 외적인 상황들이 북아일랜드의 문제에 긍정적 영향을 미쳐 평화의 기운이 감돌기 시작했다. 유럽연합 가입, 경제 발전, 남아일랜드에서 가톨릭 세력의 약화 등은 남과 북의 격차를 좁히는 데 일조했고, 아일랜드에 대한 미국의 관심은 이 문제에 국제적 성격을 더했다.

한편, 북아일랜드의 공화파는 무장 투쟁이 시대에 뒤떨어진 전략이라는 사실을 깨달았다. 북아일랜드 사회 역시 그동안 많은 변화를 겪으면서 1960년대 후반에 갈등의 원인이 되었던 불공정과 불의를 대부분 개선했고, 평범한 시민들 대다수는 상호 간의 적대 행위가 종식되기를 간절히 원했다. 이윽고 연합주의자, 민족주의자, 영국 정부, 아일랜드 정부 사이에 협상이 여러 차례 이어졌다.

1993년에는 영국 정부와 아일랜드 공화군 사이에 비밀협상이 진행되고 있다는 소문과 함께 폭력 사태가 대폭 증가했다. 같은 해 12월, 영국의 존 메이저(John Major) 총리와 아일랜드의 앨버트 레이놀즈(Albert Reynolds) 총리에 의해 '다우닝가 선언(The Downing Street Declaration)'이 서명되었다. 이 선언은 아일랜드 공화군이 폭력을 포기하는 대신 공개토론장에서 주장을 펼칠 수 있는 권한을 주었으며, 아일랜드의 다양한 이해관계를 조정해 보고자 하는 목적을 지니고 있었다. 이는 평화 정착의 과정에서 중요한 계기가 되었다. 왜냐하면, 이 선언은 영국이 북아일랜드에서 이기적, 전략적, 경제적 관심을 두지 않는다는 점과 헌법 개정에 관한 논의에서 다수 동의의 원칙을 따르기로 천명한 선언이었기 때문이다.

1994년 8월 31일, 신페인당의 지도자 게리 애덤스는 아일랜드 공화군을 대표하여 휴전을 선언했고, 이어 1994년 10월 13일에는 연합과 군 사령부도 휴전을 선언했다. 이들은 잇따른 폭력에 염증을 느꼈고, 폭력이 더 이상 문제 해결에 도움이 되지 않는다는 점을 인식했기 때문이다. 이후 대부분의 영국 군대는 막사로 철수했고, 거리의 모든 바리케이드(barricade)도 제거되었다. 곧이어 관련 당사자들이 자신들의 주장을 집요하게 고집했음에도 불구하고 일시적 평화가 찾아왔다.

미국의 빌 클린턴(Bill Clinton) 대통령은 각 진영에서 논의 중인 문제에 대해 배후에서 막강한 영향력을 행사했다. 미국의 상원 의원 조지 미첼(George Mitchell)은 미래의 논의를 위한 6개 항의 기본 원칙을 천명하면서,

문제 해결을 적극 주도했다. 하지만 양 진영의 무장해제를 도모함으로써 평화를 되찾으려는 다자간의 노력은 1996년 2월 9일, 아일랜드 공화군의 휴전 무효 선언과 함께 런던의 카나리 부두(Canary Wharf)에서 폭탄이 터져 2명이 죽고 다수가 다치는 사건이 발생하자 수포가 되고 말았다.

1997년 5월, 영국에 노동당 정부가 들어서자 영국의 토니 블레어(Tony Blair) 총리와 아일랜드 공화국의 버티 어헌(Bertie Ahern) 총리에 의해 북아일랜드의 문제를 평화적으로 해결하기 위한 노력이 재개되었다.

북아일랜드의 문제에 돌파구를 연 것은 토니 블레어 영국 총리였다. 1997년 6월, 블레어는 취임(1997년 5월 1일) 후 첫 방문지로 북아일랜드의 주도(主都) 벨파스트를 찾았다. 그는 대중 앞에서 19세기에 영국인의 착취로 인해 200만 명의 아일랜드인이 굶어 죽거나 이민을 떠나야만 했던 대기근에 대해 사과했다.

1997년 7월 20일에는 아일랜드 공화군이 휴전의 재개를 선언했고, 6주 뒤에는 신페인당이 평화협상에 동참하면서 새로운 협상이 진행되었다. 1997년 말 무렵 공화파 군대인 아일랜드 민족 해방군에 의해 연합파 군 지도자 빌리 롸이트(Billy Wright)의 암살을 포함한 몇몇 폭력 사건이 발생하긴 했지만, 회담은 획기적인 진척이 있어 마침내 1998년 4월 10일, 빌 클린턴 대통령이 보낸 특사 조지 미첼의 중재하에 북아일랜드 자치 정부 수립 등을 골자로 한 역사적인 '성 금요일 협정(The Good Friday Agreement: 자치론자들은 이 협정을 'Friday Peace Accord'라 부르고, 연합론자들은 'Belfast Agreement'라 부름)'이 조인되었다.

이 협정에 의하면, 북아일랜드의 정치적 미래는 북아일랜드 사람 다수의 동의에 따르기로 했는데, 이에 대해 1998년 5월 22일 북아일랜드와 아일랜드 공화국 양측에서 동시에 국민투표가 시행되었다. 이 국민투표 결과에 따르면, 북아일랜드 투표자의 71%가 향후 국민투표로 다수가 동의할 경우 영국으로부터 독립할 수 있으며, 또한 위임된 민주주의를 받아들이기로 했다. 한편, 아일랜드 공화국 투표자의 94%는 아일랜드 공화국은 더 이상 아일랜드섬 전체의 영토에 관해 헌법적 권리를 주장하지 않기로 했다.

또한, 이 협정에 따라 108명의 의원과 12명의 직능단체 행정관으로 구성된 '북아일랜드 새 의회(The New Northern Ireland Assembly)'가 탄생했다. 따라서 영국 정부는 1972년부터 북아일랜드에서 행사해온 입법권을 북아일랜드 새 의회에 이양하기로 했으며, 이 의회는 웨스트민스터로부터의 직접 통치를 종식하고, 북아일랜드 문제를 전적으로 책임질 위임 정부의 기능을 맡게 되었다. 따라서 의회는 농업, 경제 발전, 교육, 환경, 재정, 인사, 의료 및 사회복지 등에 관해 입법 및 행정의 전권을 갖게 되었다. 다만 준(準)군사적 포로의 석방, 보안 시설물의 제거, 왕립 얼스터 보안대의 감축 등과 같은 미래의 경찰 업무를 독립적으로 위임할 때를 대비하여 중재 조건들을 규정했다. 그러나 양측의 가식적 태도, 의견 충돌, 파벌주의, 고집 때문에 협정의 이행이 더디게 진행되었다. 또한, 해결되지 않은 문제들도 여전히 존재했는데, 아일랜드 공화군의 무장해제 문제와 신교도들의 가톨릭 지역으로의 행진이 야기할 수 있는 갈등 등이 바로 그것이었다. 북아일랜드 새 의회도 네 번이나 중단되었으며, 마지막 정회 기간은 2002년 10월부터 2007년 5월까지였다.

불행하게도 평화 협정이 있던 이 해는 '성 금요일 협정'을 반대하는 사람들에 의해 자행된 잇따른 폭력 행위들로 인해 항구적 평화로 가는 길이 요원해 보였다. 1998년 여름에는 '퍼레이드 위원회(The Parades Commission)'

가 오렌지 단(團)(Orange Order, Ord Oráisteach: 북아일랜드에 있는 신교도 단체의 명칭)의 연중행사인 '행진(매년 7월 12일에 Drumcree 교회로부터 Garvaghy Road 끝까지 갔다가 Portadown으로 되돌아오는 행사)'을 금지하면서 폭동이 일어났고, 이어 7월 12일에는 연합과 군대 극렬분자가 가톨릭교도의 집에 화염병을 투척하여 3명의 어린아이가 불에 타죽는 사건이 발생했다. 8월 15일에는 '진정한 아일랜드 공화군[RIRA: IRA 구성원 일부가 평화정착 과정과 신페인당의 정치적 지도력에 반대하는 '진정한(Real) IRA(RIRA)'를 1997년에 결성함. RIRA는 북아일랜드의 무장 독립투쟁을 이끈 IRA가 1997년에 정전을 선언하자, 영국으로부터의 독립 및 아일랜드와의 통일을 위해서는 무장 투쟁도 불사하겠다며 분리해 나온 강경 분파임]'이 오마(Omagh)에 650kg짜리 폭탄을 던져, 29명이 숨지고 200명이 다치는(전화 경보를 오인하여 왕립 얼스터 보안대가 사람들을 폭탄이 터지는 곳으로 잘못 피신시킨 결과임), 최근 30년 역사에서 가장 참혹한 사건이 발생했다. 이 사건 직후 게리 애덤스를 위시한 정치가들의 신속한 대처로 연합과 군대의 보복을 막을 수 있었던 것이 그나마 다행이었다.

북아일랜드의 얼스터 대학 자료에 따르면, 영국과 아일랜드 공화군 사이에 평화 협정이 체결된 1998년까지, 지난 30여 년 동안 양측에서 충돌과 테러로 숨진 사망자는 3,700여 명에 달하는 것으로 밝혀졌다.

## 94. 성 금요일 협정을 넘어서

'성 금요일 협정'을 이행하기 위한 노력이 계속 난관에 부딪히다가, 1999년 11월 얼스터연합당(The Ulster Unionist Party, UUP)의 당수 데이비드 트림블(David Trimble)과 신페인당 당수 게리 애덤스가 장장 300시간에 달하는 마라톤협상(트림블은 상이한 문화 전통을 서로 인정할 필요성을 역설했고, 애덤스는 IRA 해체의 필요성을 역설함)을 벌인 끝에, 마침내 합의에 도달했다. 드디어 1999년 11월 29일, 북아일랜드에 연립정부가 들어서고 런던으로부터의 직접 통치가 종식됨에 따라 아일랜드 역사에 새로운 장(章)을 열게 되었다.

그러나 2000년에 아일랜드 공화군의 잘못으로 이 협정은 다시 무용지물이 되었고, 2004년 말 북아일랜드에서 발생한 은행 탈취 사건(Northern Bank Robbery)은 평화정착의 노력에 먹구름을 드리우게 했다. 신교도들은 이 사건이 아일랜드 공화군의 정치 자금 마련을 위한 것이라면서 신페인당과의 대화를 거부했다. 뿐만 아니라 2005년 2월에는 아일랜드 공화군의 무장해제 계획 철회로 인해 북아일랜드의 평화협상이 또다시 곤경에 빠졌다. 하지만 2005년 7월, 아일랜드 공화군이 '무장해제 선언'을 함으로써 북아일랜드 문제에 새로운 희망이 싹트게 되었다.

내전, 테러, 암살로 점철돼온 북아일랜드 역사에 드디어 평화의 씨앗이 뿌리를 내리기 시작했다. 정치·종교적 견해차로 거의 한 세기 동안 대립해온 북아일랜드의 양대 정파 지도자가 2007년 3월 26일 처음으로 자리를 마주했다. 신교 정당 민주연합당(The Democratic Party, DUP)의 이언 페이슬리 당수와 가톨릭 정당 신페인당의 게리 애덤스 당수는 회담이 끝난 뒤에 분쟁 없는 새로운 시대를 약속했다.

종교와 독립문제로 오랫동안 갈등을 빚어오던 북아일랜드의 신·구교 세력이, 마침내 2007년 5월 8일 '공동자치정부'를 출범시키고, 피로 얼룩진 분쟁에 종지부를 찍었다. 또한, 40여 년 만에 영국군의 90%가 그해 여름 북아일랜드에서 철수했다. 이로써 30여 년간 무장 투쟁을 벌여온 아일랜드 공화군이 2005년 7월에 무장해제를 선언한 지 2년여 만에, 평화를 위한 가시적 성과를 거두었다.

그러나 공동자치정부 출범 후에도 '진정한 아일랜드 공화군(RIRA)' 등 북아일랜드의 완전한 독립을 주장하는 반체제 조직은 무장을 재정비하며 반정부 테러 움직임을 보였다. 급기야 2009년 3월에는 북아일랜드의 경찰과 영국군이 '진정한 아일랜드 공화군'으로 추정되는 단체로부터 피격을 받았으며, 2011년 5월에는 북아일랜드 제2의 도시 런던데리에서 폭탄 테러가 발생하는 등 긴장이 계속되었다.

하지만 2011년 5월 17일, 엘리자베스 2세(Elizabeth II) 영국 여왕이

아일랜드에 방문한 엘리자베스 2세 영국 여왕(2011년 5월 17일)

1911년 조지 5세(George V) 영국 국왕의 아일랜드 방문 이래로 100년 만에, 그리고 1921년 아일랜드가 남과 북으로 분단된 이후 처음으로 아일랜드를 방문했다. 다음은 2011년 5월 18일 엘리자베스 여왕이 아일랜드의 더블린 성(Dublin Castle)에서 행한 연설문 중 일부이다.

경제적으로나 문화적으로 영국과 아일랜드는 서로 믿을 만한 친구였습니다. 그러나 두 나라가 항상 상냥한 이웃으로 지내온 것은 아닙니다. 일어나지 말았어야 할 일들이 너무나도 많이 일어났습니다. 이 슬픈 유산 때문에 두 나라의 모든 국민이 크나큰 고통과 상실감에 시달려 왔습니다. 문제가 많았던 역사로 인해 상처받은 모든 이들에게 저의 온 마음

아일랜드 독립추모공원

을 담아 위로의 뜻을 전합니다. 앞으로 두 나라가 늘 사이좋은 이웃으로 지내길 바랍니다.

그녀는 또한 더블린 크로크 파크 스타디움(Croke Park Stadium)을 방문하여, 1920년 영국군 특수 부대 '블랙 앤 탠즈(The Black and Tans)'가 게일 축구 시합 중이던 선수 1명과 관중 13명을 무차별 학살한 사건에 대해 사과했다. 이어 '아일랜드 독립추모공원(Garden of Remembrance, 1916년 부활절 봉기 때 숨진 이들을 기리기 위해 1966년에 세워진 공원)'을 방문하여 독립전쟁 중 사망한 아일랜드인들에게 조의를 표함과 동시에, 상처받은 아일랜드인들에게 온 마음을 담아 위로의 뜻을 전했다. 뿐만 아니라 이듬해인 2012년 6월 27일에는 북아일랜드를 방문하여 북아일랜드 제1부 장관 마틴 맥기네스(Martin McGuiness, 1950~2017)와 악수를 하며, "과거에 미래가 저당 잡혀서는 안 된다"는 메시지로 화해 분위기를 조성했다.

이에 대한 답례로 2014년 4월 8일에는 아일랜드 대통령 마이클 히긴스(Michael D. Higgins, 1941~)가 아일랜드 정부 수반으로 영국을 첫 국빈 방문하여, 지난 750년 동안 쌓였던 앙금을 털고 역사적 화해의 손길을 내밀었다.

이날 런던 인근 윈저성에서는 마이클 히긴스 대통령을 위해 엘리자베스 2세 영국 여왕이 주최하는 만찬이 열렸다. 이 자리에는 북아일랜드 제1부 장관 마틴 맥기네스도 있었다. 그는 1970년대에 북아일랜드의 독립을 위해 영국에 맞서 무장 투쟁을 벌인 아일랜드 공화군 사령관을 지냈다. 엘리자베스 2세 여왕은 1979년 그녀의 사촌 마운트배튼 경(卿)(Lord Louis Mountbatten)을 아일랜드 공화군의 테러로 잃었다. 그러한 상처가 있는 여왕이 이날 맥기네스 앞에서 "과거에 미래가 저당 잡혀서는 안 된다"면서

마이클 히긴스 대통령

건배사를 했다. 맥기네스는 여왕에게 고개를 숙여 예를 갖췄다. 만찬장에
는 아일랜드 공화군 전사들이 즐겨 부르던 아일랜드 민요「몰리 말론(Molly
Malone)」이 울려 퍼졌다. 이는 영국이 아일랜드를 합병한 이후 200년간 지
속된 양국의 대립을 종식시키는 역사적 장면이었다. 이러한 일련의 화해
제스처들은 나름대로 논란의 여지가 없었던 것은 아니지만, 양국 간에 우
호와 신뢰를 쌓는 초석이 되었다.

　21세기 문턱에서 북아일랜드의 문제를 생각해볼 때, 그 누구도 북아일랜
드의 모든 문제가 완전히 해결되었다고 감히 주장하지 못할 것이다. 그러
나 이제까지 더 나은 방향으로의 변화가 있어 온 것은 부정할 수 없는 사실
이다. 지금 북아일랜드에서는 모든 정치적 · 종교적 이해 집단들이 미래에

대해 낙관하며, 호혜와 상호공존의 정신으로 현재를 지혜롭게 살아가는 법을 배우려 노력하고 있다. 이제 북아일랜드에는 진정한 평화가 서서히 깃들고 있으며, 이 평화는 해를 거듭할수록 더욱 공고해질 것이다.


## 95. 노 딜 브렉시트의 위기

'브렉시트(Brexit: 영국의 유럽연합 탈퇴를 의미하는 용어)'는 영국을 뜻하는 'Britain'의 'Br'과 탈퇴를 뜻하는 'exit'가 합쳐져서 만들어진 신조어이다. 2010년 40대에 총리에 오른 데이비드 캐머런은 2015년 총선에서 승리할 경우 영국의 유럽연합 잔류를 국민투표에 부치겠다는 공약을 내걸었다. 유럽연합과의 경제적 연계 때문에 영국이 결국 잔류할 것으로 예상했지만, 국민투표는 예측할 수 없는 결과를 낳았다. 캐머런의 정치적 도박은 '브렉시트'라는 판도라의 상자를 열게 했고, 영국의 정체성과 경제·정치의 민낯을 드러내게 했다. 2016년 6월 23일, 영국은 유럽연합 탈퇴 여부를 묻는 국민투표에서 51.9%의 지지를 얻어 유럽연합 탈퇴가 결정되었다.

'브렉시트'는 완벽히 준비된 프로젝트가 아니었다. 이는 40여 년간의 미지근한 유럽통합에의 참여와 캐머런의 정치적 도박, 독일에 밀린다는 피해의식, 그리고 때마침 부각된 난민 위기가 만들어 낸 완벽한 폭풍이자 역사적 우연이었다. '브렉시트'는 단순히 유럽에 대한 선호를 넘어 도시와 지방, 화이트 칼라와 블루 칼라, 친이민과 반이민 진영에 이르기까지 복합적 대립 구도를 반영한다.

산지에서는 70%에 가까운 탈퇴 지지가 나왔고, 중소도시에서도 예상이 뒤집혔다. '브렉시트'의 초기 논의에서 크게 부각되지 않았던 북아일랜드 문제가 핵심 의제로 부상했고, 결국 꼬리가 몸통을 뒤흔들게 됐다. 엘리트들은, 그리고 런던은 늘 이긴다는 고정관념이 붕괴되고 말았다.

영국이 유럽연합으로부터 탈퇴를 결정한 배경에는 다음과 같은 두 가지 이유가 있다.

하나는, 경제적 이유이다. 유럽연합에 가입된 국가는 국가별로 분담금을 내고 있는데, 국가의 경제 규모가 클수록 더 많은 분담금을 내야만 한다. 영국은 그동안 독일, 프랑스 등과 함께 유럽연합에서 가장 많은 분담금을 지출해 왔다. 하지만 많은 돈을 내는데도 불구하고 경제적으로 얻는 이득은 실제 그리 크지 않다는 주장이 제기돼 왔다.

또 다른 하나는, 난민 유입을 막기 위해서다. 근래 북아프리카, 중동 지역에서 발생하는 수많은 난민이 유럽으로 유입되고 있다. 유럽연합은 인도적 차원에서 이들 난민을 보호 및 받아들이도록 하고 있으나 범죄율과 실업률 증가, 일자리 위협 등의 이유로 이에 반대하는 여론도 만만치 않았다. 특히 난민 유입과 거주 자유법에 따른 수백만의 이동 인구에 대한 두려움과 부담이 브렉시트에 찬성표를 던지게 한 원인으로 여겨진다.

브렉시트는 리스본 조약(Treaty of Lisbon) 제50조에 따라 2019년 3월 24일까지 2년간 협상이 진행되는데(이후 협상 기간은 유동적인 것으로 바뀌었음), 만약 영국과 유럽연합 사이에 협상이 불발될 경우 영국은 2019년 10월 31일(3월 29일에서 6월 30일, 10월 31일로, 그리고 또다시 2020년 1월 31일로 바뀌었음) 어떠한 협의도 없이[노 딜(No Deal) 브렉시트] 유럽연합을 떠나야만 한다. 최근 들어 영국과 유럽연합 사이의 협상이 난항을 거듭하자 '노 딜 브렉시트'에 대한 우려가 점차 커지면서 영국 내 혼란이 가중되고 있다.

## 96. 아일랜드의 국경 부활 조짐

협상의 최대 쟁점은 북아일랜드의 국경 문제이다. 아일랜드는 독립 국가이자 유럽연합의 회원국으로 영국의 영토인 북아일랜드와 국경을 마주하고 있다. 1960년대 이후 길고도 험난했던 북아일랜드 문제(민족·종교적 분쟁)의 해결 과정에서 이해 당사자들은 북아일랜드의 평화와 화해를 위해 1998년 이른바 '성금요일 협정'을 맺고, 검문 없이 사람과 물자가 자유롭게 이동할 수 있도록 국경 관리를 완화한 바 있다. 그러나 영국이 유럽연합에서 탈퇴하게 되면 관세 등의 문제로 교역 통제를 위한 '장벽'이 설치될 수 있다는 우려가 제기되고 있다. 따라서 영국이 어떤 방식으로 유럽연합에서 탈퇴하느냐에 따라 북아일랜드와 아일랜드 사이의 국경 지대 풍경이 완전히 달라질 수도 있게 된다. 뿐만 아니라 유럽연합은 브렉시트 이후에도 영국 영토인 북아일랜드가 유럽연합의 관세동맹에 남는 안을 제시하고 있지만, 영국은 북아일랜드만 관세동맹에 남는 안은 "영국의 통합을 저해할 수 있다"며 반대하고 있다.

현재 아일랜드섬에서 아일랜드와 영국령 북아일랜드 사이에 국경은 사실상 없다고 할 수 있다. 같은 유럽연합 국가라서 아무런 제약 없이 사람과 물품의 자유로운 이동이 가능하기 때문이다. 또한, 499km에 달하는 북아일랜드 국경으로 275개의 도로가 관통하고 있어 매일 국경 너머로 출퇴근하는 사람만 3만 명에 달한다. 하지만 영국과 유럽연합이 결별 조건에 합의

하지 못하는 '노 딜 브렉시트'가 발생하면 2019년 10월 31일 양국 사이에 강력한 국경선, 이른바 '하드 보더(hard border)'가 등장한다. 하루아침에 통행인에게 검문이 시행되고, 물품엔 관세를 부과하게 된다.

'하드 보더'가 생긴다면 잠재되어 있던 갈등이 재연될 수 있다는 점이 더 큰 문제이다. 북아일랜드의 주민 중 가톨릭계를 중심으로 약 20%는 아직도 아일랜드인의 정체성을 유지하고 있으며 아일랜드섬의 통일을 원한다. 물리적 국경이 부활하여 이들이 조국을 마음대로 넘나들지 못하면 당연히 불만이 커질 수밖에 없다. 이를 우려한 유럽연합, 영국, 아일랜드는 그동안 '하드 보더'를 피하는 방법을 '안전장치(backstop)'라고 부르며 대안을 모색해 왔다.

2018년 11월 영국과 유럽연합은 브렉시트 협정을 맺으면서 안전장치 조항을 포함시켰다. 이른바 '백스톱(backstop)'이라 불리는 이 조항은, '하드 보더' 즉 강력한 국경 통제를 피하고자 2020년 말까지 북아일랜드를 포함한 영국을 유럽연합의 관세동맹에 남게 해 현재처럼 자유로운 통행·통관을 보장하기로 한 것이다. 만약 이때까지 새로 무역협정을 맺지 못하면 영국이 유럽연합의 관세동맹에 잔류해 지금처럼 자유 통행과 무관세를 유지하고, 추후 협상을 하자는 방안이다.

그러나 영국 내 보수파는 '안전장치'가 영국의 주권을 침해한다며 강하게 거부감을 표시하고 있다. 이것이 2019년 1월 15일 영국 의회가 영국 정부와 유럽연합 사이에 타결된 브렉시트 합의안을 부결시킨 핵심적인 이유이다. 갈등의 조짐은 벌써부터 나타나고 있다. 2019년 1월 19일에는 북아일랜드 제2의 도시 런던데리에서 차량 폭발 테러가 발생했다. 사상자는 없었지만, 경찰은 아일랜드 공화군의 후신인 '신(新) 아일랜드 공화군(New

IRA, NIRA)'이 배후에 있는 것으로 보고 있다. 영국 일간지 『더 타임스(*The Times*)』는 2019년 1월 27일, "영국 정부 관계자들은 '노 딜 브렉시트'가 발생해서 극심한 혼란이 야기되면 계엄령을 선포하는 것까지 검토하고 있다"라고 보도한 바 있다.

2019년 10월 31일로 예정된 브렉시트 시일이 다가오고 있지만, 브렉시트의 향방은 여전히 오리무중이다. 합의 탈퇴는 이미 불가능해졌다. 합의 없는 탈퇴인 '노 딜' 브렉시트인지, 연기인지, 아니면 취소인지, 표류하는 브렉시트를 향해 '피의 역사'의 재발만은 절대로 안 된다고 '벨파스트 평화의 벽'과 벽화들은 소리 없이 외치고 있다. 탈퇴 시한은 2019년 3월 29일에서 6월 30일, 10월 31일, 그리고 또다시 2020년 1월 31일로 연장되었지만, 앞날은 여전히 미궁 속이다.


## 97. 테리사 메이 총리의 사임 결정

2016년 6월 취임 이후 영국의 유럽연합 탈퇴(브렉시트) 협상을 위해 동분서주했던 테리사 메이(Theresa May, 1956~) 영국 총리가 결국 사임하기로 했다. 그녀의 후임은 유럽연합과 완전한 단절을 주장하는 강경 브렉시트 세력에서 맡을 것으로 보인다.

메이 총리는 2019년 5월 24일(현지 시간) 집권 보수당의 선거 관리 기구인 '1922 위원회(The 1922 Committee: 보수당의 평의원 모임)'의 그레이엄 브래디 의장과 만난 뒤 내놓은 성명에서 2019년 6월 7일(현지 시간) 당 대표를 사퇴하겠다고 밝혔다. 이에 따라 보수당에서는 6월 10일부터 시작되는 주에 신임 당 대표 선출을 위한 경선이 시작될 예정이다. 영국은 의원 내각제인 만큼 집권 보수당의 차기 대표가 총리직을 승계한다. 메이 총리는 6월 7일 당 대표를 사퇴하더라도 후임 선출 때까지는 총리직을 계속 수행할 예정이다.

메이 총리의 사퇴 발표는 2016년 7월 14일 총리 취임 이후 1044일, 약 2년 10개월 만이다. 그녀는 "하원이 브렉시트 합의안을 지지하도록 내가 할 수 있는 일은 다 했다"면서 "그러나 지지를 끌어내지는 못했다"고 말했다. 아울러 메이 총리는 "영국의 두 번째 여성 총리가 된 것이 인생의 영광이었다"라고 말했다. 그러면서 자신이 마지막 여성 총리는 아닐 것이라고 강조했다.

메이 총리는 지난 2016년 브렉시트 국민투표 결과에 책임을 지고 물러난 데이비드 캐머런 전 총리의 뒤를 이어 보수당 당 대표 겸 총리직에 올랐다. 영국에서는 '철의 여인' 마거릿 대처(Margaret Thatcher, 1925~2013) 수상이 1990년 물러난 뒤 26년 만의 여성 지도자로 그녀에 대해 기대를 모았다. 메이 총리는 취임 직후 유럽연합과 브렉시트 협상에 나선 뒤 2018년 11월 합의에 도달했으나 유럽연합과 완전한 단절을 요구하는 보수당 내 강경 브렉시트 세력과 유럽연합 잔류를 원하는 야당(노동당) 모두의 반대에 부딪혔다. 합의안은 이후 영국 하원에서 세 차례 부결되었고 이 과정에서 브렉시트는 애초 2019년 3월 29일에서 6월 30일, 10월 31일, 그리고 또다시 2020년 1월 31일로 연기되었다. 메이 총리는 2019년 6월 초에 유럽연합 탈퇴협정 법안을 상정해 의회에서 통과시킨 뒤 브렉시트를 단행한다는 계획이었지만 야당은 물론 여당 내부의 반발에 부딪혀 어려움을 겪어 왔다.

# 98. 보리스 존슨 총리의 취임과 브렉시트의 앞날

트레이드마크인 헝클어진 머리에 돌직구 언행으로 '영국의 트럼프(Donald John Trump)'로 불리는 보리스 존슨(Boris Johnson, 1964~) 전 외무장관이, 테레사 메이 총리의 뒤를 이어 보수당 대표 겸 새 총리로 2019년 7월 24일(현지 시간) 공식 취임했다.

그는 총리 관저 앞에서 행한 취임 연설에서 "의심론자, 회의론자, 비판론자들이 영국을 끌어내리고 있다"면서, "10월 31일로 예정된 브렉시트는 예외 없이 무조건(no ifs and buts) 단행될 것"이라고, '조건 없는 브렉시트'를 강조했다. 또한, 연설이 끝난 지 몇 시간 되지 않아 존슨 총리는 강경 브렉시트 지지자들을 주요 보직에 배치하는 대대적인 내각 인사를 단행했다.

이어서 보리스 존슨 신임 총리는 '노 딜 브렉시트'에 대비하는 전시(戰時) 내각(War Cabinet: 전쟁과 그에 준하는 국가적 비상사태에 대비하는 정부 체제를 일컬음)을 구성하고, 대규모 예산 확보에 나섰다. 이처럼 존슨 정부가 노 딜을 불사하겠다며 의지를 불태우고 있지만, 민간 부문에서는 현실로 다가온 노 딜 공포에 떨고 있다. 노 딜 브렉시트가 되면 영국과 유럽연합 사이에 관세 부과와 국경 검문은 부활하지만, 아무런 규정도 마련되지 않은 상태에서 인력과 물자의 이동이 이루어지면 대혼란이 발생할 가능성이 크기 때문이다.

미국 CNN 방송은 "존슨 총리는 메이 전 총리가 3년 동안 해내지 못한 브렉시트를 석 달 안에 완료하겠다고 공언하며, 영국의 안과 밖에서 혼란을 초래하고 있다"라고 분석했으며, 영국 『파이낸셜타임스(Financial Times, FT)』는 "노 딜은 영국뿐 아니라 유럽연합에도 매우 위험한 상황"이라고 했다. 따라서 현 상태에서는 브렉시트의 앞날이 예사롭지 않아 보인다.

## 99. 북아일랜드 무장세력의 재등장과 브렉시트 혼란

1990년대까지 테러가 끊이지 않았던 영국령 북아일랜드에 '피의 역사'가 다시 재현될 조짐이 보이고 있다. 2019년에 들어 북아일랜드 독립과 아일랜드섬의 통일을 주장하며 영국 정부에 저항하는 반체제주의자들의 활동이 본격화하는 가운데 이들과 경찰의 무력 충돌 현장을 취재하던 기자가 총격을 받고 숨지는 사건이 발생했다. 반체제주의자들의 폭력이 이어지면서 1998년 영국과 아일랜드 정부 간 '성(聖) 금요일 협정(벨파스트 협정)'으로 어렵게 얻은 평화가 깨질 수 있다는 우려가 나오고 있다.

로이터통신에 따르면, 2019년 4월 18일(현지 시간) 북아일랜드 제2의 도시 런던데리에서 반체제주의자들이 경찰과 대치하던 중 일부 시위대가 경찰 쪽을 향해 총을 쏴 여성 프리랜서 기자 라이라 매키(29세)가 사망했다. 경찰은 이튿날 19세와 18세 남성 두 명을 매키를 살해한 용의자로 체포해 조사 중이다.

이 반체제주의자들은 4월 21일 부활절을 맞아 계획적으로 경찰을 공격하려고 총기와 폭탄을 대량으로 준비했다. 1916년 부활절 당시 아일랜드 인들이 영국으로부터 독립을 쟁취하기 위해 대규모 봉기를 일으켰던 것을 기념하기 위해서였다. 경찰이 이에 대한 첩보를 사전에 입수하여 4월 18일 무기를 쌓아둔 런던데리 시내 한 주택을 급습했고, 이에 100여 명의 반체제주의자들이 차량을 불태우며 경찰에 격렬하게 저항하는 과정에서 매키가 사망한 것이다.

경찰은 매키를 살해한 두 용의자에 대해 "신(新) 아일랜드 공화군(NIRA) 대원으로 보인다"고 밝혔다. '신 아일랜드 공화군'은 영국 정부를 상대로 무력 투쟁을 했던 아일랜드 공화군(IRA)을 계승한다고 자처하는 조직이다. 아일랜드 공화군은 1972년 폭탄 테러로 14명이 숨지는 '피의 일요일' 사태를 일으킨 것을 비롯해서 1960년대 후반부터 1998년까지 약 30년간 3,700여 명의 목숨을 앗아가며 북아일랜드를 불안에 떨게 한 민간 조직이다. 유혈 사태가 끊이지 않자 1998년 영국과 아일랜드 정부가 한 발씩 양보해 '성(聖) 금요일 협정'을 맺어 평화를 되찾았다. 당시 협정에서 영국은 아일랜드와 북아일랜드 간 자유로운 통행과 무역을 보장했고, 아일랜드는 북아일랜드 6개 주(州)에 대한 영유권 주장을 포기했다. 아일랜드 공화군도 2005년 무장 활동 중단 선언과 함께 사실상 해체했다.

그러나 '성(聖) 금요일 협정'에 반대하는 강성 반체제주의자 그룹들이 여전히 남아있었고, 이들이 규합해 2012년 신 아일랜드 공화군을 조직했다. 신 아일랜드 공화군은 2019년에 들어 활동을 본격화하며 공포를 조성하고 있다. 2019년 1월에는 런던데리에서 피자 배달 차량을 강탈해 법원 근처에 세워둔 다음 폭탄을 터뜨려 차량을 전소시켰다. 3월에는 런던 히스로공항, 워털루역 등 5곳에 초소형 폭탄을 담은 소포를 보냈다. 두 차례 모두 사상자는 없었지만 긴장감이 고조되었다.

영국 언론들은 브렉시트로 인한 정치권의 혼란이 신 아일랜드 공화군이 활동을 확대하는 계기가 되고 있다고 지적한다. 반체제주의자들은 브렉시트가 되면 북아일랜드와 아일랜드의 자유로운 왕래가 불가능해질 것이라며 강한 불만을 제기하고 있다. 정치 전문 매체 『폴리티코(Politico)』는 "브렉시트 해결에 매달린 영국 정부가 북아일랜드를 방치하면서 긴장감이 커지고 있다"라고 했다.

게다가 북아일랜드 지역의 빈곤과 높은 실업률이 해결되지 않으면서 불만을 느낀 청년들이 대거 신 아일랜드 공화군에 가담하는 현상도 나타나고 있다. 북아일랜드 경찰은 "새로운 테러리스트들이 무장조직으로 유입되고 있다"고 했다. 매키를 살해한 용의자들도 10대 후반이다. 일간지 『가디언 (The Guardian)』은 "신 아일랜드 공화군의 사회주의 이념은 생활고를 겪고 있는 청년들에게 큰 유혹이 되고 있다"라고 했다.

## 100. 북아일랜드의 정치

북아일랜드를 이해한다는 것은 생각만큼 쉽지가 않다. 정치적으로 변화의 여지가 거의 없고, 양측이 극심한 갈등을 겪고 있기 때문만이 아니다. 진짜 문제는 싸움이 너무 오랫동안 이어져 왔다는 점이다.

북아일랜드 사태는 1960년대 이래로 아일랜드섬 전체를 끊임없이 괴롭혀온 문제이다. 북아일랜드 주민의 2/3는 스코틀랜드와 영국에서 건너온 신교도로, 이들은 남아일랜드와의 통일을 원치 않으며 끝까지 영국의 일부로 남기를 원한다. 반면에 토착 가톨릭교도는 남아일랜드와 통일을 이룸으로써 영국으로부터 완전한 독립을 쟁취하고자 한다. 사태를 더욱 어렵게 하는 것은, 남아일랜드나 북아일랜드 사람 모두가 아일랜드의 여권을 소지하고 있다는 것이며, 아일랜드 국민은 누구든지 영국의 시민권을 갖는다는 점이다.

북아일랜드 사태는 1969년에 점화된 이후, 1972년 '피의 일요일' 사건, 1985년 '앵글로-아이리시 협정', 1998년 '성 금요일 협정', 2007년 '공동자치정부', 2010년 영국 정부에 의한 '사법권 및 경찰권의 이양'에 이르기까지 수많은 유혈 충돌을 빚어 왔다. 이제 북아일랜드에는 진정한 평화가 서서히 깃들고 있으며, 더 나은 미래의 서광이 비치고 있다.

현재 북아일랜드의 문제에 대한 해결책은 다음과 같이 세 가지로 제시되고 있다. 첫째는 현상 유지이고, 둘째는 통일이다. 마지막은 영국 및 아일랜드 공화국과 관련이 없는 독립적인 정체(政體)의 구성인데, 이 마지막 방안이 사실은 영국이나 아일랜드가 암암리에 원하는 해법이다. 하지만 향후 국민투표를 시행하여 영국으로부터 완전히 독립한 뒤, 아일랜드 공화국과의 통일을 주장하는 목소리도 여전히 존재하고 있다.

북아일랜드에는 12개의 정당이 있는데, 이 중에서 다섯 개의 정당이 주류를 형성하고 있다. 온건파 정당으로는 '사회민주노동당(The Social Democratic and Labour Party, SDLP)'과 '동맹당(The Alliance Party)'이 있는데, 이들은 가톨릭과 신교의 화합을 목표로 하고 있다. '사회민주노동당'은 1970년 가톨릭 연합의 지도자였던 게리 피트(Gerry Fitt)와 당시 선생이었던 존 흄(John Hume)이 창당했다. 이 정당은 가톨릭 중산층의 이상(理想)을 대변하며 정치적 목적을 이루기 위해 폭력을 사용하는 것을 반대한다. 이 정당은 지금 '신페인당'과 경쟁하고 있다. '동맹당'은 종파를 초월한 양 집단(가톨릭교도와 신교도 중산층)의 이상을 대변하기 위해 1970년에 창당되었으며, '북아일랜드 새 의회(The New Northern Ireland Assembly)'에는 의석을 갖고 있지만, 웨스트민스터에는 의석이 없다.

연합론자의 민의(民意)를 대변하는 '얼스터연합당(The Ulster Unionist Party, UUP)'은 아일랜드의 분할 통치가 시작된 이래로 1972년에 스토몬트 의회가 문을 닫을 때까지 집권했다. 이 당의 당수인 데이비드 트림블은 북아일랜드 자치의회 의장과 초대 수석행정장관을 지냈으며, 아일랜드의 평화 협정 체결에 주도적 역할을 한 공로로 1998년 존 흄과 공동으로 노벨평화상을 수상했다. '신페인당'은 아일랜드 공화군과 가톨릭 공화당원의 정치적 목적을 실현하기 위한 정당으로, '사회민주노동당'의 정강(政綱)으로부터 발판을 마련했다. 이언 페이슬리 당수가 이끄는 '민주연합당(The Democratic Unionist Party, DUP)'은 아일랜드의 통일을 반대하는 반공화주의를 강하게 표방함으로써, 북아일랜드의 주민들로부터 많은 지지를 받고 있다.

'북아일랜드 새 의회'는 비례대표제에 따라 선출되는 108명의 의원으로 구성된다. 또한, 12명의 행정장관은 선거로 확보한 의석수에 비례하여 할당된다. 현재는 민주연합당 5명, 신페인당 4명, 얼스터연합당 2명, 사회민주노동당에 1명이 배분된 상태이다.

# 참고문헌

권재현.「동아일보 공연 리뷰」(2010. 3. 9). 동아일보사.

김기홍.「조선경제 심층 분석」(2012. 1. 4). 조선일보사.

김순덕.「동아일보 김순덕 칼럼」(2008. 1. 18). 동아일보사.

론리플래닛 베스트.『아일랜드』, 안그라픽스, 2019.

박영배.『앵글로색슨족의 역사와 언어』. 지식산업사, 2001.

박우룡.『영국: 지역 · 사회 · 문화의 이해』. 소나무, 2002.

박일우.『서유럽의 민속음악과 춤』. 한양대학교출판부, 2001.

박종원.『파이낸셜뉴스』. http://www.fnnews.com/news/
    201905241947234976

박지향.「동아일보 동아광장」(2007. 10. 17). 동아일보사.

박지향.『슬픈 아일랜드』. 새물결, 2002.

서혜숙.『아일랜드 요정의 세계』. 건국대학교출판부, 2004.

손진석.『조선일보』(2019. 1. 28). 조선일보사.

손진석.『조선일보』(2019. 4. 22). 조선일보사.

송현옥.「동아일보 문화칼럼」(2006. 10. 25). 동아일보사.

수전 캠벨 바톨레티, 곽명단 옮김.『검은 감자: 아일랜드 대기근 이야기』. 돌베개,
    2001.

신은진.『조선경제』(2018. 6. 15). 조선일보사.

아일랜드 드라마연구회.『아일랜드, 아일랜드』. 이화여자대학교출판부, 2008.

영미문학연구회.『영미문학의 길잡이 1: 영국문학』. 창작과비평사, 2001.

유광석. KBS 뉴스(2019. 3. 21): 특파원 리포트.

윤정모.『슬픈 아일랜드 1』. 열림원, 2000.

이성훈.「조선일보」(2013. 11. 16). 조선일보사.

이승호. 『이승호 교수의 아일랜드 여행지도』. 푸른길, 2005.

이영완. 「조선일보 오피니언」(2013. 6. 13). 조선일보사.

임진평. 『두 개의 눈을 가진 아일랜드』. 위즈덤피플, 2008.

장모네. 「중앙일보 오피니언」(2019. 3. 20). 중앙일보사.

조신권. 『정신사적으로 본 영미문학』. 한신문화사, 1994.

『주간조선』 1848호(2005. 4. 4). 조선일보사.

페트리샤 레비, 이동진 옮김. 『아일랜드』. 휘슬러, 2005.

Breathnach, Breandán. *Folk Music and Dances of Ireland*. Ossian, 1996.

Killeen, Richard. *A Short History of Ireland*. Gill & Macmillan, 1994.

Levy Pat & Seán Sheehan. *Ireland*. Footprint, 2005.

Levy, Patricia. *Culture Shock: Ireland*. Marshall Cavendish International (Asia) Private Ltd., 2005.

Lydon James. *The Making of Ireland: From Ancient Times to the Present*. London: Routledge, 1988.

O hEithir, Breandán. *A Pocket History of Ireland*. The O'Brien Press Ltd., 2000.

Scott Stanley & Dorothea E. Hast. *Music in Ireland*. Oxford: Oxford UP, 2004.

Steves Rick & Pat O'Connor. *Ireland 2016*. Avalon Travel, 2015.

249, 263

북아일랜드 새 의회(The New Northern Ireland Assembly) 274, 291, 292

북 오브 켈스(The Book of Kells) 68, 115, 118, 119

분할(partition) 통치 193, 224

불결한 시위(Dirty Protest) 266

불벤산 기슭에서(Under Ben Bulben) 184~185

브레혼 법(Brehon Law) 107

브렉시트(Brexit) 238

브로이터 칼러(The Broighter Collar) 106

브루 나 보너(Bru na Boinne) 96

브리티시 제도(The British Isles) 46

블랙 47(Black 47) 35

블랙 앤 탠즈(Black and Tans) 202, 279

블러디 선데이(Bloody Sunday) 269

블레어, 토니(Tony Blair) 268, 273

블룸스 데이(Bloom's Day) 40

비언, 브렌던(Brendan Behan) 32, 59

비커족(Beaker People) 98

빌리 왕(King Billy) 152, 153

ㅅ

사회민주노동당(The Social Democratic and Labour Party, SDLP) 291, 292

사회연대협약(Social Partnership) 229, 230

산울타리 학당(Hedge School) 86, 155

삼위일체론(The Holy Trinity) 18, 42, 111

삼하인(Samhain) 104

삼하인 축제 104

상급 왕(High King) 102, 120, 123

상원(Seanad Eireann) 224

새빌 보고서(Saville Report) 268

샌즈, 바비(Bobby Sands) 266, 267

샨킬 로드(The Shankill Road) 245, 264

샴록(Shamrock) 18~19

섀넌(Shannon)강 46, 47, 148, 248

선잉데일 협약(Sunningdale Agreement) 269

성 골룸바(St. Columba, St.Colmcille) 114, 118

214, 270

핏츠제럴드, 제럴드(Gerald Fitzgerald, Garrett Mor) 138

핏츠제럴드, 실큰 토마스(Silken Thomas Fitzgerald, Lord Thomas Offaly) 139

**ㅎ**

하니, 메리(Mary Harney) 218

하드 보더(hard border) 283, 284

하원(Dail Eireann) 201, 224

하이드, 더글라스(Douglas Hyde) 181, 207

하이버니아(Hibernia) 17

하페니 다리(Ha'penny Bridge) 67

하프(Harp) 19, 21, 28, 33, 39, 121, 129, 154

한(恨) 26, 29, 60, 71, 171, 259

할랜드 앤 울프 조선소(Harland and Woolff's Yard) 252, 253

할로윈 데이(Halloween Day) 104

해외 이산(海外 離散, Diaspora) 15, 35, 56

헌법 의회(Constitutional Convention) 269

헐링(Hurling) 105, 130, 179, 212

헤이스팅스 전투(Battle of Hastings) 124

헨리 2세(Henry II) 125, 126, 127, 254

헨리 3세(Henry III) 128

헨리 8세(Henry VIII) 21, 137, 138, 139, 140, 254

현현(顯現, epiphany) 40

형법(The Penal Laws) 58, 154~155, 258

호의적 태도(hospitality) 30, 57, 107

호이, 찰스(Charles James Haughey) 214, 228

호쓰(Howth) 79~80

화이트 스타 라인(White Star Line) 사(社) 252, 253

홀리헤드(Holyhead) 64

휴 레인 시립현대미술관(Hugh Lane Municipal Gallery of Modern Art) 66

흄, 존(John Hume) 263, 291

히긴스, 마이클(Michael D. Higgins) 279, 280

히니, 셰이머스(Seamus Heaney) 32, 40

# 17
## 아일랜드역사
## 다이제스트100